本书获得中国科学院战略研究与决策支持系统建设专项
"国家、部门委托和院部署的有关研究和评估任务"、
中国科学院科技战略咨询研究院主攻方向重大任务
"智库双螺旋法理论和应用研究"资助

智库科学与工程导论

潘教峰 等 ◎ 著

THINK TANK
SCIENCE AND
ENGINEERING
AN INTRODUCTION

科学出版社
北　京

内 容 简 介

中国特色新型智库建设正从专业化、科学化向学科化迈进，本书提出智库科学与工程这样一门新的学科，介绍学科的产生与发展情况、概念内涵、理论范式、逻辑架构等内容，提出智库科学与工程的学科结构和五大问题域，包括：基本问题域阐述学科的概念内涵、理论范式和知识逻辑；规律问题域研究学科的关键问题和知识演进；治理问题域聚焦经济、社会、科技领域的治理方略进行分析；方法平台域介绍学科实践中的数据与方法模型和技术系统；知识传播域描绘智库共同体的构建、智库传播与交流以及智库人才的培养。寻智库学术之根，筑智库科学之基，本书旨在系统阐述智库科学与工程的学科结构，形成智库人才培养的知识载体，坚实智库建设行稳致远的理论基石。

本书可为政府部门、科研机构、高等院校、企业等从事决策咨询、战略研究、政策研究、智库理论方法研究的相关人员和对智库感兴趣的广大读者提供重要参考。

图书在版编目（CIP）数据

智库科学与工程导论／潘教峰等著．—北京：科学出版社，2023.9
ISBN 978-7-03-076345-7

Ⅰ.①智… Ⅱ.①潘… Ⅲ.①咨询机构-研究-中国 Ⅳ.①C932.82

中国国家版本馆 CIP 数据核字（2023）第 173513 号

责任编辑：牛 玲 刘巧巧／责任校对：贾伟娟
责任印制：吴兆东／封面设计：有道文化

科学出版社 出版
北京东黄城根北街16号
邮政编码：100717
http://www.sciencep.com

涿州市般润文化传播有限公司印刷
科学出版社发行 各地新华书店经销

*

2023年9月第 一 版　开本：720×1000　1/16
2025年2月第三次印刷　印张：19 1/2
字数：260 000
定价：168.00元
（如有印装质量问题，我社负责调换）

《智库科学与工程导论》研究组

总负责人　潘教峰

执行负责人　鲁　晓

主要成员　刘慧晖　吴　静　杜　鹏　刘怡君

　　　　　冷伏海　朱　涛　万劲波　李倩倩

　　　　　马　宁　朱永彬　杨　斌　张理茜

　　　　　沙小晶　袁　秀　赵　铭　李欣哲

　　　　　王建芳

前　言

构筑智库人才培养的学科基础
——写在《智库科学与工程导论》出版之际

2022年4月，中国科学院科技战略咨询研究院（以下简称"战略咨询院"）获教育部批准设立了"高端科技智库人才培养"专项，成为全国首家智库理论与方法方向的研究生培养单位，这在国家高端智库建设试点中是一个具有里程碑意义的事件，标志着智库人才培养开始进入建制化学历培养的新阶段。在紧接其后的中国科学院大学教学改革中，经过国内同行的深入论证，在公共管理一级学科下设置"智库理论与方法"特色方向，建立了系统的知识体系和课程体系，开创了国内高校智库专业建设的先河。

人才培养，学科为基，智库人才的培养也是如此。那么，智库需要什么样的人才？培养这样的人才需要什么样的学科基础？这是当下中国特色新型智库建设中缺乏普遍共识、制约智库高质量发展、亟须回答和解决好的关键问题。高端科技智库建设试点的探索使我们认识到，智库所面对的问题大都来源于决策实践，其研究成果也要回到决策实践中去，在战略、对策、政策的维度产生影响。因而，智库需要有其学科和学术基础，同时要有组织多学科多领域研究人员共同攻关的能力。这就要求研究人员具有跨学科的知识背景、综合性复合型的驾驭问题能力，既需要"专深"的学科基础，又需要"广博"的政策视野。要培养"专深"与"广博"兼备的智库人才，仅靠现有学科知识的简单组合是不够的，需要综合运用已有自然科学、社会科学等各类知识，吸纳国内外智库研究、决策咨询研究实践积累的丰富经验与理论方法创见，构建一个反映智库建设规律的新兴交叉学科，一方面为智库建设提供理论支撑、方法论支撑，另一方面为智库人才培养提供知识体系。基于这样的思考，我于2022年7月在战略咨询院研究生导师培训班的报告中，第一次提出了"智库科学与工程"的概念及其基本架构的构想。

学科作为人类知识体系的基本单元，界定了特定的研究领域，是知识创造的基石、知识传承的载体。新学科的产生服务于人类社会发展的需要，人类的知识体系在需求推动下，相关学科间交叉融合促使学科深化和分化，产生新的知识生长点和新学科分支。不同研究领域的问题有其质的规定性。人们在解决这些问题过程中，透过现象把握本质，不断把规律性的认识系统化表达为理论，产生不同于已有学科的特有研究范畴、概念和术语，总结提炼所遵循的操作规范和流程，凝练出方法论，日积月累形成一个特定的知识门类。随之而来的则常常是该知识门类专业职位的设立、专业团队的产生、专业期刊的出版和专业会议的举办，逐步聚集成一个独特的学术共同体。当某个研究领域具备了相对完整的研究范式、理论方法、学术体系、科学共同体、期刊载体、人才培养这六大条件时，就可以判断一个新学科基本形成了。智库科学与工程这一新兴交叉学科的形成也应当遵循学科发展的这一规律。

基于这样的认识，我在2022年9月接受《中国科学院院刊》的采访时，将"智库科学与工程"概括为5个层次：①智库科学与工程的基本问题域，主要是指学科概念、内涵、范式、理论、方法论的构建，如钱学森综合集成方法论，华罗庚"双法"思想，我们正在探索发展的智库双螺旋法理论等都是这方面的研究成果和积累。从智库研究的内涵来看，智库科学与工程实际上是把智库视为一个研究领域，而不仅仅是一个研究组织。智库双螺旋法带有一种范式特征，它解决的不是单一的一个问题，而是解决了智库研究普遍应当遵循的原则和规则，从这个意义上，它也为智库科学与工程这一学科提供了方法论。②智库科学与工程的规律问题域，可以构成智库科学与工程的学科分支，主要是指智库研究活动中关键的科学、技术、工程问题。如智库双螺旋法提出的"十个关键问题"，即问题解析、情景分析、不确定性分析、政策模拟分析、循证迭代、DIIS 与 MIPS 耦合、人机结合系统、主客观分析、专家组织管理、产品质量管理；此外还有交叉融合研究、数据驱动的政策研究等都属于这一范畴。通过这些问题的研究，可以形成智库科学与工程的一些研究分支领域和方向，提供带有普遍性的规律认知，或为方法创新提供知识源头。就智库工程而言，是通过智库研究实践活动有组织地生产智库产品的过程，可分为大规模、中规模、小规模的智库工程，如中国至 2050 年科技发展路线图研究、"十四五"战略性新兴产业重点问题研究与规划研究、科技支撑中国西部生态屏障战略研究等属于大规模智库工程。③智库科学与工程的治理问题域，也构成智库科学与工程的学科分支，主要是指重大的经济、社会、科技治理问题及其所形成的领域分支，如发展战略学、发展规划学、创新驱动、全球治理、国家治理、社会治理、预测预见等。因为智库涉及的领域是多方面的，多个子问题可以汇聚构成一个重大的问题域。而这些重大问题域中关键问题的逐步解决可以直接满足决策者的需求，并形成智库科学与工程的研究分支领域和方向。④智库科学与工程的方法创新域，是指学科方法、模型、技术平台、数据资源的整合创新，如世界各国智库发展的各类定性方法、定量方法、混合研究方法，数据库、专家库、情报库，宏观决策支持系统等。⑤智库科学与工程的知识传播域，主要包含学术共同体、期刊载体、建制化人才培养体系的形成（《中国科学院院刊》编辑部，2022）。

  智库科学与工程学科的提出与构建，是中国特色新型智库建设实践探索的理论结晶，是智库走向高质量发展的必然要求。中国特色新型智库建设的成功实践为这一学科的形成与发展创造了必要条件。自 2015 年国家高端智库建设试点以来，战略咨询院以打造专业化综合集成平台为抓手，致力于以高质量学术研究支撑决策咨询研究，在国家高端智库建设试点中走在前列，走出了一条从专业化、科学化到学科化的智库创新发展之路。战略咨询院高端科技智库建设从专业化起步，建立起专业化的机构、平台、网络、团队、方法，打通了专业化成果应用的渠道。在推进智库专业化建设实践中，我深深感到，科学化是中国特色新型智库建设的重要基石，从专业化走向科学化，发展具有普遍适用性的智库理论方法体系以及创新解决具体领域问题的方法工具箱，是提高智库研究质量的必经路径。因为，智库研究的对象是客观物质世界和人类社会共生的复杂系统，牵动着跨学科、跨领域的问题场域和知识体系，需要创新研究方法、开发技术手段、创立新的研究组织模式。智库研究面对的往往是跨学科、跨领域的复杂问题，亟须通过理论方法创新提高智库研究的科学化水平，运用系统思维、系统观念、系统方法解决复杂性、综合性问题。

结合国家高端智库建设实践经验和长期从事科技战略研究与重大规划研究的心得，我在2017年首次提出"智库DIIS理论方法"，总结了智库研究的一般性思路。2019年，《智库DIIS理论方法》一书出版，该书立足智库研究全局，是对智库研究理论方法体系的系统思考。国家高端智库理事会在对中国科学院国家高端智库建设试点的综合评估意见中，肯定"积极探索智库研究规律，形成DIIS理论方法"取得的成效，认为对中国特色新型智库建设具有指导意义。2020年，基于对智库研究范式的持续深入思考和实践探索，我提出智库研究双螺旋结构，即智库双螺旋法，形成内循环和外循环的整体逻辑，从研究环节和研究逻辑角度建构了循环迭代、螺旋上升的认知框架和方法体系，将科学性和系统性贯穿于研究导向、研究哲学、研究过程和研究逻辑中，是贯通认识论、方法论、实践论的思维方法、指导方法和操作方法，不仅为智库问题研究提供了富有操作性的思路，而且为促进智库研究从经验式向科学化、从零散式向系统性、从随机式向规范性、从偏学术型向学术实践型、从静态向稳态、从学科单一向融合贯通转变提供了方法路径。积微成著、聚沙成塔，2022年出版了《智库双螺旋法理论》《智库双螺旋法应用1》《智库双螺旋法应用2》。

智库双螺旋法在高端智库建设实践中的不断发展，标志着由智库研究范式创新转向智库理论方法创新，并走向智库科学体系创新。基于这些理论创新和实践应用的成果，从2022年10月，我产生了撰写一个小册子引导智库科学与工程学科构建的想法，开始构思本书的框架和主要内容，与鲁晓研究员、杜鹏研究员、万劲波研究员多次讨论，形成了一个研究大纲。在此基础上，2023年1月组建了研究起草团队，由我总负责，鲁晓研究员为执行负责人，刘慧晖助理研究员、赵铭博士研究生为联络人，邀请吴静研究员、杜鹏研究员、刘怡君研究员、冷伏海研究员、朱涛研究馆员、万劲波研究员、李倩倩创新研究员、马宁创新副研究员、朱永彬副研究员、杨斌副研究员、张理茜助理研究员、沙小晶助理研究员、袁秀创新副研究员、李欣哲博士研究生、王建芳副研究员等参加，集中研究讨论与分工撰写相结合，经过8个月的协同努力，终于完成书稿的撰写。

全书以智库科学与工程的5个层次为主线，分为7篇17章。第1篇为绪论，包括：第1章"智库科学与工程学科的产生"、第2章"智库科学与工程学科的建构"。第2篇为基本问题域，包括：第3章"智库科学与工程的概念内涵"、第4章"智库科学与工程的理论范式"、第5章"智库科学与工程的认识论、方法论、实践论"。第3篇为规律问题域，包括：第6章"智库科学与工程的关键问题"、第7章"智库科学与工程的知识演进"。第4篇为治理问题域，包括：第8章"经济治理方略问题"、第9章"社会治理方略问题"、第10章"科技治理方略问题"。第5篇为方法平台域，包括：第11章"数据与方法模型"、第12章"智库技术系统"。第6篇为知识传播域，包括：第13章"智库共同体"、第14章"智库传播与交流"、第15章"智库人才培养"。第7篇为应用与展望，包括：第16章"智库科学与工程应用"、第17章"面向未来的智库科学与工程"。

本书与《智库DIIS理论方法》《智库双螺旋法理论》共同构成我们探索中国特色新型智库建设规律的"三部曲"，凝结和记载着我们从专业化、科学化到学科化高端科技智库建设探索的心路历程、实践经验、规律认知，体现了"理论探索—实践应用—理论创新—实践深化"的长期迭代过程，也体现了我们紧扣智库建设"研究真问题""真研究问题"的科学态度。

我深深认识到，智库研究是一门大科学，这门科学需要我们针对智库研究问题的特点开展规律性研究，基于共识性、专业性、规律性的研究范式，不断深化理论和实践探索，不断提高智库研究的科学化水平，这将是一个"理论方法－研究范式－学术体系－科学共同体－期刊载体－人才培养"六位一体的融合发展过程。从学科发展的规律看，智库科学与工程这一新兴交叉学科处在源头创新期，在全球治理、国际竞争、百年未有之大变局、中华民族伟大复兴对智库提出的强烈需求驱动下，必将有力促进智库理论创新和成果的密集出现，形成主导理论，并逐步走向精致化。站在新征程新起点上，希望与社会各界共同推动我国智库专业化、科学化向学科化发展，在智库研究中出思想、出方案、出人才，形成源于中国的智库理论、智库思想、智库学派，在以中国式现代化全面推进中华民族伟大复兴的宏阔实践中建构中国的自主知识体系。

发展智库科学与工程，不仅要创造智库理论方法、思想方法，创造智库工具方法、研究方法，还要不断开辟新的学科生长点，为智库人才培养提供学科载体。战略咨询院确立了"以重大智库研究推进智库学科建设，以智库学科建设推进智库人才培养"的人才培养总体思路，着重面向未来培养高端科技智库人才。2022年9月，战略咨询院发起成立"智库人才培养联盟"倡议，

2023年3月联盟正式成立，值得高兴的是，目前已有包括34家国家高端智库建设试点和培育单位在内、来自不同领域和行业的77家智库单位加入联盟，携手集众智聚众力持续完善智库人才的建制化培养体系和培养模式，培育和丰富智库科学相关的新兴交叉学科生长点，推动"智库科学与工程"交叉学科建设，为中国特色新型智库建设提供强有力的人才保障。

在《智库科学与工程导论》出版之际，我谨向为本书的研究撰写做出贡献的各位研究人员和专家致以诚挚的谢意，向长期关注和支持战略咨询院发展的广大读者致以诚挚的谢意。本书是推动智库科学与工程学科构建的抛砖引玉之作，不揣浅陋，敬请不吝赐教。

中国科学院科技战略咨询研究院院长、研究员

2023年8月

目 录

前言

第1篇　绪论……2

第1章　智库科学与工程学科的产生……4

1.1　智库科学与工程学科的需求来源及形成路径……4

1.2　智库科学与工程学科的起源历程及形成条件……12

第2章　智库科学与工程学科的建构……20

2.1　智库科学与工程的建构思路……20

2.2　智库科学与工程的学科框架……24

第2篇　基本问题域……32

第3章　智库科学与工程的概念内涵……34

3.1　基本概念、学科内涵与研究范畴……34

3.2　学科功能、特征与要求……39

3.3　学科结构与主要研究内容……43

第4章　智库科学与工程的理论范式……46

4.1　思想源流……46

4.2　学科属性……49

4.3　主要研究范式……52

4.4　基本原理……57

第5章 智库科学与工程的认识论、方法论、实践论……62

    5.1 智库科学与工程的认识论……62

    5.2 智库科学与工程的方法论……67

    5.3 智库科学与工程的实践论……74

第3篇 规律问题域……80

第6章 智库科学与工程的关键问题……82

    6.1 智库科学与工程的科学问题……82

    6.2 智库科学与工程的技术问题……86

    6.3 智库科学与工程的工程问题……91

第7章 智库科学与工程的知识演进……97

    7.1 知识基础……97

    7.2 学科交叉……104

    7.3 数据驱动……121

第4篇 治理问题域……128

第8章 经济治理方略问题……130

    8.1 经济领域智库与经济发展战略学……130

    8.2 经济领域智库研究的关键议题……134

第9章 社会治理方略问题……147

    9.1 社会领域智库与社会发展战略学……147

    9.2 社会领域智库研究的关键议题……150

第10章 科技治理方略问题……163

    10.1 科技领域智库与科技发展战略学……164

    10.2 科技领域智库研究的关键议题……171

第5篇 方法平台域……178

第11章 数据与方法模型……180

11.1 智库研究中的数据与方法模型概述……180

11.2 智库研究中的数据……181

11.3 收集数据的方法模型……184

11.4 揭示信息的方法模型……187

11.5 综合研判的方法模型……192

11.6 形成方案的方法模型……197

第12章 智库技术系统……200

12.1 智库研究面临的挑战……200

12.2 智库技术系统的重要性与特征……201

12.3 智库技术系统的构建原则与架构逻辑……204

12.4 智库技术系统的发展趋势……212

第6篇 知识传播域……214

第13章 智库共同体……216

13.1 智库共同体的内涵和功能……216

13.2 智库共同体的类型和职能……218

13.3 智库共同体促进智库科学与工程学科发展的探索实践……223

第14章 智库传播与交流……227

14.1 智库传播……227

14.2 智库交流的方式、成果与特征……232

14.3 智库期刊、智库出版物、智库报告与智库品牌会议……234

第15章 智库人才培养……240

15.1 智库人才的内涵和特征……240

15.2　智库人才培养的国际实践和学科建设……244

15.3　智库人才传承与学科文化建设……248

第7篇　应用与展望……252

第16章　智库科学与工程应用……254

16.1　实践中的智库科学与工程……254

16.2　高水平的大规模智库工程的组织："中国至2050年科技发展路线图"研究……257

16.3　理实融通开展智库研究："基础研究十年行动方案"研究……259

16.4　问题导向、证据导向凝聚智库研究重点：水利工程评估……262

16.5　证据导向解析决策问题：支撑欧盟产业战略制定的战略研究……265

第17章　面向未来的智库科学与工程……268

17.1　学科发展态势……268

17.2　学科发展展望……271

参考文献……274

索引……290

第1篇

绪论

建设中国特色新型智库是推进国家治理体系和治理能力现代化的重要内容。随着国家高端智库建设试点工作的全面推进，我们共同见证了中国特色新型智库从无到有，从专业化起步，到形成专业化智库、研究力量、对接渠道的历程。通过智库理论方法的创新工作及其应用，智库建设从专业化走向科学化。在此基础上，中国特色新型智库研究开始形成一定的理论范式和学科方向，成为智库人才培养的阵地和摇篮，逐渐由科学化向学科化迈进，正在走出一条从专业化到科学化再到学科化发展的道路。

智库所面对的公共治理问题复杂多样、研究对象多元、涉及的学科知识领域交叉融合，这些特征要求智库需立足复杂社会系统、跨越多个学科领域、结合多种知识方法开展相关研究，同时也迫切需要复合型人才参与智库研究。面对这些挑战，智库科学与工程作为一门新学科开始出现。同时，决策层、智库界、学术界也开始能动地、自上而下地谋划智库科学与工程这一新学科的发展方向。

本篇包含两章内容，将智库科学与工程作为一门新学科开展理论建构工作，分析了智库科学与工程的产生过程，对学科建构的思路、层次、内容进行了阐释，是对全书进行"立论"的章节。

第1章　智库科学与工程学科的产生

20世纪末，公共管理逐渐从刚性、单一的政府直线管理模式走向多元主体共同参与的公共治理模式。加之知识经济社会和全球化时代的到来，公共治理问题日趋复杂化、多样化，迫切需要智库这一建制化的机构发挥其功能和作用，更需要智库"锚定而启动"，创新理论方法范式，建立新的学科，进行有组织性、综合性、系统性的跨学科交叉融合研究。从全球智库建设进程来看，智库真正引起全社会的广泛关注、发挥作用是从专业化智库建设开始的，并且随着理论方法创新工作的推进，智库科学化水平显著提升，形成新的学科方向和理论范式，进而走向学科化发展。由此，智库科学与工程作为一门新学科开始形成。

本章将对智库科学与工程的产生过程进行深入阐述。一方面，从学科发展的需求角度，通过公共管理模式的转变过程来展现智库在公共治理中的作用，分析智库研究对象的日益综合化、复杂化对智库科学与工程这门新学科提出的迫切需求，以及如何通过顶层设计来推动智库科学与工程学科的形成。另一方面，从学科形成的可能性角度，描述智库建设从专业化到科学化再到学科化的发展过程，阐述智库科学与工程学科形成的条件是如何逐渐具备的。

1.1　智库科学与工程学科的需求来源及形成路径

1.1.1　公共治理的问题需要智库发挥功能

1929年，美国纽约股票价格暴跌，银行倒闭、工厂破产、失业人数激增随之而来，一场空前严重、旷日持久的世界经济危机由此爆发，并且从美国迅速蔓延到英国、德国、法国等资本主义国家。引发这场经济危机背后的政策原因主要是各国被"自由放任主义"经济理论席卷，采取自由放任政策，其生产活动缺乏政府的监管，呈现"市场失灵"状态。这次经济危机无疑是对无政府状态下完全自由市场经济体制的一次否定，使得人们意识到政府应该发挥其在调节"市场失灵"中的作用，通过各种调控手段干预市场经济，确保经济的平稳有序运行。在此之后，以通过政府干预来促进经济发展的凯恩斯主义经济学思想开始盛行，西方各国政府先后采取政府干预的方式管理经济，对经济危机后各国的经济恢复发挥了积极有力的促进作用。

然而，随着介入时间的增长，政府对经济干预的范围和力度逐渐增大，职能日益扩张，政府结构臃肿、官僚腐败、办事效率低下、决策失误等"政府失灵"问题不断显现。这很大程度上是由于政府与公众的利益本身具有一定差异，政府在提供公共服务时又缺乏竞争，并且政府往往较难在完全掌握市场信息的情况下进行决策。这些内在矛盾使得以政府这一单一利益主体的"权威管理"难以行通，最终导致政府形象受损，出现公众信任危机。

针对上述问题，西方各国探索和尝试采取缩小职能、精简机构等措施对政府的公共行政管理职能进行调节，但收效甚微。此时，"治理"这一新的概念逐渐显现出来。世界银行首次使用"治理危机"这一概念来概括当时非洲地区以及一些拉美国家难以发展的情况（The World Bank, 1989），并将"治理"定义为国家政治权力运作的一种制度。随后，"治理"这一概念开始被广泛应用于各国的政治实践中。例如，20世纪末，英国政府在牛海绵状脑病（俗称疯牛病）早期的错误决策导致其疯狂蔓延，社会各界对传统政府单一利益主体的权威管理产生信任危机，并且逐渐意识到需要通过多方利益主体交流、对话，以实现包容、透明和敏捷的治理。该事件推动了英国政府管理模式从刚性的权力监管走向柔性的治理，从单一的直线管理走向多元主体共同参与的公共治理模式。

实际上，governance（治理）在英语中并不是新生词，希腊语中就有这一词语，有"控制"的意思，与govern（政府统治）一词曾经交叉使用。20世纪90年代开始，"治理"一词开始被赋予新的含义。詹姆斯·N. 罗西瑙（James N. Rosenau）作为治理理论的创始人之一，认为"治理"不可和"统治"一词混用，治理可视为未得到正式授权但能发挥积极作用的管理机制，其管理的主体不一定是政府，治理的实现也无须使用国家的强制权力（詹姆斯·N. 罗西瑙，2001）。由此可以看出，"治理"的内涵和范围比"统治"更大，不仅包括政府机制，也涉及非政府的机制。

治理理论的代表人物之一罗德里克·亚瑟·威廉·罗兹（Roderick Arthur William Rhodes）从不同角度提出了"治理"的六种定义（Rhodes，1996）：①从国家与国家之间或者全球的角度来看，自组织网络（self-organizing networks）的治理是建立一种信任、互利的社会协调方式；②从一个国家或者社会的角度来看，社会控制系统（social-cybernetic system）的治理是政府与民间、公共部门与私人部门之间的交流、互动、合作；③从公司或者组织的角度来看，治理是对公司运行机制进行指导、监督，作为公司管理（corporate governance）的一种方式；④从不同的社会治理方式来看，作为最小国家（the minimal state）的管理活动，治理是一个国家通过减少公共开支、以最少成本获得最多效益的管理活动；⑤新公共管理（the new public management）中蕴含的治理是在公共服务中引入市场竞争和激励；⑥善治（good governance）中蕴含的治理则聚焦于公共服务的法治化和高效化。

还有诸多学者对"治理"一词进行了定义，其中最具权威性的是联合国全球治理委员会提出的——治理是指通过协调、合作开展公共事务管理的各种方式，不仅有强制的、正式的制度规则，也包括自愿的、非正式的制度安排（The Commission on Global Governance，1995）。从该定义的角度看，治理的对象是公共事务，涉及政府、民间机构、企业、社会公众等多元主体；

治理的方式多样，不只是强制性的，也包括自愿的，以及多元主体之间的相互协商与合作。由于公共治理是对公共事务的治理，与治理的内涵一致，故而"公共治理"一词也简称为"治理"。

进入 21 世纪后，随着知识经济社会和全球化时代的到来，公共治理问题日趋复杂化、多样化。正如斯蒂芬·霍金（Stephen Hawking）所说，"21世纪将是一个充满复杂性的世纪"（Hawking，2000）。公共治理问题的这种变化趋势带来了巨大的全新挑战。其一，公共治理的各个领域正在不断向更深层次、更精细、更专业的层面发展，需要用更加专业化的领域知识来解决公共治理问题；同时各个领域相互交错、融汇发展，应对公共治理问题需要以更加综合化的知识信息为支撑。其二，公共治理问题的背后有多重因素共同作用，同时在未来更是面临诸多的不确定性。这使得公共治理问题的解决需要以问题为主线，不仅要追溯因果、挖掘规律，而且要预测未来、前瞻研判；实现这一过程既需要有专业的知识信息做基础，也需要持续开展专业研究和长期追踪科技、经济、社会等的前沿发展趋势。其三，公共治理问题具有高度复杂性，通常是一系列的科技、经济、社会问题交织在一起，相互关联和影响，问题往往不是一成不变的，而是动态发展变化的。这就需要跳出既有的理论方法和单一片面的思维定式，通过创新性的理论方法工具、系统性的思维分析来厘清公共治理问题的全貌，从而得到既"治标"又"治本"的系统性解决方案。

由上可以看出，多学科领域知识的交叉融汇和对未来发展趋势的系统把握是解决公共治理问题的基础和必然要求，这就需要有专业化的人才队伍和建制化的研究机构来提供创新性的思想产品。作为思想之泉、智慧之源，智库这一机构在公共治理过程中的作用日益显现出来。智库通常解决的是多学科、跨领域的复杂问题，既需要专业化的领域知识，又需要综合性的知识信息，在解决公共治理问题时能够提供及时、全面的知识、信息、思想基础。

凭借专业化、综合化的知识、信息基础，智库持续开展专业化研究，及时跟踪前沿态势，为从源头起因和未来预见两个方面厘清公共治理问题提供了厚实的基础。除了知识基础，智库还有大量的具备多学科领域知识的人才队伍，通过建制化的组织将这些人才有效聚集起来，一方面可为解决公共治理问题提供智力支持，另一方面可以更加系统性、综合性地分析公共治理问题的解决路径，并在治理实践中不断创新理论方法，更好地应对公共治理问题的动态发展变化。

随着从自上而下的"管理"向多方利益主体交互作用的"治理"转变，我们逐步迈入公共治理时代，智库的作用也日益重要。一是智库可为公共治理中各利益主体实现有效合作搭建有益平台。与传统的单一主体的管理不同，公共治理的本质是政府、民间机构、企业、社会公众等多元主体协商解决公共治理问题的过程。在这一过程中，智库通过其专业化的知识和创新性的思想为多元利益主体提供沟通、协商、合作平台，协调不同利益相关者之间的分歧和冲突，搭建起政府与科学界、企业界乃至公众之间的沟通桥梁，从而实现多元主体间的互信、合作，实现公共治理的共同目标。二是智库可以为应对公共治理问题的复杂性提供科学化的解决方案。公共治理问题日趋复杂化、多元化、综合化，这也对科学、有效地解决公共治理问题提出了新的要求，智库拥有的丰厚的知识储备、专业化的研究人才、建制化的研究机构为科学应对公共治理问题奠定了扎实的基础。三是智库可为应对公共治理问题的动态发展变化提供智力支持。公共治理不断涌现新的问题，需要不断融入新的知识信息进行新一轮的研究。智库既能以其长期的专业化研究为公共治理问题提供解决方案，也能以其持续的前沿跟踪研究为公共治理问题提供前瞻性预见。

1.1.2　智库研究对象的复杂性需要智库新学科

公共治理涉及社会、经济、政治等人类生活的各个方面，近年来复杂程度显著提升。一方面，传统社会中的个体相对独立，相互之间并没有太大的影响，而如今随着科技更多地融入社会，每个个体都有多条获取信息的渠道，也有多条信息扩散的渠道，更有很多社交渠道和方式，一个体很容易与另一个体产生联系和影响，社会所包含的个体之间的关系也越来越密切，使得社会系统愈加复杂。另一方面，任何一个新的因素在被纳入社会系统的范畴后，对于社会系统来说都是一个新的变量，都可能对社会系统产生潜在的巨大影响，比如意外事件、个体或团体的行为，不可避免地会给社会系统带来影响，正可谓"牵一发而动全身"。

由此，专业化的智库在公共治理中的功能和作用日益重要。随着我们所处的世界高度科技化，智库所面对的研究对象也愈加复杂。一方面，智库研究的对象逐渐成为自然系统、社会系统、未来机器智能共生的复杂系统。自然物、人工物等的迅猛发展，逐渐渗透到人类的生产活动和日常生活中，人类的交流范围从人与人扩展到人与机器，这影响甚至改变传统意义上的人际关系，同时对已有的教育模式、传统的科研范式、数据信息的保护乃至人类社会结构都产生了巨大冲击。另一方面，智库研究对象所涉及的社会、科技问题相互联系、相互贯通、相互融合（《中国科学院院刊》编辑部，2022）。科技的发展赋予了人类创新、创造的工具和机会，车库实验室、众创空间、个性化制造都代表了科技社会化的趋势；同时，网络化、数字化、智能化的科技发展也使得社会的运行、治理、发展都极大地依赖于科技，乃至在真实世界之上建构出一个数字社会、数字未来，体现出社会科技化的发展趋势。

在科技和社会高度融合的现代社会，社会系统中的每个个体都有可能成为一个中心节点。个体、组织、族群、国家等各个层面的决策都有可能对社会系统造成影响。当决策的层级越高（特别是国家层面的决策），其带来的影响性和传导性也会越强。因此，国家出台的任何一项政策都可视为这个复杂社会系统中的一个新变量。只有事先系统地认识、预测这个新变量给整个社会系统带来的影响，才能使决策更加可行、有效。这样复杂的社会系统对于智库研究的要求也越来越高，用解决一般学科问题、学术问题的思路、方法，从单一学科知识背景提出零散的建议，显然是只能窥一斑而不能知全貌。因此，智库需要"锚定而后动"，建立新的学科，创新理论方法范式，进行有组织性、综合性、系统性的跨学科交叉融合研究，设计新的规则、政策、法律，提供高质量、系统性的解决方案来应对这些挑战、破解这些命题，这也正是智库科学与工程这门新学科提出的现实需求。

1.1.3 通过顶层设计加快智库新学科的形成和发展

从以往学科的一般发展逻辑来看，往往是随着某一基本问题研究的深入慢慢发展，逐渐有一群学者围绕这个问题开展研究，形成科学共同体，具备共同的知识，进而诞生一门新的学科。这种传统的学科发展路径需要经过很长的时间，经历一个自然演进的过程。然而，当所面临的问题处于多学科交叉、高度复杂的情况下时，学科形成的规律就不再是传统的学科发展路径，而是需要超脱问题视域，通过顶层设计，充分运用已有的各学科知识基础，促进多学科交叉融合，形成符合问题研究要求的新的学科。

实际上，智库科学与工程这门新学科正应该按照这种新的学科发展路径发展、成长起来。为什么这么说呢？从本质上来看，智库研究源于智库问题，而智库问题又源于智库的研究对象。研究对象的特征以及我们对于研究对象的认识决定了研究所采用的方法、范式以及相应的学科体系。那么，智库研究领域的研究对象是什么？又有哪些特征？其一，智库的研究对象不是单一维度、单一领域的问题，而是涉及经济、社会、环境、科技、医疗、教育、安全等跨领域融合的复杂而现实的战略问题、策略问题、政策问题、管理问题、治理问题，其影响往往广泛而深远。其二，它具有典型的交叉汇聚特征，包括问题的学科交叉性和相互关联性，还有研究中的不确定性，研究具有的创新性、实用性，以及研究结果产生的影响性（潘教峰等，2019a）。面对如此综合、交叉、复杂的智库研究对象，传统单一学科的自然演进发展路径已不再适合智库研究新学科的形成和发展。

智库研究的学科特点究竟是怎样的？智库研究需要深刻揭示智库研究对象所涉及学科领域的规律和机理，而智库研究对象的交叉性、综合性、复杂性特征决定了智库研究是一门涉及自然科学、工程科学、社会科学、管理科学等多学科知识的学科，并且需要对多个学科知识进行大综合、大交叉，实现多学科之间的融合汇聚，具有跨学科、交叉学科的特点。同时，由于智库研究的最终成果是提出可用、管用、好用的公共治理对策建议，决定了智库研究是将学术研究与政策实施有机结合、贯通起来的一门学科，将学术研究切实用于应对和解决社会发展中面临的实际问题，兼具学术研究与政策实践的特点。

综上所述，智库研究的学科不以某一个单一的学科领域知识为基础，与现有的单一学科存在着显著差异。其一，智库研究的学科与自然科学、工程科学等"远亲"学科有着明显的区别。自然科学通过描述、理解自然现象，发现自然界各类物质的结构形态、发展变化规律等。工程科学则是将自然科学发现的规律、原理、知识等通过各种方式应用于人类生产生活中，实现改造世界的目的。而智库研究的学科不仅需要自然科学得出的规律、工程科学改造世界的知识，而且需要将其与其他学科的知识进行融合，在此基础上揭示智库研究对象的发展规律，研判其未来变化趋势，形成相应的对策建议。其二，智库研究的学科与决策科学、管理科学、政策科学等"近亲"学科有所不同。决策科学重点是对决策的原理、信息、方法、程序等进行研究，分析如何从多种方案中选择出能够实现目标的方案。管理科学是一门探索管理问题的学科，通过对管理规律、方法、模式的研究，实现对人、财、物等资源的科学、合理、有效组织，取得管理效益的最大化。政策科学则是以政策为研究对象，通过分析政策的制定、不同政策产生的效果、政策的实施情况等，解决经济、社会、科技等发展中面临的问题。无论是决策科学、管理科学，还是政策科学，仅是智库研究学科中的一个方面，它们可以为智库研究提供决策方案选择、管理模式分析、政策制定研究等方面的知识来源。智库研究还需要围绕智库研究对象开展发展规律及趋势分析、可能产生的影响分析等，由此才能形成高质量的智库研究成果。

智库研究也与学术研究、商业咨询有着一定的差异（潘教峰，2020）。学术研究以探索未知、发现规律为目标，但往往是从学术理论的思维和视角研究社会发展中面临的问题，缺乏实践性，得出的结论也常常在可行性和有效性方面有所欠缺。商业咨询以服务于工商管理决策、具有显著营利性为特点，缺少融汇学科领域知识的学术基础，难以形成具有科学依据和学术支撑的研究结论，缺乏公共利益的考量。智库研究则架起了从学术研究、商业咨询到政策实施的桥梁，将它们各自的特点贯通起来，有效避免了学术研究与政策实践的相互割裂。

结合智库研究的上述特点，我们需要从顶层设计出发构建智库研究这门新的学科。一方面，针对智库研究的问题，识别到底涉及哪些自然科学领域、社会科学领域，把相关联的问题组合在一起进行交叉融合研究，实现现有知识体系的交叉融合，把握其内在的规律性。另一方面，重视自然科学、社会科学的交叉融合研究，重视现实中和问题相关联的社会现象，做到理论和实际的有效贯通和融合。在此基础上，发展形成有共识的研究范式、方法论，建立新的学科框架。

1.2 智库科学与工程学科的起源历程及形成条件

1.2.1 智库建设从专业化起步

作为思想产品和政策建议的提供者，智库研究是高度专业化的创新活动，既需要专业化的机构、平台、网络、团队、方法，也需要打通专业化成果应用的渠道，形成稳定的制度安排。这就要求智库研究首先成为一种专业，形成具备一定专业技能、从事智库研究的群体，并被社会大众广泛认可，以专业化的智库研究服务国家决策。从全球智库的发展进程来看，智库也往往是由专业化起步的，最初由一群智者逐渐发展起来，凝聚成为具有专门职业范畴、具备一定专业技术知识、符合一定专业标准的研究群体，取得社会公认的专业地位，形成智库这样一个专门的职业，在国家发展过程中逐渐发挥重要的支撑作用。例如，诞生于1660年的英国皇家学会（RS），是世界上最早的科学组织，也是历史最悠久并延续至今的智库，其正是从专业化起步的，在推动工业革命和英国崛起进程中发挥着重要作用。又如，美国布鲁金斯学会、对外关系委员会、美国国家科学院、兰德公司等智库同样也是从专业化开始，逐渐走向成熟的，在美国崛起进程中发挥着重要作用。

近代以来，特别是党的十八大以来，我国高度重视智库专业化建设，对中国特色新型智库建设、国家科技决策咨询制度等进行重大决策部署。在一系列政策举措的推动下，一批具有决策影响力、社会影响力、国际影响力的专业化智库蓬勃发展，成为国家治理体系和国家软实力的重要组成部分。2022年10月，党的二十大报告提出"强化科技战略咨询"（习近平，2022），标志着科技战略咨询成为我国科技创新事业的有机组成部分，同时也是中国式现代化的应有之义。这也对我国智库建设提出新的更高要求：要前瞻科技发展大势，提出更多具有专业化、建设性的战略咨询意见，以应对未来的风险挑战和不确定性。

可以看出，无论是西方智库还是我国智库都是从专业化起步，逐渐发展形成大批的专业化智库，其背后的专业化标准可以归纳为供需对接机制、专业化人才队伍、理论方法研究、国际交流合作四个方面，可以从这四个方面考察智库研究的专业化程度。

一是建立畅通有效的供需对接机制。智库作为连接社会与政府、学术知识与政策决策的桥梁，需要在咨询研究与决策需求之间建立畅通有效的对接机制，这是智库研究的关键。国家决策部门对于解决社会问题有需求，是需求方；智库产出政策研究、咨询研究、对策研究成果，是供给方；连接需求方和供给方的关键是畅通有效的对接机制。这种对接机制一方面要求智库开展专业化的研究，使智库研究成果能够真正应用于决策，找到智库研究成果的用武之地；另一方面智库要与决策部门反复沟通和交流，理解智库问题、了解决策需要、明晰出题本意，把智库研究聚焦到国家真正关心的问题上。如果智库与国家有关决策部门之间缺乏畅通的供需对接机制，就容易产生供需错配问题，需求不能得到很好的回应，智库研究成果也就无法应用于决策；而决策缺乏知识、证据的有效支撑，又会进一步使得供给难以跟上，供需脱节，最终陷入恶性循环。因此，建立畅通有效的对接机制，实现供需的有机衔接，能够使智库更有针对性、更加专业化地服务决策，提高智库研究成果质量，体现智库的影响力，为高质量的决策提供支撑。

二是建设专业化人才队伍。智库是产出创新思想的组织，一支专业化的智库人才队伍是智库生存发展的根本。智库人才与某一学科领域的人才有所不同。一方面，智库人才不能只具有从事一般学术研究的能力，而需要具备学术专业能力、综合集成能力和系统组织能力。另一方面，智库人才不能囿于单一学科领域的问题，而是需要深入了解国际发展动向、国家发展战略等，高度关注经济、科技、社会等领域出现的重要问题，对亟待决策的问题有着一定的敏感度，同时能够前瞻预判未来可能发生的重大问题，形成富有科学性、可行性、操作性的解决方案。因此，智库需要开展专业化人才队伍建设，不仅要有涉猎多学科领域、学术声誉威望高、合作网络广泛的高层次人才作为智库的领军人物，为宏观决策问题出思想、出战略、出方案，同时也需要建设专业素养、集成能力较强的，具有不同学科背景的，稳定的专业化队伍，提升咨政建言的专业性。

三是加强理论方法研究。智库面临的问题具有多学科领域交叉的特征。智库问题的特征及智库研究成果的政策实用性决定了智库研究理论方法的重要性。以往的各学科领域的定性、定量等研究方法通常是从单一学科领域的视角着手，擅长解决单一学科领域的问题，对解决跨学科领域的问题往往力不从心，缺乏系统性和综合性。因此，解决智库问题需要深刻认识所研究问题的规律，发展具有普遍适用性的智库理论方法，形成能够驾驭复杂综合问题的研究方法和理论范式，甚至是能够综合运用不同知识系统并组织不同领域专家研判的实践方法和创新模式，建立智库理论、智库思想、智库学派，这也是智库研究质量和水平提升的关键和必经之路。

四是开展国际交流合作。从全球治理的角度来看，智库具有连接国际社会的桥梁作用，发挥着公共外交的功能。智库汇聚高端智力资源，围绕国际关系、世界政治经济格局、全球科技竞争等重要问题，组织开展具有综合性、战略性、前瞻性的重大咨询和战略政策研究。研究成果应当具有全球化的视野，推动全球发展。智库还需要聚智汇力，建立合作网络，凝聚全球智慧，致力于解决世界各国共同面临的重大问题和挑战，通过国际沟通交流、协调合作，提出促进人类文明进步、增进人类福祉、推动世界发展的解决方案。

随着世界各国智库建设的不断发展，一大批专业化智库已经成熟，智库建设也从数量扩张向内涵提升转变。实际上，智库专业化发展的背后也带动了许多专业化方法工具的发展。但是，目前解决具体智库问题的方法工具更多的是在已有学科方法工具的基础上发展而来的，并不能真正地认识智库问题的整体，更不能适应上文所提到的智库问题研究高度交叉化、综合化、复杂化的特点，难以解决复杂社会系统面临的困境与挑战。这一系列的问题推动着智库建设从专业化走向科学化。

1.2.2 智库建设的科学化发展

科学的本质是知识发现的过程，是对客观的先验真理的追求。科学与文学、艺术等其他知识形态的最重要区别在于：科学方法是由经验观察到理性推理再到基于经验持续修正而形成的。智库研究的科学性表现为：智库研究被认为是一种知识生产的载体和方式，智库研究的结论和发现被认为是一种科学知识，具备可验证、可重复、可量化等科学的特征，并且形成理论方法和研究范式。

因此，智库建设要走向科学化的发展方向，被纳入科学体系，首先需要建立科学的智库理论方法，即从智库问题出发，充分利用已有的跨学科、跨领域的科学知识，遵循智库研究的自身规律，形成开展智库研究的方法工具。兰德公司的不确定性分析法、钱学森的综合集成方法论、华罗庚的"双法"（即优选法、统筹法）思想都是如此。但智库研究仅有方法工具还不够，复杂问题要用系统的思维、系统的观念、系统的方法来解决，需要建立基于共识性、专业性、规律性的研究范式。

随着智库建设科学化的发展，关于智库研究的本质问题也逐渐凸显出来。智库问题是典型的跨领域、多学科、交叉汇聚问题，其内在的学科交叉性、相互关联性、创新性、不确定性、政策实用性、社会影响性等特性，决定了不能局限于传统的管理科学或政策科学视角进行研究。实际上，智库问题的上述特征已经界定了智库研究的范畴，而判断能不能构成学科的重要标准之一是研究对象是否独立。智库研究具有自己特定的研究对象、范畴、特征，与自然科学、工程科学、政策科学、决策科学、管理科学的性质截然不同，可以构成一门新的独立学科。在这种情况下，更应该把智库研究视为一门科学，设立独立的学科，采用跨学科、系统性的思维和方法，做好文理交叉。

1.2.3 智库建设向学科化迈进

学科化是在智库建设的科学化之后形成的，具有实用性的目标。一方面，学科化是为了形成稳定的培养智库人才的手段，传承智库研究的科学理论方法乃至范式，形成智库研究的学科体系。另一方面，学科化是为了合理争取资源分配，建立智库研究的课程、专业乃至学院，凝聚智库研究的共同体。一门学科的形成往往需要六个条件：理论方法、研究范式、学术体系、科学共同体、期刊载体、人才培养。

2022年，战略咨询院率先提出智库建设的学科化发展路线，提出"智库科学与工程"的学科概念，这门新学科是在一系列工作的基础上开始形成的。

其一，自2016年战略咨询院成立以来，持续开展智库理论方法乃至研究范式的深入思考，立足智库研究的全局，总结智库研究一般性思路，提出智库研究的DIIS过程融合法，从理论层面思考智库研究应该遵循的逻辑，提出智库研究的基本逻辑体系，对智库研究的范式进行深入思考和实践探索，提出智库双螺旋法等，形成了一系列智库理论方法乃至研究范式的重要成果，初步构建了相应的学术体系。研究成果在国内外智库界都得到了一定的应用，形成显著的影响力。

其二，2021年，战略咨询院、爱思唯尔出版集团、《中国学术期刊（光盘版）》电子杂志社有限公司联合开展智库代表性期刊遴选工作，遴选中英文期刊入选《智库期刊群（1.0版）》。2020年，国家一级学会中国发展战略学研究会设立了智库专业委员会，近150位关注智库研究的专家学者加入智库专业委员会。2020—2022年，战略咨询院、智库专业委员会连续举办三届智库理论方法研讨会，来自国家决策部门、科技界和产业界的院士专家做主旨报告，在学术界和智库界产生了积极反响。《智库期刊群（1.0版）》的发布、智库专业委员会的成立、智库理论方法研讨会的召开，有效凝聚了从事智库研究的一大批专家学者，形成了智库研究的共同体和期刊载体。

其三，2022年，战略咨询院获教育部批准"高端科技智库人才培养"专项，成为全国首家智库理论与方法方向的研究生培养单位。同时，中国科学院大学公共政策与管理学院在"公共管理"一级学科下设置"智库理论与方法"特色方向和课程体系，开创国内高校和科研机构智库专业建设先河，这为培养从事智库研究、发展智库方法的后备人才奠定了学科基础，为国家高端智库建设提供了高水平的智力支撑。

由此，智库研究的理论方法、研究范式初步完善，学术体系初步建立，智库研究的共同体初步形成，学术期刊和平台载体初步搭建，人才培养逐渐走向建制化，可以看到一门学科形成的六个条件已经初步具备，使得智库科学与工程这门新学科的建立具备可能性。同时，智库研究对象的系统化、复杂化催生了强烈的建立智库新学科的需求，而且可以通过顶层设计形成符合智库研究要求的新的学科框架。在这样的需求背景下以及具备学科形成的条件后，智库科学与工程这门新学科开始提出和建立。智库科学与工程这门学科的形成和发展，一方面为智库建设提供理论支撑、方法论支撑，另一方面为智库人才培养提供知识体系，使智库真正成为有力服务国家治理体系和治理能力现代化，服务人类文明进步的一支不可或缺的重要力量。

智库科学与工程学科的提出也与国家高端智库建设具有相辅相成的重要关系。首先，智库科学与工程是国家高端智库建设事业的产物。我国智库的蓬勃发展，得益于党和国家的重视和支持，是决策科学化、民主化的具体要求，是实现国家治理体系和治理能力现代化的重要支撑力量。国家高端智库试点单位都是我国在学术研究、政策研究、相关领域研究上有深厚积累和各自优势的单位，能够为新学科的形成与发展提供来自国家各部门和研究组织的巨大优势支撑。其次，智库科学与工程更是实践经验的凝练。长期以来，对于智库问题的研究始终没有统一的研究范式，过去智库学者大都是从自身学科基础出发解决问题。我国新时代科技发展，需要大规模、多团队作战的智库研究，以提供科技领域的前瞻预测、战略部署、中长期规划、政策制定方面的解决方案。智库科学与工程学科能够在这样的一系列实践中发展，也能促进大规模的智库研究形成工程化的组织体系，并不断积累实践经验。

第2章 智库科学与工程学科的建构

智库科学与工程学科的提出,不仅为智库建设奠定理论基础,为智库人才培养提供知识体系,更为智库有力服务国家治理体系和治理能力现代化提供有益支撑。那么,智库科学与工程的学科框架该如何建构?它有怎样的发展路径?包含哪些具体内容?本章将对这些问题进行详细阐述。第2.1节从智库科学、智库工程、智库科学与工程的不同角度,分析智库科学与工程学科的建构思路,讨论智库科学与工程这门学科的主体框架,包含概念范畴、基本规律、应用场景、方法平台、交流传播五个层次,并分析各层次之间的逻辑关系,在此基础上刻画智库科学与工程的知识逻辑图。第2.2节分别对五个层次的内容进行具体分析,阐述五个层次的内涵和具体内容、对智库科学与工程整个学科框架的意义以及在智库研究中发挥的作用。通过这五个层次的解读,呈现智库科学与工程这门学科对推动智库研究、促进智库发展的重要价值和意义。

2.1 智库科学与工程的建构思路

什么是智库科学?智库所面对的是具有高度专业性、科学化、跨领域等特性的研究问题,是客观物质世界和人类社会共生的复杂系统,牵动着跨学科、跨领域的问题场域和知识体系。而每个人的知识都是有限的,每个专家都有自己熟悉的领域,面对这样跨学科、跨领域的复杂问题,如何能够克服个体自身知识和认识的局限,能够真正通过跨学科、跨领域的交叉研究,来发现真知,这是智库建设面临的重要命题(潘教峰,2022a)。要实现这一目标,就必须要创新理论方法,融汇多学科领域的知识,综合集成不同专家的智慧经验,在整个研究过程中贯穿科学的态度、科学的方法、科学的实践,从而提出系统的解决方案,这也是智库科学的重要内涵。

什么是智库工程？智库工程是指通过智库研究实践活动，有组织地生产智库产品的过程，可分为大规模、中规模、小规模的智库工程。大规模智库工程是面向大型战略咨询问题、宏观战略政策问题系统组织开展的智库研究，由多个研究组共同开展研究工作，如中国至2050年科技发展路线图战略研究、科技发展新态势与面向2020年的战略选择战略研究、水利工程评估、"十四五"战略性新兴产业重点问题研究与规划研究、基础研究十年行动方案研究、科技支撑中国西部生态屏障建设战略研究、区域创新体系战略研究、内蒙古高质量发展战略研究等。中规模智库工程的研究对象相对细化，由一个研究组内的多名研究人员协作开展研究，如小型的研究项目或课题等。小规模智库工程的研究对象更为具体，通常由独立的研究人员完成研究工作，如一项调研研究工作等。

智库科学与工程作为一门学科，包含五个层次[1]。第一个层次是基本问题域，要解决的是它的概念、内涵、范式、理论、方法论的构建问题。第二个层次是规律问题域，包括智库研究的关键科学、技术、工程问题，如智库双螺旋法提出的"十个关键问题"。第三个层次是治理问题域，涉及重大经济、社会、科技治理问题及其形成的领域分支。第四个层次是方法平台域，包括方法、模型、技术平台，数据资源的整合创新，宏观决策支持系统。第五个层次是知识传播域，涉及智库共同体、期刊载体、建制化人才培养体系的形成等。

智库科学与工程五个层次的发展路径实际上与智库双螺旋法的"四层模型"有密切联系（图2-1）。从"四层模型"来看，外循环给出了认识智库问题的"解析—融合—还原"思路，内循环从DIIS过程融合法和MIPS逻辑层次法[2]两个螺旋提供了认识智库问题更详细的研究过程和逻辑方法。这两层都是在认识论和思维方法的视域上考量智库研究的理论、方法论乃至范式，

---

[1] 智库科学、智库工程、智库科学与工程的提出及五个层次的概念参见《中国科学院院刊》对潘教峰研究员的访谈记录（《中国科学院院刊》编辑部，2022）。
[2] DIIS过程融合法是指在研究环节上需要遵循"收集数据（data）—揭示信息（information）—综合研判（intelligence）—形成方案（solution）"的过程；MIPS逻辑层次法是指在研究内容中需要遵循"机理分析（mechanism analysis）—影响分析（impact analysis）—政策分析（policy analysis）—形成方案（solution）"的逻辑。

由此构成智库科学与工程的基本问题域。第三层"十个关键问题"从开启问题研究起点、研究未来不确定性、指引研究操作流程、遴选组织专家研究、把关研究结果质量等方面总结归纳了智库研究实践中需要重点关注的问题。这些关键问题不仅源于智库研究实践，更可以指导实践，比如解决经济、社会、科技发展中面临的重大问题，这与智库科学与工程的规律问题域和治理问题域很好地衔接、关联起来。第四层方法集工具箱则从解决智库问题的角度思考所需的方法工具，按照智库研究的关键问题，架构、囊括了许多现有的以及创新的方法工具，为智库问题研究实际操作提供方法工具的"百宝箱"，智库科学与工程的方法平台域便是来源于此。"四层模型"的知识层作为智库研究的根基，融汇了现有的结构化的科学知识，这些纵向深入的科学知识可以视为对具体学科的学术研究，这就需要智库共同体、人才培养、期刊载体共同奠定智库研究根基，这也是智库科学与工程知识传播域的意义所在。

智库科学与工程的"五层次发展路径"所产出的成果促成了智库科学与工程这门新学科的形成（图 2-1）。基本问题域在认识概念、内涵的基础上，构建智库研究的范式，推动智库研究的理论、方法论的构建。规律问题域对智库研究中的关键问题进行研究，每个关键问题的研究都是智库研究的一个重要方向，在未来每个方向都需要开展深入研究。治理问题域聚焦于经济、社会、科技领域的治理问题，这些问题都是智库研究实践中亟须解决的重大问题，需要对其开展深入思考研究。方法平台域涉及智库研究中所需的数据、方法、模型，为智库研究的开展提供具体操作上的支撑。这三个域从规律研究、治理研究、方法研究三个方面，共同构成智库研究的学术体系。知识传播域则关注智库共同体的形成、期刊载体的搭建、智库人才培养的建制化，一定程度上推动了智库研究的共同体、期刊载体、人才培养的构建、丰富与完善。至此，在"五层次发展路径"的推动下，一门新学科形成的理论方法、研究范式、学术体系、科学共同体、期刊载体、人才培养这六个条件已经初步具备，推动着智库科学与工程这门学科的形成。

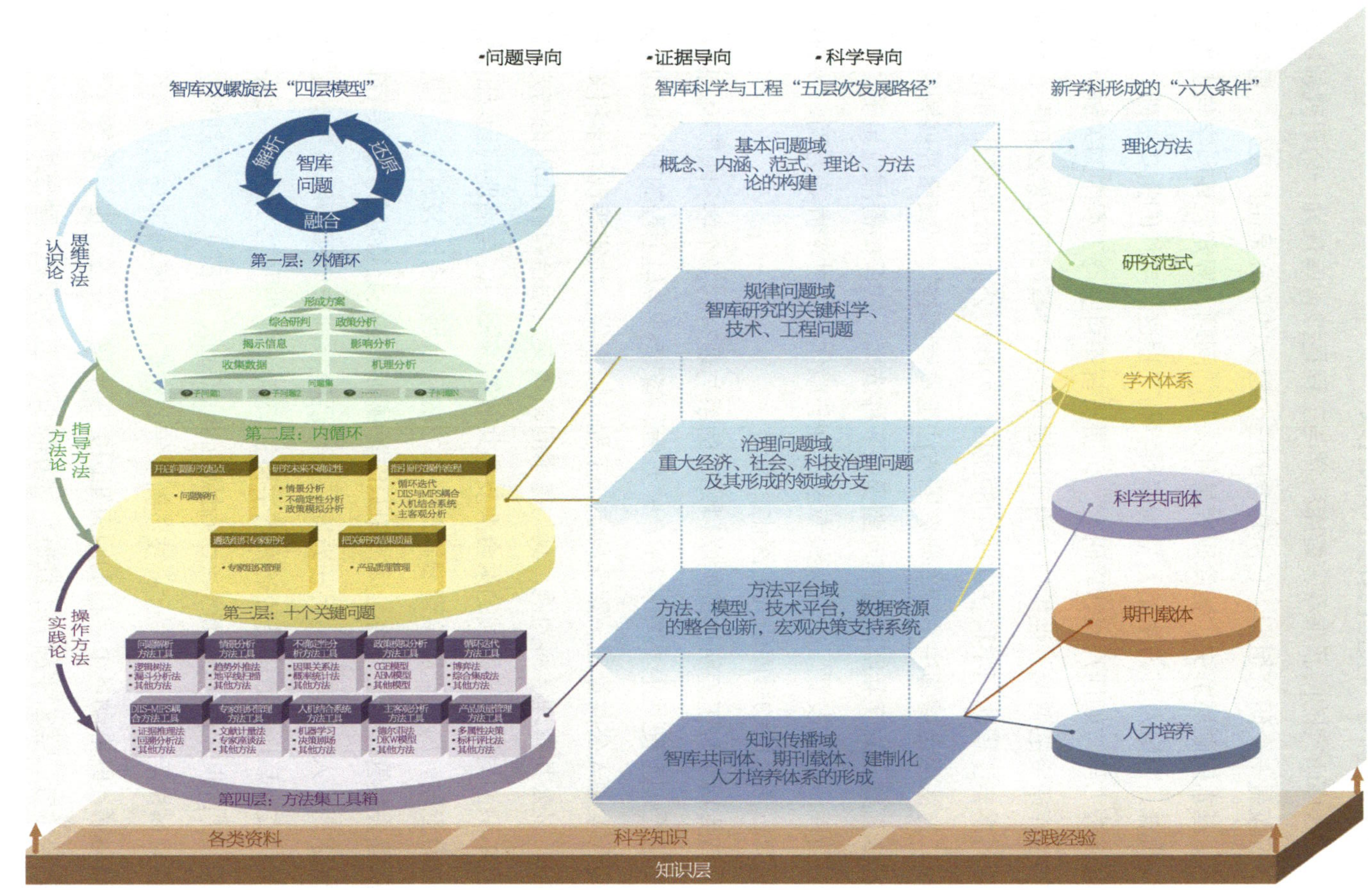

图2-1 智库科学与工程学科的建构思路

2.2 智库科学与工程的学科框架

从智库研究的内涵来看，智库科学与工程是把智库视为一个研究领域，而不仅仅是一个研究组织。它所包含的五个层次的研究是由内及外、层层递进的。基本问题域解决"智库研究是什么"的问题，界定智库科学与工程的学科概念、范畴及其方法论，是智库科学与工程这门学科的扎实基础；规律问题域着力于"如何开展智库研究"，厘清智库科学与工程中的关键问题，归纳智库研究的普遍共性规律；治理问题域关注"智库研究怎么用"，呈现智库科学与工程这门学科在实践中的应用，为解决公共治理问题提供思想、路径；方法平台域解决"智库研究的方法工具有哪些"，聚集开展智库研究的方法工具，为实际解决智库问题提供多种选择；知识传播域立足于"如何促进智库研究的发展"，从凝聚专家、期刊载体、人才培养等方面，传播智库研究思想，推动智库研究的深化、完善。

智库科学与工程所构成的学科知识体系与现有的多个学科知识体系相互交叉融合、互促共生（图2-2）。一方面，智库科学与工程的五个域可以将智库元素融入公共管理、管理科学与工程、情报学、法学等现有学科知识体系中。以公共管理学科为例，其与基本问题域交叉融合有智库理论与方法等专业知识，与规律问题域的融合涉及公共政策等知识，与治理问题域的融合有政府管理、风险与应急管理等知识，方法平台域则有比较研究法、案例分析法等公共管理专业方法工具，知识传播域则涉及公共管理领域的专家研讨、学术期刊、人才培养等。另一方面，每个现有学科方向和智库科学与工程这一学科交叉后形成智库特色的新的学科生长点，如"哲学 - 政治学 - 经济学 - 智库"（philosophy-politics-economics-think tank，PPET）、"规划科学"、"新兴科技治理"、"产业科技创新"等。它们和智库科学与工程学科相互交叉融通，既推动各个学科的原有知识更加丰富、完善，也促使各个学科和智库科学与工程这门学科相互嵌合、相辅相成、互为促进、融合共生。

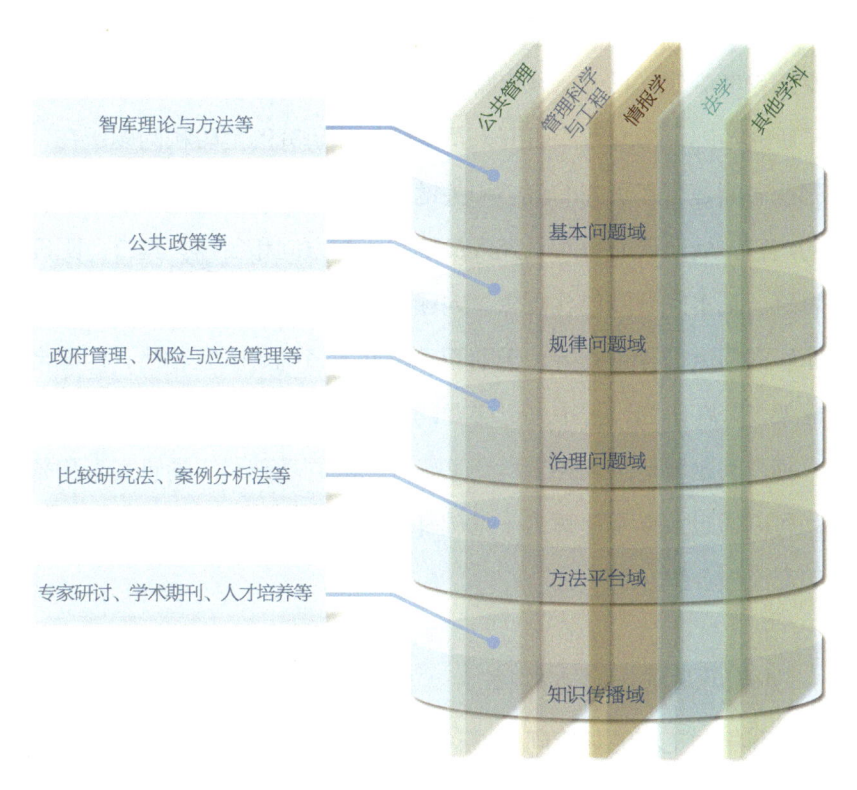

图2-2 智库科学与工程的知识逻辑图

2.2.1 基本问题域：概念范畴

智库科学与工程的基本问题域，主要是指概念、内涵、范式、理论、方法论的构建。例如，钱学森提出的综合集成方法论、华罗庚提出的"双法"思想，以及战略咨询院探索发展的智库双螺旋法理论等，都可以视为基本问题域上的研究成果和积累。智库双螺旋法实际上带有一种范式特征，它不是解决单一性的问题，而是解决智库研究普遍应当遵循的原则和规则，从这个意义上讲，它为智库科学与工程这一学科提供了方法论。可以看出，基本问题域为智库科学与工程整个学科框架体系的构建界定基本的概念范畴，提供理论和方法论基础。

基本问题域可视为智库研究中非常重要的概念框架，从以下三个方面提供丰富的参考价值。其一，确定智库研究方向。基本问题域为开展智库研究划定了研究范围，帮助智库研究人员明确智库研究的范畴和问题所在，比如界定哪些方面是智库研究的核心和关键，以及哪些方面是智库研究需要持续关注的内容，从而帮助智库研究人员确定研究方向和目标。其二，明确智库研究思路。基本问题域包含概念、内涵、范式、理论、方法论的构建，可以为智库研究提供指导和支持，帮助智库研究人员确定研究思路、构建合适的理论框架，并在研究过程中进行必要的调整和修正。其三，促进多学科融汇交叉。基本问题域是开展各学科交叉研究的共同基础，不同研究者和领域学者之间可以通过共享和理解这一基础开展智库研究，进一步促进跨学科、跨领域的交流与合作。

2.2.2 规律问题域：基本规律

智库科学与工程的规律问题域，可以构成智库科学与工程的学科分支，主要是指智库研究的关键科学、技术、工程问题，如智库双螺旋法提出的"十个关键问题"，即问题解析、情景分析、不确定性分析、政策模拟分析、循环迭代、DIIS 与 MIPS 耦合、人机结合系统、主客观分析、专家组织管理、产品质量管理；此外还有交叉融合研究、数据驱动的政策研究等都属于这一范畴等。通过这些问题的研究，可以形成智库科学与工程的一些研究分支领域和方向，提供带有普遍性的规律认知，为方法创新提供知识源头。

规律问题域可以发挥以下作用。其一，提供基础知识。规律问题域是智库研究的重要组成部分，它包含科学、技术、工程问题。对这些问题的研究，可以为智库研究提供认知框架。其二，促进交叉融合。规律问题域涉及的问题大多是跨学科的，它提供的规律性认识可以应用于多领域的智库研究，可以促进不同学科之间的交叉融合，为智库研究提供多元化的视角和方法。其三，引导政策制定。通过规律问题域的研究，可以揭示出普遍性的规律和趋势，为政策制定提供科学依据和指导，有助于制定更加符合实际需要的政策。其四，推动方法创新。规律问题域的研究有助于发现新的科学方法工具，为方法创新提供知识源头和启发。其五，支撑国家决策。通过规律问题域的研究，可以为国家战略和政策的制定提供支撑和依据，有助于推动国家的发展和进步。

2.2.3 治理问题域：应用场景

智库科学与工程的治理问题域，也构成智库科学与工程的学科分支，主要是指重大经济、社会、科技治理问题及其形成的领域分支，如发展战略学、发展规划学、创新驱动、全球治理、国家治理、社会治理、预测预见等。因为智库涉及的领域是多方面的，多个子问题汇聚构成一个重大的问题域。而这些重大问题域中关键问题的逐步解决可以直接满足决策者的需求，并形成智库科学与工程的研究分支领域和方向。

治理问题域可以发挥五个方面的作用。其一，提供决策支持。治理问题域的研究可以为政策制定者提供决策支持和科学依据，有助于制定更加符合实际需要的公共治理政策。其二，推动发展进步。治理问题域的研究可以帮助政府和决策者发现现存问题和潜在风险，提出改进和发展的方向和路径，有助于推进经济社会的发展和进步。其三，促进国际合作。治理问题域的研究涉及国际治理和全球治理的问题，为国际合作提供理论和实践基础，有助于促进国际的合作与交流。其四，提高治理能力。治理问题域的研究可以探究治理的原理、方法和技术，提高治理者的能力和素质，促进治理体系的创新和升级。其五，促进社会稳定。治理问题域的研究可以分析社会矛盾和问题的成因和解决办法，为社会稳定提供重要的智力支持。可以看出，治理问题域是智库研究的重要组成部分，它具有为智库研究提供决策支持、推动发展进步、促进国际合作、提高治理能力和促进社会稳定等作用。

2.2.4 方法平台域：方法平台

智库科学与工程的方法平台域，是指方法、模型、技术平台，数据资源的整合创新，如世界各国智库发展的各类定性方法、定量方法、混合研究方法，数据库、专家库、情报库，还有宏观决策支持系统等。这里的方法平台域，不仅包括已有的、成熟的方法工具（如情景分析法、不确定性分析法等），而且还包括开发生成的新方法工具，例如战略咨询院在开展面向全球竞争的高新产业源头技术课题研究过程中，基于DIIS过程融合法的思路原创性地提出了一种新的颠覆性技术识别方法（Guo et al., 2019）。

方法平台域可以发挥以下作用。其一，提供科学方法和技术支持。方法平台域可以提供各种科学方法工具，如数据分析技术、统计方法、机器学习等，这些方法工具可以帮助智库研究人员更好地分析和解决智库问题。其二，提供技术支持。方法平台域中的宏观决策支持系统可以帮助研究人员为政府战略决策提供科学依据，提高决策的科学性和准确性。其三，整合数据资源。方法平台域中的数据库、情报库和专家库可以整合各种数据资源，提供数据支持，为智库研究提供数据基础。其四，提高研究效率和质量。方法平台域中的各种方法工具可以提高智库研究人员的研究效率和研究质量，使研究成果更加准确和可信。可以看出，方法平台域可以为智库研究提供科学方法、工具和技术支持，提供决策支持，整合数据资源，提高研究效率和质量，进而提供更好的政策建议和决策支持。

要发展智库科学与工程，不仅要发展智库科学与工程的理论方法、思想方法，包括"十个关键问题"的理论与方法创新，还要发展体现智库工程的工具方法、研究方法，创造和发展适应不同应用场景、研究不同领域问题的工具方法，如用于科技战略规划研究的"科技发展路线图研制方法"，用于国内外重大科学问题研究的"科技前瞻与预测方法"，用于组织国内外重大问题研究的"矩阵结构与事理分析方法"，用于考察区域和制造业及高新区发展的"科技创新综合评价方法",用于考察智库期刊和报告的"智库期刊群、报告群评价方法"等。这些成熟的工具方法和研究方法可以形成独特的竞争力优势,构成一整套文理交叉、理实融通、知行合一、与时俱进的知识体系,这既是开展智库研究的基础,也是开展智库科学与工程研究和教学的关键内容。

2.2.5 知识传播域:交流传播

智库科学与工程的知识传播域,主要包含智库共同体、期刊载体、建制化人才培养体系的形成。知识传播域可以发挥以下作用。其一,促进学术交流和知识共享。知识传播域的智库共同体和期刊载体,为学者提供一个交流和共享知识的平台,这一知识平台可以让不同领域的专家学者进行交流和合作,加速知识的创新和传播。其二,培养高端人才。知识传播域可以为高端人才的培养提供支持,通过建制化人才培养体系的形成,培养具备高水平研究和决策能力的专业人才,为国家治理和发展提供智力支持。其三,推动学科发展。知识传播域可以为智库学科的发展提供支持,比如,通过在高校开设"智库理论与方法"特色方向和相应课程体系,以及培养研究生等方式,可以为智库学科的发展注入新的人才和新的思想。其四,提高智库的影响力。通过在期刊上发表高质量的研究成果等方式,可以提高智库的影响力。可见,智库科学与工程的知识传播域对推动智库研究成果的广泛传播、推动智库人才培养体系和学科体系的完善、提高智库的影响力等方面都具有重要的作用。

通过知识传播域,可以凝聚专家智慧,传播知识思想,共同促进智库科学与工程学科的发展。目前,我国智库也意识到知识传播对提升智库影响力的重要作用。国内主要高端智库建设试点单位牵头发起了智库理论方法研讨会,力争建设高端研讨交流品牌,构建智库共同体。中国发展战略学研究会的智库专业委员会代表着在国家学术团体的研究范畴中，智库研究已经获得一席之地。《智库期刊群（1.0版）》以学术期刊为基础，形成了重点关注智库问题的期刊群，为智库研究者找到了发表载体和学术家园。国内主要研究型大学也依托公共管理、管理科学与工程等一级学科，加强智库研究方向建设，为人才培养提供新的空间。

第2篇

基本问题域

作为服务公共治理的研究型机构，智库具有整合知识资源以及创新知识生产的能力，在国家治理体系和治理能力现代化过程中发挥着必不可少的重要作用。随着中国特色新型智库建设的不断深入和解决智库问题本身的理论方法的不断创新，在社会实践的决策需求以及把握自然和社会规律的内在驱动的共同推动下，专业化的机构、平台、网络、团队、方法不断涌现，畅通的供需对接机制得以建立，智库研究的科学化水平不断提升，智库逐步从专业化、科学化走向学科化，学科体系的建立、学术共同体的形成、建制化人才的培养、学科带头人的涌现以及学术期刊和平台载体的搭建等学科化的标志性特征逐渐形成。

在智库学科化的过程中，明确学科的基本问题、基本原理，形成能够得到智库共同体共识的研究范式，开发一系列的方法工具和技术系统，是智库科学与工程作为一门学科形成并逐步成熟的标志。瞄准基本问题域、解决"智库研究是什么"的问题，能够夯实智库科学与工程的学科基础。本篇主要界定智库科学与工程的学科概念内涵，明确学科属性，归纳理论范式，阐述智库科学与工程的认识论、方法论、实践论等哲学层面的基本问题。

第3章　智库科学与工程的概念内涵

智库发展一定程度上反映了国家治理的软实力。高质量的智库一方面促进决策科学化、民主化和法治化程度的提升，拓宽公众参与决策的渠道；另一方面也为国家发展和社会进步有效地提供信息并储备人才，进而形成思想市场。智库科学与工程是在智库的科学化发展过程中形成的一门新学科。本章给出智库科学与工程的概念内涵，分析学科功能、学科结构，提出主要研究内容。

3.1　基本概念、学科内涵与研究范畴

3.1.1　基本概念

智库科学与工程是一门综合运用人类关于哲理、数理、物理、事理、人理的科学知识与工程技术方法，研究解决人文社会系统与自然系统交织的复杂系统智库问题的学科。具体而言，智库科学与工程综合运用智库科学、系统科学、管理科学、数学、哲学、物质科学、生命科学、社会学、政治学、心理学、政策科学、经济和行为科学及工程方法，结合信息技术研究解决智库问题。

作为一门学科，智库科学与工程的基本概念主要涉及智库、智库科学、智库科学与工程三个层面。智库是本学科的核心研究载体，在研究中重点关注智库活动及其管理；智库科学主要探究的是智库活动及其管理中普适性的规律以及相关理论与方法，如智库相关知识的生产；智库科学与工程则是一个综合的概念，主要开展智库相关的理论、方法及应用研究。

智库作为研究特定主题（如政策问题）并提供信息、想法和建议的机构或团体，既是一种社会建制，同时也可以理解为一种社会化组织。智库涉及众多因素，与国家体制、意识形态、经济因素、政治因素等密切相关，其基本功能是作为政策制定过程中的重要组成部分，影响公共政策，参与公共治理。随着智库的不断发展，其功能也在进一步拓展。最初的智库功能主要是影响政府政策的制定，后来逐步发展到为解决公共问题、开展公共外交或政府战略决策提供知识和信息资源，进而为政府储备和输送人才等。综合而言，智库是公共政策和战略问题的研究、分析和参与机构，面向政府决策进行研究和分析，并且针对国内外议题提出建议，使决策者在信息相对充分的情况下对公共政策问题做出决策（裴瑞敏等，2022）。

一般来说，智库科学是智库活动中用到的科学理论和方法。严格来说，智库科学是研究不同类型智库活动及其管理中客观规律的科学，在特定的情景假设下，运用科学规范的方法，通过将智库活动及其管理中的实践问题抽象化，使之成为可解答的科学问题，并进一步探究这类活动中的普适性客观规律。

为什么在智库科学与工程的概念中特别提到信息技术？这是与时代背景息息相关的。当前，政府实现其决策科学化的宏观决策支持系统建立于新一代信息技术的基础上，得益于当代信息技术的高速发展，宏观决策支持系统也日趋科学和完善。

3.1.2 学科内涵与研究范畴

学科既是一种客观的知识标准，同时也具有深刻的社会属性，是二者的统一。因此，学科具有多重属性，是一个复合型的概念。可以说，学科既是现代社会中个体的认知模式以及人类知识的构成方式，同时也是人类认知活动的组织模式和实践模式。智库科学与工程的基本概念也深刻地反映出其独特的学科内涵，即相对独立的知识体系和规训活动的双重学科内涵，一般来说，可以从认识论和社会学两个角度来考察。

从认识论的角度来看，学科体现了知识生产的逻辑。学科是为了解决某些共性问题而产生的，并随着排他性研究对象的出现，以及独特的理论视角和说明模式的确立而逐渐形成（王孜丹等，2019）。智库是一种专业化组织，专门进行政策研究领域的知识生产活动。智库研究则是一种结合了政策研究以及实践应用的特殊的知识生产活动，体现了智库相关知识生产的内在逻辑。从社会学的角度来看，社会的需求和认同是智库科学与工程发展的重要条件。任何事物的发展都离不开相应社会环境的支持，学科也是一样。从产生到发展壮大，学科都需要一个积极健康的社会环境。一般情况下，社会需求越旺盛，对科学研究的物质支持程度就会越高。同时，社会的认同也会为科学研究带来更高的物质投入。作为科学研究主体的科学家，他们通常也会选择那些在当时占主导地位的前沿热点问题来进行研究，以便更容易得到资助和认可。在需求与科学研究的不断互动中，能够衍生出更多基础层面的需要，从而为特定学科的发展给予充足的空间（王孜丹等，2019）。

智库科学与工程的学科内涵和智库的本质属性密切相关。在联合国开发计划署的定义中，智库是指从事与公共政策相关研究及倡议的组织，在现代民主政治制度中，智库是连接知识和权力的桥梁（裴瑞敏等，2022）。在实践过程中，政府决策机构及研究机构存在属性及功能等方面的差异，决策者和研究者存在角色及行动等方面的差异，因而在公共管理活动中，公共权力和知识理论存在许多间隙，亟须一种有效的方式将二者进行连接。智库正是起到了连接公共权力和知识理论的桥梁作用，实现公共权力和知识理论的有机结合是智库的本质属性（裴瑞敏等，2022）。事实上，智库作为生产知识的组织，其行为过程不能仅仅依靠所谓的理性知识论和绝对实在主义的方法学，而更应该有一个将知识生产与决策行动相连通的过程。也就是说，智库提供独立性的政策建议，政府决策系统进行有效回应，这是一个互动的过程（王卓君和余敏江，2016）。因此，主体之间相互建构、密不可分，知识生产、政府决策，以及公众行动也需要得到有效协同。只有如此，政府决策才能真正建立在民主与科学的基础之上。

20世纪70年代以来，随着西方学者在理论层面进一步关注智库的知识生产活动如何对政策产生影响，知识运用理论学派应运而生。该学派的研究者们致力于解析智库知识生产的内涵等相关内容。分析过往的研究可以发现，与政治学理论和政策过程理论侧重于宏观和中观层面不同，知识运用理论则更倾向于从微观层面分析智库的影响力作用机制，它将社会科学的研究成果视作是一种知识产出，通过对决策者与专家之间互动的分析，探讨相关知识生产与利用的关系。自20世纪90年代中期以来，知识运用理论关注政策专家如何更高效地交流，如何将知识转化为政策提案，如何使受众更好地理解和接受这些政策。知识运用理论从知识生产"主体"和"受众"的角度，深入揭示了智库的知识生产不仅在于"制造端"，还在于"服务端"，即强调智库的知识生产是由专家及决策者产出到受众接收的完整过程（王龙和王娟，2022）。

为此，智库知识生产的内在逻辑体现了"决策－学术－社会"三种导向的知识生产的连接以及融合。决策导向的知识体系反映政治诉求，为政府决策部门提供特定领域的决策需求知识；学术导向的知识体系反映自然及社会的发展规律，为剖析问题根源和作用机理提供认识基础；社会导向的知识体系反映了大众的应用实践需求，回应社会关切，解决实际问题。狭义的智库知识生产是"决策－学术－社会"三种导向的知识生产连接，见图3-1，而广义的智库知识生产包含了三种导向的知识生产，是三者的融合。

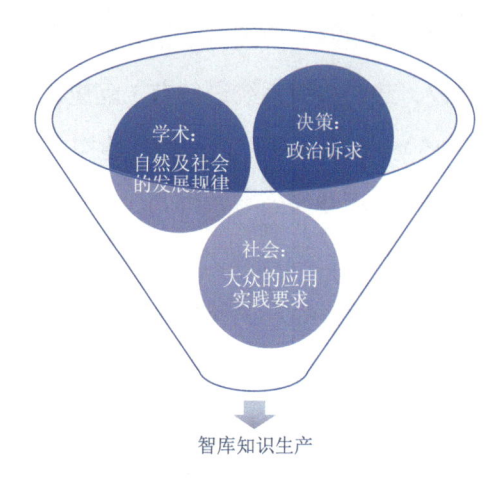

图3-1 智库知识生产的内在逻辑
资料来源：改编自王龙和王娟（2022）

　　智库知识生产的内在逻辑也与近年来的科学系统发生的巨大变化一致。自 20 世纪 80 年代以来，大量研究指出，科学系统发生了巨大的变化，例如战略目标导向的科学研究越来越多。虽然大批研究者试图来解释、理解、推断这种趋势，但学术界对此并没有达成共识。在这些研究中，比较有代表性的是"模式 2"知识生产方式的概念（Hessels and van Lente, 2008）。"模式 2"由迈克尔·吉本斯（Michael Gibbons）等于 1994 年提出。迈克尔·吉本斯等（2011）表明，知识生产系统正在经历深刻的变化，新的知识生产模式即将来临，即"模式 2"。"模式 2"超越了现有的学科理论，形成了新的理论和范式。与传统的知识生产模式（"模式 1"）相比，"模式 2"是新颖的、动态的、折中的和与语境（context）有关的。

　　"模式 1"指经典科学的牛顿模型。其中，"科学"与"研究"同义，关注纯科学。在"模式 1"中，研究者的工作开展于某特定的组织，研究者的活动基于一种普遍的方法论，他们受"默顿规范"的约束。"默顿规范"又称"科学的精神气质"，包括公有主义、普遍主义、非牟利性和有组织的怀疑主义（Nowotny et al., 2003）。

与在学院科学语境中的传统的知识生产模式"模式1"不同，在"模式2"中，知识的创造是在更加广阔的跨学科语境中发生的，与社会经济息息相关；"模式2"中的知识生产的重要动力来自应用的推动；解决问题的细节可以被公开并转化为公共知识；知识的传播通过人们将其应用于不同语境；研究活动所在的地域和所产生的组织都并不固定，研究团体不断地处于"聚集—解散—分散"的过程中；"模式2"中的知识生产可以同时在不同的机构中开展，电子媒介在其中发挥着非常重要的作用。这些就是"模式2"的特点：网络化、应用化、公开化、非组织化等（迈克尔·吉本斯等，2011）。

由此可以看出，智库的知识生产较多地体现了"模式2"的内涵。与其他学科相比，智库科学与工程和其他学科（如物理学和生物学）的研究对象不是平行关系，研究视角、研究目的、研究问题都不相同。

智库研究的核心是在其他学科学术研究的基础上，通过智库科学的理论和研究方法，将学术研究和政策实施有机贯通。开展学科学术研究的科技工作者通常从本学科的研究思维和视角看待公共治理问题，不擅长对公共政策和公共决策进行实践性思考，缺乏可行性判断；而以往的政策研究人员又大多缺乏科学技术知识体系的厚实知识基础，提出的政策建议往往缺乏扎实的科学依据和学术支撑（吕青，2022）。智库研究将"学术研究—管理研究—政策研究—决策咨询"的过程有机结合并贯通起来，提供相关决策问题的解决方案。

3.2 学科功能、特征与要求

3.2.1 学科功能

智库的组织结构以及相应的作用功能受到特定历史时期的政治制度、经济水平、文化特点等的影响，而随之发生相应的变化。一般说来，智库具有产出思想、引导方向、培养人才三大基础功能（潘教峰和鲁晓，2018；孟磊，2019）。

1）产出政策思想，服务宏观决策。智库通过诊断、发现社会问题，寻找解决问题的方案，并通过各种直接或间接的手段来发挥自己政策研究及建议的功能。在服务宏观决策方面，智库的功能主要体现在通过对事关全局的重大问题开展研究，为决策部门提供独立客观的科学依据和高效可行的咨询建议。

2）引导社会舆论，引领创新方向。新形势对中国特色新型智库建设有新的要求，要积极运用大众媒体等媒介手段，在舆论引导、社会服务方面发挥应有的作用，同时，做好智库成果传播和转化工作（刘西忠，2018）。

3）培养复合型人才，促进人才交流交换。智库是知识密集型思想产出和传播的载体，通过搭建研究平台吸引来自不同专业领域的高层次人才。同时，智库也承担着培养未来研究者和决策者的重任，智库中处于职业生涯初期的年轻研究者通过参与研究项目和各种层面的交流，培养分析和解决问题的能力，拓宽战略视野，积累社会资本。此外，不同于其他类型的研究机构，智库有一项特殊的人才交换通道——"旋转门"，即研究者和决策者或参政者身份的互换——智库研究人员进入政府机构任职，由研究者变成决策者或参政者，同时，卸任官员进入智库开展政策等相关研究，由决策者变成研究者，强化了智库研究的实效。由此，智库也是政府官员的人才输送基地和"蓄水池"。尽管目前国内的"旋转门"机制主要体现在由决策者向研究者的转变，但随着新型智库的高速发展，相信由研究者向决策者或参政者转变也会成为一条有效路径。

对于智库科学与工程而言，除具有一般学科的知识生产功能外，实践性是其重要特点，因此促进智库功能的实现成为该学科的基础功能。智库科学与工程作为独特的学科体系，发挥着促进智库知识生产、推动智库人才培养与解决理论和现实问题等功能。

1）促进智库专业知识生产。学科产生之初便以知识专业化生产为目的。通过建设智库相关的专业期刊、教材和学术论著，以此作为学科知识的载体，推动学科知识创新。

2）推动智库人才的培养。学科规训是学科的应有之义，学科承担着教育教学的使命，使个体学术社会化，遵从学科学术传统和规范，养成学术习性（曹永国，2018）。培养学科专门人才，是学科延续发展的必要条件。

3）解决理论和现实问题。学科来源于经验现象的"问题域"和理论层面解释说明的需要（王孜丹等，2019），无论是解决实际问题，还是促进相关理论模型以及方法技术的形成，都是智库科学与工程的重要功能。

3.2.2 特征与要求

一般来说，学科通常处于不断分化与整合的动态过程中，这个过程由两个因素共同作用——知识发展的内部驱动因素和外在需求拉动的外部驱动因素。学科内的知识发展是学科发展的内部驱动力，社会与文化方面的外在需求是学科发展的外部驱动力。对于智库科学与工程来说，也是如此。社会实践的外在决策需求和把握自然及社会趋势与规律的内在知识驱动共同推动了该学科的发展。

从社会实践的外在决策需求方面来说，决策需求的复杂性决定了其并不是单一学科的研究能解决的，需要通过多学科融合的智库研究来寻求解决方案。例如，在气候变化、生态环境变化、城市化进程加速、旅游业快速发展、公共卫生系统趋于脆弱等因素的影响下，流行病发展越来越复杂，且更加频繁地暴发。为应对 21 世纪的大规模流行病，流行病学、社会科学、传播学、疫苗学、外交学、物流学和危机管理学等多学科融合势在必行（Bedford et al.，2019）。从内在知识驱动方面来说，智库研究体现了"决策－学术－社会"三种导向的知识生产的连接以及融合，涉及自然科学、人文社会科学和工程技术科学的学科综合，同时也是基础前沿、技术创新、应用转化等环节的会聚，反映了跨学科、跨领域、跨价值链的新认知。因此，智库研究综合具备学科交叉性、相互关联性、政策实用性、社会影响性、创新性、不确定性等"六性特征"(潘教峰和鲁晓, 2018)。

1) 学科交叉性。智库研究所需的知识基础和数据信息非常广泛, 是学科交叉的综合性研究。

2) 相互关联性。智库问题涉及面较为宽泛, 不是独立产生的, 而是由不同领域、行业、学科相互联系和影响产生的一系列问题。

3) 政策实用性。研究成果能够有效满足公共治理的实践需求, 为政府决策和公共政策提供相应的解决方案, 具有政策制定的实用性。

4) 社会影响性。智库研究是对现实问题的一种前瞻性、系统性回应, 研究结果对经济、社会、生态、科技等现实问题产生较大影响。

5) 创新性。智库问题影响因素复杂, 智库研究并不能简单借鉴已有经验, 需要具体问题具体分析, 提出创新思路。

6) 不确定性。智库提出的解决方案周期较长, 涉及面广, 与外部环境因素密切相关, 具有高度不确定性(潘教峰和鲁晓, 2018)。

从智库研究的全过程来看, 智库研究具有思想性、建设性、科学性、前瞻性和独立性的"五性要求", 反映了公共治理领域的特定社会需求。

1) 思想性。要求提出新理念、新思想、新观点、新看法, 提供高质量的咨询建议和评估评议意见。

2) 建设性。要求紧扣决策需求, 既立足当前又着眼长远, 提出实用、管用、有深度、有见地、可操作的系统解决方案。

3) 科学性。要求基于专业知识和科学证据, 采用科学的方法, 定性认识和定量分析相结合, 全面系统地分析问题, 做出科学论证。

4) 前瞻性。要求敏锐预判发展趋势和前沿方向, 善于发现带有规律性、本质性、苗头性的问题, 认识新情况、新问题、新特点, 提供超前应对和优化布局的政策建议。

5) 独立性。要求本着对国家高度负责的精神, 遵循规律, 排除个人、团体和局部的利益干扰，研究结论要经得起人民、实践和历史检验（潘教峰和鲁晓，2018）。

3.3　学科结构与主要研究内容

科学是对自然系统以及人造系统的现象、本质和发展规律的探索（杜鹏等，2021）。17 世纪以来，近代科学逐步从自然哲学中分离出来，多门学科蓬勃发展。一方面，不同的学科因具有各自不同的研究对象和理论方法而相互独立；另一方面，某些学科又由于其研究对象的关联性而紧密连接，进而形成一个包含了多门学科的学科群。

学科都有其基本结构，随着学科的发展，学科结构处于不断变化之中，任何与该学科有联系的事实、论据、观念、概念等都可以不断被纳入该学科结构之内。厘清知识体系自身结构及其与应用技术领域逻辑的相互关系，对学科发展至关重要（Li，2016）。例如，在国家自然科学基金学科布局改革中，各科学部按照基础、应用、前沿交叉、技术支撑四类学科结构进行优化。以地质学为例，第一类是基础性学科，主要进行地球科学属性、地球发展演化等基础研究，如大地构造学与构造地质学等；第二类是应用性学科，主要面向国家和社会需求，为解决资源、环境、灾害等问题提供科学支撑，如工程地质学等；第三类是前沿交叉学科，主要是全新研究视角引领下的新兴交叉学科，如生物地质学等；第四类是技术支撑学科，为基础性学科、应用性学科的发展提供必要技术支撑，如勘探技术与地质钻探学等（任建国等，2021）。智库科学与工程的五个域与基础、应用、前沿交叉、技术支撑的学科布局相互呼应。

智库真正引起全社会的广泛关注、发挥作用始于专业化智库的建设。随着解决智库问题本身的理论方法创新，智库逐步从专业化走向科学化。今天，智库正在向学科化方向发展，基本问题域、规律问题域、治理问题域、方法平台域、知识传播域等五个层次的问题域已初步展现(《中国科学院院刊》编辑部,2022),相应的学科结构框架正在形成(图3-2)。

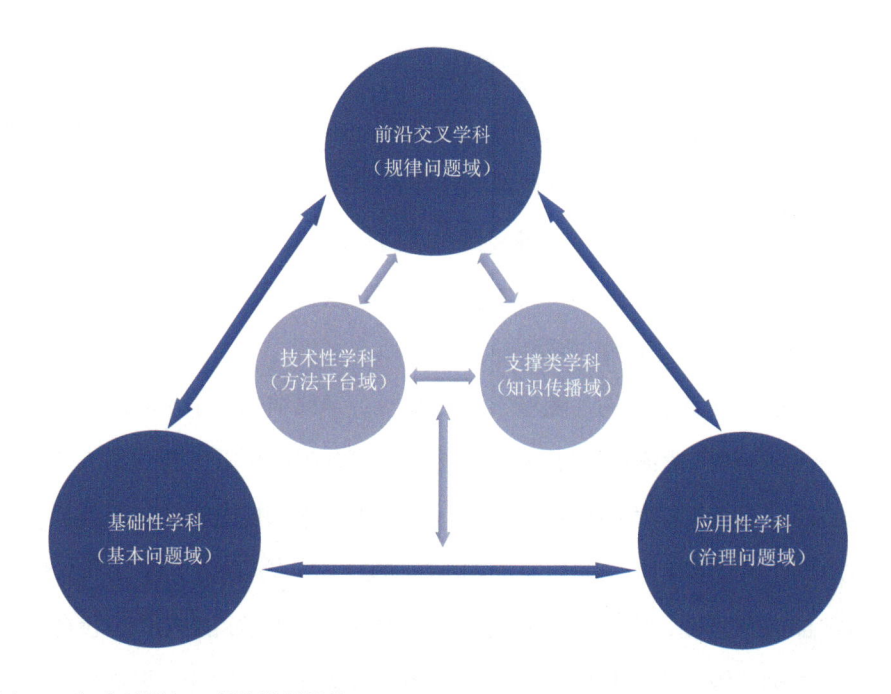

图3-2 智库科学与工程的学科结构

1)基础性学科。对应的是基本问题域,主要研究智库科学与工程的概念、内涵、范式、理论、方法论的构建,有望形成一般智库理论、决策与智库、智库双螺旋法理论、智库影响力、智库思想史等二级学科。

2)前沿交叉学科。对应的是规律问题域,主要研究智库研究的关键科学、技术、工程问题,有望形成智库情景分析、智库循证迭代分析、政策模拟分析、智库专家组织与管理、智库产品质量管理、数据驱动的政策研究等二级学科。

3)应用性学科。对应的是治理问题域,主要研究重大经济、社会、科技治理问题及其形成的领域分支,有望形成全球与区域治理、社会领域治理、经济领域治理、科学治理、科学前瞻与技术预见、新兴技术治理、未来产业政策等二级学科。

4）技术性学科。对应的是方法平台域，主要研究相关方法、模型、技术平台，数据资源的整合创新，宏观决策支持系统，有望形成智库方法与模型、智库技术系统、智库工程平台、智库数据管理等二级学科。

5）支撑类学科。对应的是知识传播域，主要研究智库共同体、期刊载体、建制化人才培养体系的形成，有望形成智库人才、智库组织、智库传播等二级学科。

第4章　智库科学与工程的理论范式

"范式"（paradigm）这一概念由美国著名科学史家、科学哲学家托马斯·库恩（Thomas Kuhn）提出并进行系统性阐述。他指出，"按既定的用法，范式是指一种公认的模型或模式"，"我采用这个术语是想说明，在科学实际活动中某些被公认的范例——包括定律、理论、应用以及仪器设备统统在内的范例——为某种科学研究传统的出现提供了模型"（托马斯·库恩，2022）。库恩认为，范式是对方法论、本体论以及认识论的基本认识，是科学共同体共同接受的理论、假说、准则和方法的综合，这些共同形成了科学家的一致信念。作为一个正在形成的学科，智库科学与工程理论范式初现端倪。

4.1　思想源流

从历史上看，自古就有智囊为王公显贵或高官显爵献计献策，这在古今中外屡见不鲜，这些智囊在不同的历史时期被赋予不同的名称，如门客、养士、谋士、师爷、幕僚、幕宾等。他们都有两个基本的特点：一是智囊在社会上是以独立的个人身份出现的；二是当成为智囊之后，一般归属到某个王公显贵或高官显爵的名下，为之献计服务。公元227年，诸葛亮在决定北上伐魏之前给后主刘禅上书的《出师表》，就明晰地体现了这样的心态和角色，如"此臣所以报先帝而忠陛下之职分也"。在现代为决策部门提供咨询服务的智囊团中，仍可以找到该传统的传承与延伸。

"智库"则是以不同于传统的方式发展起来的。在探究智库的起源过程中，通常被认为是关键性的典型事件是，在1865年美国南北战争结束以后，来自马萨诸塞州的约一百名科学界专家汇聚一堂，研讨协商如何迅速恢复战后支离破碎的社会秩序，并且从此发现知识共享所具有的益处，从而逐渐建立了相应的专业机构。作为首个专门从事公共政策研究的独立组织，政治研究所于1916年成立，被认为是现代智库诞生的标志。

伴随着现代智库逐渐在西方国家发展，与智库相关的理论研究以及将智库作为对象的实证研究开始受到关注。在西方的智库研究中，智库的发展被认为是建立在与其一致的政治社会体系结构上的，同时更加侧重于智库中的政策属性以及组织的社会功能（胡潇文，2017）。20世纪70—80年代，部分西方国家陆续出现大规模经济危机等严重问题，传统科层制的公共行政制度已经不能适应变化迅速的信息社会的发展，新公共管理应运而生。新公共管理是一种新的公共行政模式，最核心的是基于分权化视角下以协商和共识为目标的"治理"理念，主张权力的统治性和自治性的统一，以政府和公民之间的协商、协作为根本。根据这样的时代背景，罗兹（2020）提出了有关治理的"政策网络"模式，这是基于权利和资源依赖理论提出的。智库是依托知识以及智力资源，参与政策网络协同式治理，从而为决策类议题提供话语建构的重要支撑（Hajer，1993）。智库积极参与国家治理，体现了公共政策制定的民主化、标准化、科学化的需求。智库作为一种服务政府科学决策并相对稳定的研究型机构，在功能上具有整合知识资源以及创新知识生产的能力，同时具有中立性、全面性及预见性特征。智库与政治权力之间产生有效链接，形成强互动的契约关系，进而成为具有合法性的结构单元（王卓君和余敏江，2015；司学敏，2023）。由此，智库作为一类独立的机构得到迅速发展。

美国智库是在基金会文化以及社会捐赠制度相互交叠的背景下产生的，因此非常重视其自身的社会价值。智库社会价值中的影响力是其经费以及可持续发展的重要保障。美国许多大型智库的主要服务对象，不但包括政治精英，也包括商业精英以及社会公众，智库为其提供与政策相关的资源与信息。

《全球智库报告2020》显示，美国是全球拥有智库最多的国家，以2203家的数量遥遥领先（北京大学全球健康研究院，2021）。"K街"是享誉世界的"智库一条街"，因为其云集了百余个智库而得名。在地理位置上，"K街"北连乔治城，东通国会山，位于美国的政治中心，这也体现了智库在美国国家行政管理体系中的重要作用。智库在优质的专家研究队伍和专业的研究能力支持下，为国家战略提供政策理念，同时也源源不断地为社会各界提供人才。智库的繁兴，成为美国提升政治决策效力的重要原因之一（贾西津，2007）。

智库作为独立的、具有专业性的公共政策研究机构，建立了一种思想市场，从而发挥了巨大的影响力。智库具有三个重要特征。一是组织性。智库是以政策研究为目的组建的有组织、成建制的研究机构。二是独立性。智库所发挥的强大作用来自智库的独立性特征。由于智库不隶属于某一组织，其研究成果具有显著的中立性和客观性。尽管有些智库会显示出自己的党派色彩或者价值倾向，也受到资金来源和核心人员身份等的影响，但观点独立是其生存发展的底线，否则就谈不上社会声誉和公信力。三是专业性。与学术研究不同的是，智库的研究内容更加务实，同时也与公共政策中的应用研究领域的联系更紧密。从这个意义上可以理解，为什么智库能构成一种"产业"。综上所述，具有独立的、可以为观点负责的组织形式，作为国家治理体系中重要组成部分，通过科学规范的方式开展公共政策乃至政治、经济和社会等相关方面的理论与实践探索，从而加快当前或更长期的公共政治决策的科学化以及公正化发展，这便是智库的主要内涵（贾西津，2007）。

智库在中国的发展经历了一条截然不同的路径。改革开放以来，智库相关的研究和实践大体上是在决策民主化和科学化框架下推进的。1986年7月，国务院副总理万里在全国软科学研究工作座谈会上发表《决策民主化和科学化是政治体制改革的一个重要课题》的讲话，在讲话中第一次明确提出了决策民主化和科学化的目标（孔繁斌和向玉琼，2019）。1987年党的十三大第一次提出了党的决策的民主化和科学化，明确指出，"切实加强党的制度建设，对于党的正确路线的巩固和发展，对于党的决策的民主化和科学化，对于充分发挥各级党组织和党员的积极性、创造性，十分重要"（赵紫阳，1987）。自此，决策的民主化和科学化成为中国共产党民主政治建设的重要内容，也成了关乎国家安全、经济繁荣发展、人民生活幸福以及社会安定团结的重要组成，是政府行政管理体系的组成部分。从决策理论来看，决策的民主化坚持决策的政治取向，决策的科学化坚持决策的理性取向。由于决策对众多的利益相关者有着重要的影响，决策的政治取向意味着决策应该积极回应各方利益相关者的诉求，需要在一个开放性的公共参与和协商讨论平台下互通有无，达成共识，从而形成各方利益相关者都能认同并支持的决策。决策的理性取向的重要前提是决策事项或决策问题需要通过科学的方法进行研究分析。决策的过程高度依赖于专业人员和专业方法，因而体现了其科学性（黄小勇，2013）。

自2013年党的十八届三中全会上提出建设中国特色新型智库以来，智库研究热度空前，智库建设蓬勃开展，智库也由此成为国家治理体系的重要组成部分。2015年1月，中共中央办公厅、国务院办公厅印发《关于加强中国特色新型智库建设的意见》，同年11月，中央全面深化改革领导小组审议通过了《国家高端智库建设试点工作方案》。2017年2月，中央全面深化改革领导小组审议通过了《国家科技决策咨询制度建设方案》，这体现了我国的国家科技决策咨询制度已经逐步完善，科学民主的科技决策体系逐渐建立。

4.2　学科属性

党的十八届三中全会以来，智库成为国家治理体系的重要组成部分。从功能实现来看，需要畅通智库与决策部门的对接渠道，完善对接机制，丰富直接服务内容。从研究内涵来看，高端智库建设要求更加注重与现实问题对接，要提供具有前瞻性、针对性、储备性、战略性的建议，还要在对公共治理问题充分解析的基础上，融合不同学科领域的专家意见，结合主客观分析和综合研判，最终能够提供一套有效的系统解决方案（吕青，2022）。

智库的功能在于影响宏观决策、引领创新方向、创新理论方法。从一国范围内看，智库是服务政府决策的重要知识生产组织，能够有效地连接政策、科学、商业、媒体、公众等多重领域和多元主体，并发挥桥梁和纽带的作用。在全球化背景下，智库也逐渐成为各国参与全球治理的渠道和平台，越来越多地参与国际交往、对话、沟通，发挥了公共外交的作用。为了更好地发挥智库的作用和功能，高质量的智库产品成为智库的核心竞争能力，智库研究的质量将决定一个智库的生存发展。潘教峰等（2021）充分讨论了智库双螺旋法在推动智库研究科学化发展上的关键作用，并由此提出了智库研究的六个重要转变，即从经验式向科学化转变，从零散式向系统性转变，从随机式向规范性转变，从偏学术型向学术实践型转变，从静态向稳态转变，从单一学科向融合贯通转变。这些转变体现了智库科学与工程的学科属性的实践导向、跨学科、系统性的特点，具体如下。

4.2.1　从经验式向科学化转变

受到智库的组织特征和根本属性的影响，现有的智库研究往往高度依赖研究者和专家的个人经验，未能有效运用已有的知识体系，科学性不够强。智库科学与工程作为一门学科，强调"问题导向、证据导向、科学导向"。问题导向是科学研究的本质特征，一切科学研究都需要从问题出发进行理论探索或者实证实验的验证。证据导向强调整个研究过程和研究结论的形成是一个循证迭代的过程。科学导向体现在整个研究过程中都要结合收集的数据、科学知识、实践经验开展研究。

4.2.2 从零散式向系统性转变

长期以来,来自不同研究机构、多学科背景的学者和团队根据决策部门的需求,以承担任务的方式,开展了丰富多样的研究,为决策提供多元化的视角和方案。这样的智库研究主题相对分散,任务部署交叉重复,缺乏长期性和稳定性。智库学科与工程作为一门学科,强调智库研究的系统性。这种系统性体现在"始于研究问题,终于解决方案"的系统性,从研究过程到研究内涵的系统性,从数据研究到专家研判的系统性,以及从机理探索到政策设计的系统性。

4.2.3 从随机式向规范性转变

我国智库建设走向专业化和高质量发展的过程,也是智库研究从随机方式走向规范性的过程。普遍存在的高度依赖个人经验、学术力量、已有学科方法的智库研究,其问题分析、理论路径、方法选择、成果形式也必然呈现出随机性的特征。以智库双螺旋法为代表的智库理论方法能够有效提升智库研究的过程、逻辑、要素、组织、成果等方面的规范性。这种规范性具体体现在研究方法、研究组织和研究成果等各个方面。

4.2.4 从偏学术型向学术实践型转变

我国的智库学者大多分布在高校、科研院所及直属于决策部门的研究型机构,尤其是高校中从事智库研究的学者通常以学科建设、人才培养、学术研究为主业,在此基础上发挥一部分的咨政作用和功能。这样的人员构成决定了我国已有的智库研究大多数偏学术,与决策实践还有较长的距离。2013年,党的十八届三中全会决定"加强中国特色新型智库建设,建立健全决策咨询制度"(中国经济网,2013),我国开始探索建设专业化的智库力量,服务于党和国家决策,以提高国家治理体系和治理能力现代化水平。这也意味着智库研究更需要与现实问题对接，与决策需求对接，强化"决策-学术-社会"三种导向的知识生产的连接以及融合，不断加强实践性、操作性。

4.2.5 从静态向稳态转变

大多数智库研究服务于解决现实问题，通常局限于现实场景。然而，智库研究所支撑的政策制定会在更长的时间内产生作用。同时，政策制定也需要考虑过去的社会现实状况及以往政策的延续性。因此，智库研究需要立足历史、把握现实、预测未来，将立足于现实场景的静态研究转变为连续贯通历史、现实和未来的稳态研究。

4.2.6 从单一学科向融合贯通转变

智库研究问题涉及经济、社会、科技、政治、环境、民生等多重领域，因而其所涵盖的学科领域也跨越自然科学、工程技术科学、人文社会科学等。智库研究需要突破以往单一学科领域的限制，转变为多学科融合贯通的研究，这既体现在学科基础和知识领域上的融合，也体现在从学术理论到决策的智库研究创新链上的贯通。

4.3 主要研究范式

科学的历史可以追溯至古希腊哲学，但一般认为，近代科学诞生于16—17世纪的欧洲。当时，欧洲在物理学、天文学、生物学、医学及化学领域的思想都发生了根本性的变化，由此引发了第一次科学革命。荷兰科学史家弗洛里斯·科恩（2020）认为，科学革命的发端由数学化、运动的物质微粒观和实验科学这三次不同但相对平行的"革命性转变"组成。其中，数学化是指开普勒和伽利略通过数字处理代替了早期希腊人的高度抽象的数学科学；

贝克曼和笛卡儿认为世界是由不断运动的物质微粒组成的，这种世界观取代了源自亚里士多德的自然哲学；培根、哈维、吉尔伯特和海耳蒙特把实用目的的精确观察变成了"发现事实的实验"。由此，数学化、实验等也往往成为各个学科的共同特征。进一步来说，智库科学与工程这门学科是"智库科学"和"智库工程"交叉融合产生的。"智库科学"是在数学和其他相关的自然科学的基础上演化产生的，"智库工程"便是"智库科学"的工程化。智库科学与工程则是两者的综合，依据系统思维，综合运用各种科学方法，为决策活动提供综合集成方案。

智库科学与工程相关共同体正在汇聚，学科结构正在形成。基于以上的讨论可以看出，智库科学与工程的主要研究范式目前已经表现出三个特征：一是数学化，体现出优化的思想；二是系统化，体现出系统论和整体观；三是综合性，能有效解决复杂实践问题。在此，选取在智库问题中进行统筹规划获得最优解的优选法、统筹法，系统工程技术和综合集成方法论，以及实现智库综合集成功能的智库双螺旋法三个案例，分析当前智库科学与工程研究范式的特征。

4.3.1 数学化范式：优选法、统筹法

优选法、统筹法的核心是优化，是数学理论与生产实际相结合的实践，既是数学理论方法的推广，也解决生产管理中实际的问题。因此，优选法、统筹法既属于应用数学或运筹学的范畴，也可以视作管理科学与工程的重要组成部分。从智库的知识生产特点来说，优选法、统筹法通过设置目标、确定相应的边界条件、构建数字化模型并给出相应算法，从而得到活动基本规律及解决方案，将学术、决策和社会三者紧密结合起来，因此也可以归入智库科学与工程的范畴，可为优化资源配置的智库问题提供有效的研究范式。

20世纪50年代，伴随着运筹学在第二次世界大战中发挥关键作用，运

筹学得到了空前快速的发展。50年代末开始，大量数学家开始重视运筹学在实际生产生活中的应用研究。1964年，华罗庚以"关键路线法"和"计划评审技术"为基础，结合毛泽东"统筹兼顾"和"抓主要矛盾"的思想，发展提出了"统筹法"，并于1965年开展普及统筹法的相关工作。1965年6月6日华罗庚在《人民日报》上，以整版的篇幅发表了《统筹方法平话》，用老百姓都知道的"泡茶喝"作为引子，通俗易懂地介绍了统筹法。与此同时，华罗庚结合国际前沿的优化方法，提出了分数法、黄金分割法等优选方法，在中华人民共和国成立20周年之际完成了《优选法平话》，于1971年由科学出版社出版（盛昭瀚等，2021）。

事实上，优选法和统筹法的应用推广是一场具有较大影响力的群众运动，对管理科学的思想、理论、方法以及应用进行了广泛的科学普及，被认为在我国科学史上具有标志性意义。20世纪70年代初，华罗庚积极推广"在管理上搞统筹，在工艺上搞优选"的理念。70年代中期，在总结历年实际应用的经验下，华罗庚提出了"大统筹、广优选、联运输、精统计、抓质量、理数据、建系统、策发展、利工具、巧计算、重实践、明真理"36个字。这36个字不但蕴含着管理科学的基本内涵，也是当前管理科学与工程学科系统的构建基础（徐伟宣，2006），对智库研究的科学化具有举足轻重的意义。

4.3.2 系统化范式：系统工程技术和综合集成方法论

经典科学以还原论方法为基础取得了非凡的成就，然而在解释生物机体等问题时却遇到了难题，尤其是在解决经济、社会相关的复杂性问题上，挑战更为突出。在此背景下，系统科学以及复杂性科学逐渐发展起来，系统工程技术、综合集成方法论是其重要成果。综合考虑组织管理的系统工程技术、优化决策的定性定量相结合的综合集成方法论，从整体论出发，与智库研究的综合性、系统性一脉相承，也可以视为智库科学与工程的范畴。

钱学森于 1939 年获得加州理工学院博士学位并在该校长期执教，他参与创建了喷气推进实验室，推动了美国航天系统工程的发展。1955 年钱学森回国后，他将系统科学思维理论以及系统工程技术运用到我国的航天事业中。他指出："研制这样一种复杂工程系统所面临的基本问题是：怎样把比较笼统的初始研制要求逐步地变为成千上万个研制任务参加者的具体工作，以及怎样把这些工作最终综合成一个技术上合理、经济上合算、研制周期短、能协调运转的实际系统，并使这个系统成为它所从属的更大系统的有效组成部分。"（钱学森等，2011）由此，我国特有的"系统工程"理论逐渐形成，其作用初显成效，组织管理技术体系不断完善。

20 世纪 80 年代末至 90 年代初，钱学森提出了"从定性到定量综合集成方法"，并且以该方法为基础进一步研究提出了"从定性到定量综合集成研讨厅体系"（于景元，2001）。这从方法论上体现了钱学森的系统思维以及系统思想，增强了决策者做出决策的科学性、专业性。该方法综合了来自个人的经验和来自各学科的数据与信息，随着计算机技术的发展，不断发挥系统的全局优势、系统优势和科学优势，比只依靠个人（专家系统）或只依靠机器都更有优势。该方法将个人的思维、经验、知识、情报、信息以及资料等内容综合集成，得到了从定性到定量的发展（于景元，2001）。当今科技快速更迭，随着新兴的信息技术不断发展，钱学森提出的综合集成方法论在解决实际复杂问题、得到最优决策方案等方面发挥了重要作用，这也体现了数字时代中决策科学化的新趋势。

4.3.3 综合性范式：智库双螺旋法

当前，除了美国兰德公司提出的德尔菲法等少数研究方法为其他社会科学学科使用之外，智库研究大多借用其他学科的理论方法，缺乏系统性的理论方法体系。近年来，潘教峰（2020）基于大量长期智库研究实践经验，在对智库研究基本逻辑体系的系统思考（潘教峰和鲁晓，2018）和智库研究方法创新（潘教峰等，2017，2018a，2018b，2019b）的基础上，通过反复归纳和演绎，对智库研究的范式进行深入思考和研究，提出智库双螺旋法，构成对智库研究范式的实践探索。

智库双螺旋法包含"解析—融合—还原"的外循环过程，以及 DIIS 过程融合法和 MIPS 逻辑层次法两个相互嵌合、循环迭代的内循环螺旋。智库双螺旋法有助于推动智库科学化发展（潘教峰，2021）。智库双螺旋法将智库视为一门科学，将科学性深刻贯穿于其研究导向、研究哲学、研究过程、研究逻辑中。智库双螺旋法强调智库研究从问题出发，以循证为根本依据，采用科学的研究方法和工具，遵循"问题导向、证据导向、科学导向"均体现了其科学性。智库双螺旋法强调对复杂问题的解析，对问题的整体把握有赖于对其细分组成部分的研究，又强调需要考虑到不同层次、不同领域的机理、交互、反馈和影响开展融合性的研究，这体现了其研究哲学。

从研究过程来看，DIIS 过程融合法以收集数据为基础，体现了数据科学范式的要求，强调了数据信息揭示和专家智慧结合的重要性，强调了不断循证迭代的科学研究过程，这些关键点进一步加强了整个研究过程的科学性。从研究逻辑来看，MIPS 逻辑层次法强调机理、影响、政策、方案四个关键要素，其中机理的揭示本身就是科学性的集中体现，基于机理分析的影响分析和政策分析为形成方案奠定了科学基础，从而提高了解决方案的科学性。

智库双螺旋法是探索和确立智库研究从认识论到方法论再到实践论范式的一项系统性、开拓性的工作。从认识论出发，基于哲学角度为整体认识和把握智库问题研究提供了"解析—融合—还原"这一源头性的研究思路。从方法论出发，基于科学角度总结智库研究的规律，从研究环节和研究逻辑角度凝练归纳智库问题研究所需遵循的规则。从实践论出发，基于实践角度为开展智库问题的具体研究提供相应的方法和工具，为智库问题的解决方案提供支撑（潘教峰，2021）。

4.4　基本原理

人类认识和改造自然社会，不仅要观察自然社会现象，还要认识自然社会现象背后的基本原理。智库是"知识"与"决策"之间的专业化连接组织，面对的是复杂的"自然-社会"系统。智库科学与工程的基本原理刻画的是"知识"与"决策"之间连接的原则与规律，是在大量智库研究及智库实践基础上通过概括抽象得到的具有普遍意义的"自然-社会"原则与规律。智库问题涉及自然和经济社会发展多领域融合汇聚、多学科交叉汇聚、多价值链环节融通汇聚，是系统、复杂、综合的战略问题、策略问题、规划问题、政策问题、管理问题、治理问题等，表现为：数学、自然科学（物理学、化学、地学、生物学等）、技术科学（建筑学、水力学等）、工程科学（土木工程、水利工程、环境工程等）、人文社会科学（哲学、历史学、政治学、经济学、社会学、法学、文化学、艺术学、管理学、政策学等）等多学科的交叉汇聚；科技、经济、社会、政治、环境等多领域的融合汇聚；基础前沿、技术创新、应用转化等多价值链环节的汇聚（潘教峰等，2019b）。

智库出谋划策是事实分析与价值判断的综合，以高质量智库产品服务高水平科学决策为主线，涉及四个层面的原则与规律：①"学术为基"是基础知识层的基本原理，指尊重哲理、数理、物理、事理、人理等底层逻辑；②"文理交叉"是社会认知层的基本原理，指重视数学、自然、技术、工程科学与哲学、人文社会科学、管理科学、政策科学的交叉；③"理实融通"是政策场景层的基本原理，指理论研究与实践创新的相互结合、印证、交汇基础上的融会贯通；④"咨政为本"是决策服务层的基本原理，指坚持"问题导向、证据导向、科学导向"，以高质量智库成果服务高水平科学决策（图4-1）。

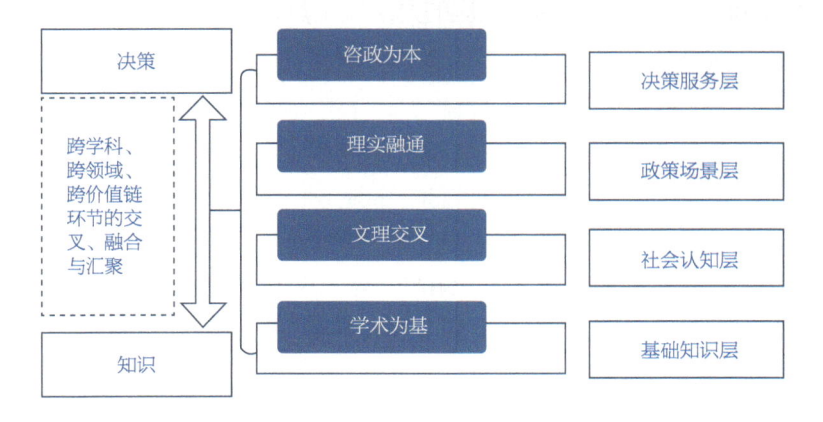

图4-1 智库科学与工程的基本原理

4.4.1 学术为基

"学术为基"即"以理为基",指智库问题"机理分析"的基本原则和规律,认识事物本体及其自身规律要遵循哲理、数理、物理、事理、人理等底层逻辑。客观规律是无法被违背的,学术研究主要是发现和解释新的现象和规律。研究复杂、综合的智库问题,既要从哲学意义上贯通从"知识"到"决策"的全过程,整体认识和把握智库问题的概念、范畴与本质,遵循自然、社会和人生的根本原理(哲理);又要运用数学逻辑来刻画智库问题的核心要素及相互关系,在混沌和不确定性中寻求确定性,为定性定量相结合提供定量基础(数理);还要弄清和运用智库问题背后的自然规律,即物质和生命的客观性(物理),厘清智库问题涉及的主客观关系,即社会事物的道理(事理);还要深刻理解人的社会属性,包括人的心理、行为逻辑和社会的心理、行为逻辑,弄清和运用智库问题背后的社会规律(人理)。"以理为基"重视机理分析,掌握智库问题的客观规律和科学证据,研判智库问题过去、现在、未来的演化趋势,形成基于科学规律认识产生的客观认识和学术观点,提供是什么、为什么的基础知识。所谓"道可道,非常道","道"指的就是"机理",即客观规律。"学术为基"强调遵循智库问题的底层逻辑,智库对客观规律的把握越系统、深刻,对"道"与"理"的掌握就越丰富、主动。

4.4.2 文理交叉

人类在社会认知上形成了丰富的知识体系和学科体系。智库研究面对的是复杂、综合、专业的战略与政策问题,兼具自然属性和社会属性,是人文社会科学和自然科学、工程技术科学的大交叉、大综合。智库问题的"解析—融合—还原"过程,同时也是知识基础的交叉融合、学科内部的交叉融合和知识应用的交叉融合过程。基于证据的科学决策兼具科学性与艺术性。智库研究为决策服务,必须科学阐明智库问题对经济、社会、科技、人文、环境等各个方面的影响程度及范围(《中国科学院院刊》编辑部,2022),进而才能科学确定智库问题进入政策议程的重要性和决策价值,这涉及数学、自然、技术、工程科学、人文社会科学(哲学、政治学、经济学、社会学、法学、管理学、政策学等)等知识体系和学科体系的交叉。当前,无论是数学、自然、技术、工程科学,还是人文社会科学,都在交叉融合发展之中,为智库科学与工程学科内外部的交叉融合和融会发展奠定了知识基础。智库问题的解决,需要在机理分析的基础上,把智库问题放到社会认知背景中进行研究,协调不同利益群体的社会立场、利益追求和价值诉求,确保政策建议符合社会运行的原则、规则及相关制度,提供为了什么、为了谁的社会认知。

4.4.3 理实融通

"理实融通"指智库研究要坚持理论与实践相结合,坚持认识论、方法论与实践论相统一。实践是理论之源,理论是实践的指导。社会主体有效开展实践活动，需要遵循科学的世界观和方法论。智库研究一定要建立在深入系统、全面周详、客观真实的调查研究基础之上，为前瞻性思考、全局性谋划、整体性推进各项事业提供解决方案。"理实融通"遵循政治学、社会学、政策学、法学的逻辑，把政策问题放到社会认知背景中进行观察，融通理论与实际、认识与方法，分析政策执行的合法性和可行性。在不同政策情景假设下，对各种政策对政治、经济、社会、文化、自然环境等可能产生的正面和负面影响进行分析，提供利益相关者信息，并对各个利益相关者的政策影响进行分析，提供"如何做"的程序性知识，重点支撑决策在政策场景中的可行性。智库研究是一个"理论探索—应用实践—理论创新—实践深化"的长期迭代过程。智库双螺旋法是一项从本体论、认识论到方法论再到实践论范式的系统性、开拓性的理论研究与实践工作，融通智库研究、学术研究与实践，坚持理论创新、实践创新、制度创新相统一，为建构中国自主的智库知识体系进行了原创性、基础性探索。

4.4.4 咨政为本

智库的基本职能是服务公共治理决策，最终通过公共治理改革实践落实到制度创新上，提升治理体系和治理能力现代化水平。"咨政为本"强调智库所提出的系统解决方案和政策建议需要以服务宏观决策为基本目标和对象。"咨政为本"坚持"问题导向、证据导向、科学导向"，将智库问题放到多学科背景和政策场景中进行综合研究，在资源约束条件下找到符合实际、易于实现的有效理论可行途径或最佳实践路径，形成系统解决方案和政策建议。"咨政为本"遵循系统学、战略学的逻辑，聚合具有前瞻性、洞察力、多学科背景、综合能力强的复合型智库专家的智慧经验，提出战略性、建设性的政策建议（潘教峰，2020）。智库研究的服务对象主要是决策部门和决策者。"咨政为本"强调以高质量智库成果服务高水平科学决策为目标，以基础性的战略与政策问题为牵引，以公共性的价值与目标追求为准则，以科学性的智库理论与方法为支撑，以系统前瞻实用的策略建议为依归，旨在提供系统、可行的做什么、如何做的实体性知识，注重解决方案和政策建议在决策服务上的系统性、前瞻性、实用性、可操作性和有效性。

第5章　智库科学与工程的认识论、方法论、实践论

哲学是人类的智慧之学，虽然高度抽象，但来源于现实、服从于现实、服务于现实。认识论、方法论和实践论是相互联系的哲学命题：认识论是方法论与实践论的理论前提，方法论是将认识论付诸实践论的技术指导，实践论反过来又修正和完善认识论与方法论。任何一个智库问题，无不体现着认识论、方法论、实践论的相互影响、相互推进。本章立足于智库科学与工程发展的内在知识逻辑，重点探讨智库科学与工程的认识论、方法论和实践论等基础性问题，从哲学视角厘清相关核心概念的本质内涵、明确智库科学与工程的学科发展规律、智库研究的基本范畴以及未来发展趋势，为智库科学与工程的发展提供哲学理论支撑。

5.1　智库科学与工程的认识论

认识论指研究人类认识的本质及其发展过程的学说，亦称知识论，是关于人类认识的对象和来源、认识的本质和目的、认识的能力、认识的结构、认识的过程和规律以及认识的真理性标准等学说。认识论贯穿于智库建设、智库研究、智库实践的全过程，是决策咨询和智库研究的出发点。智库科学与工程认识论是源泉与根基，推动方法论与实践论的产生发展。如果没有认识论作为基础，智库科学与工程的方法论与实践论就会陷入空谈境地，服务决策将是纸上谈兵。认知的高低直接作用于方法论的产生和实践活动的开展，深刻影响最终的决策咨询结果。从这个层面来说，认识论从底层决定了决策咨询和智库研究的走向。

5.1.1 智库科学与工程的本体论基础

在社会科学领域，本体论通常被区分为实在论和建构论（吉尔德·德兰逖，2005），还有其他一些融合研究（刘鹏，2012）。

1）实在论指的是物质世界的存在和其真实性质，强调它们不依赖于人的观念和想象而存在。这种观点可以追溯到古希腊哲学家柏拉图和亚里士多德，并在日后的哲学思想中分化出不同的流派。实在世界是一种客观存在的概念，它不受人们观念、想象和思考的影响，其存在可以通过观察、实验或其他类似的方式得到证明。在现代科学研究中，实在论还涉及对"真实"的思考，基于实验结果的判断，以及对于数据和观察结果之间联系的研究等问题。

2）建构论认为人类对世界的认识是建立在社会和文化因素的基础上的，世界的意义和价值是社会和文化的建构。这种观点主张，人们所接收到的有关于世界的信息和知识是一种社会共识，是由人们所处的社会和文化条件决定的，而这种共识不断地被重新建构和更新，即是说，我们的认识和理解不是与真实世界相对应的客观真理，而是在历史和文化的条件下建立起来的。建构论在社会科学领域和文化研究中被广泛应用。

实在论者（或基础主义者、本质主义者）以近代以来的自然科学哲学为基石，强调现实的外在性和科学作为一种知识存在的客观性，一般采用定量研究，研究方法往往关注关于社会现象、变量的"客观"测量，并将其研究目标定位于发现"科学"理论或规律——理论性强的因果关系。例如，在智库研究中，使用统计资料进行大规模的社会调查等，然后在各种结构性因素的指标与智库行动之间建立解释模型，展开对行动、决策过程等的解释、预测。建构论者（或反基础主义者、阐释主义者）认为科学并不独立于其研究对象，而是建构了其研究对象，强调研究主体与客体的充分互动，重视不同文化情境的差异化阐释，主要采取定性研究方法，如访谈、焦点团体、素描等。例如，在智库研究中，追求对事实的价值判断，对问题本质的解释，不在于寻找事物内在的逻辑关系，而在于理解和厘清特定人类活动在特定文化条件下的内在含义或意义（赵鼎新，2006）。

5.1.2 实在论视角的智库科学与工程认识论

在实在论观点下，智库研究者认为知识是客观存在的，可以被探究和发现，通过科学方法可以获得更客观、准确的知识。智库对于知识的获取和研究，应基于科学方法和实证数据。基于实在论的认知，智库决策咨询存在不以个人意志为转移的客观事实和基本推断，智库在政策制定过程中提供的政策建议和意见，必须基于实证研究，而非主观臆断或偏见，只有基于实证研究，才能有效评估政策的成效。因此，在研究和咨询服务中，智库应尽可能地做到数据的真实性和准确性，以增强咨询服务的可信度和权威性。实在论观点鼓励政策制定者进行实证研究，以准确的数据和事实为基础，制定更加科学和有效的政策。实在论观点对于智库研究的质量和效率有着基础性的勾勒，推动了智库咨询服务的专业性和实证性，提高了决策的准确性和成效。在实证过程中，智库可以更好地发现自身分类和知识壁垒，从而推进智库研究在更大学科范围内集成专家智慧。

基于实在论的智库科学与工程认识论注重客观事实的研究和分析，强调科学方法的运用和实证数据的重要性。此外，基于实在论的智库科学与工程认识论还强调客观事实和实际问题的重要性。只有通过全面的调查研究，对客观事实和实际问题做出深刻的分析和理解，才能为政策制定提供有力的智力支持。为此，智库需要不断加强对实际问题的调查、了解和研究，提供更科学、全面、准确的政策建议和咨询服务。

总之，基于实在论的智库科学与工程认识论强调了科学、客观和实证数据的重要性。在研究和咨询服务中，智库应秉持科学原则，以实际问题为基础，进行深入的研究和分析，为政策制定提供有力的智力支持。

5.1.3 建构论视角的智库科学与工程认识论

在建构论观点下，智库研究者认为知识是由社会建构的，受到种种因素的影响，如语言、文化、历史和个体经验等。智库在研究和咨询服务中需要重视社会建构和共同构建的方法，注重社会、文化和主观因素对认知过程的影响，并且不断探索新的研究方法和框架。基于建构论的认知，智库咨询服务的实质是对事实和经验进行建构和解释，咨询服务不仅是单纯地提供客观分析，而且是在理解客户和各种环境因素的基础上，针对客户的独特需求和背景，提供全面、综合的咨询服务。建构、解释和情境是智库咨询的三个关键要素，咨询服务的过程中，智库需要识别出客户所面临的困境和挑战，并对不同来源的数据和信息进行解释和建构；同时，智库需要分析和考虑环境因素对客户决策的影响，以便更好地为客户提供可行的咨询建议。建构论观点有助于智库发展出更加灵活、全面和客户化的咨询服务模式。通过理解客户和环境的背景，智库能够更好地理解客户的需求，为客户提供更加具有针对性的咨询服务。另外，在建构过程中，智库还能够吸收来自不同群体和多方面的观点和意见，以促进决策的多元化和包容性。

基于建构论的智库科学与工程认识论强调对主观认知和多元性的重视。此外，基于建构论的智库科学与工程认识论强调了知识的多元性，鼓励具有不同背景和持有不同观点的人进行对话和交流，以推进知识的多元化和包容性。智库在咨询服务中，应充分借鉴来自不同领域和不同群体的经验和观点，以形成更为全面、灵活的咨询服务模式。

总之，基于建构论的智库科学与工程认识论关注主观认知和多元性，强调社会建构和共同构建的重要性，在研究和咨询服务中需要充分考虑文化、历史、主观经验等因素的作用，并注重知识的多元性和包容性。

5.1.4 智库科学与工程认识论的学科意义

智库科学与工程认识论是在本体论基础上对学科所属范畴、内容与结构的再界定和新认识，是形成智库科学与工程学科方法论的先决条件，对建构系统完整的智库科学与工程学科体系，充分发挥学科回馈社会需求的现实功能具有举足轻重的意义。应该说，就智库科学与工程而言，实在论和建构论都有其合理性和解释视角，都是围绕着咨询服务的目标和原则进行论述的，实在论注重科学基础和客观性，而建构论注重人的主观能动性和多元性，这两种观点在实际咨询中也常常相互交融。智库咨询服务通过建构论的方法来了解客户的情境因素，分析客户的需求和背景，然后通过实在论的方法，以实证数据和事实为基础进行分析和建议。总之，实在论和建构论是智库咨询服务中的两种重要观点，各自强调不同方面的问题和解决方案，而在实际的咨询服务中，需要根据具体情况来选用不同的观点和方法，以实现最佳的咨询效果。

智库科学与工程学科以理实一体为研究路径。在具体的决策咨询实践中，通过解析后依托相应领域或行业的学科知识来提供内容，当这些知识通过综合集成，汇聚融合，用于决策实践时，属性就发生了变化，就成为智库科学；反之，则停留在原有学科范畴内，这也就构成了智库科学与工程和其他学科划界的标准。在智库学科的认识论基础上，可以对智库学科所属范畴、内容与结构进行以下界定。

1）智库学科所属范畴。它属于交叉科学领域，以实践咨询为基础，围绕政治、经济、社会、文化、科技等领域特定问题，为政府、企业、社会团体等客户提供科学的政策咨询和决策支持。

2）智库学科的内容。它的研究范围主要包括政策研究、社会调查、经济分析、文化研究、科技研究等领域。在研究方法和工具方面，涵盖统计分析、实证研究、文献研究、深度访谈、案例研究、模拟分析等多种研究技术和手段。

3）智库学科的结构。它的结构可以分为理论研究、实证研究和咨询服务三个层面。理论研究层面主要关注智库学科的理论框架、方法论和范式等方面的探讨和研究。实证研究层面主要应用理论和方法，并结合实际问题进行深入研究，生产实际的研究成果。咨询服务层面主要是以理论和实践研究为基础，为政府、企业、社会团体等客户提供科学的咨询服务和决策支持。

5.2 智库科学与工程的方法论

方法论着眼于我们获得认识的方法，回答我们如何获得认识（格里斯，2011）。方法论是哲学范畴领域中的一个重要概念，蕴含着认识世界、改造世界的科学方法。如果说认识论是一种思想，那么方法论就是基于认识论的思维模型，是对认识论的工具化与模型化。一门学科由"碎片化"走向"系统化"的重要标志是拥有适切的方法论，得以在林林总总的学科"大家庭"中找到显著区别于其他学科的边际价值，进而创造出拥有自我特色的学科繁荣景象及维护整个学科的独立身份。智库科学与工程的方法论是工具与手段，生发于认识论，作用于实践论，是咨询路径的选择。只有正确的认识论，缺乏科学的方法论指引，不通过工具化或模型化，再完美的决策咨询也将会变为一纸空谈。

5.2.1 方法与方法论辨析

从广义上说，方法是关于认识世界和改造世界的目的方向、途径、策略手段、工具及其操作程序的选择系统（李志才，1998）。在研究领域，方法是指用于收集、处理和分析数据、信息和材料的一种特定技术或操作程序。它是研究者为达到研究目的所采用的具体手段，是研究过程中具有系统性和规范性的一部分。在科学研究中，方法可以帮助研究者从繁杂的数据和信息中提取出有用的结论和规律，使研究结果具有可靠性和科学性。同时，通过采用适当的方法，研究者可以避免主观性和误差的影响，确保研究结果的客观性和准确性。对于智库研究中的方法创新已成为国内外智库的重要研究领域。例如，兰德公司针对特定领域的研究问题，首创了许多独特的研究方法和模型，如德尔菲法、系统分析方法、模型和预测、博弈论方法、路线图、行动热点法、专家棱镜系统等，而且兰德公司还在研究生院专门设立了方法中心，仍在持续推进方法创新。

方法论是关于认识世界和改造世界的方法的理论系统，是对具体研究方法的理论概括和总结，是对研究方法和研究范式的理论性反思和系统性探讨，涉及研究的目的、范围、对象、原则、规律、程序等多方面的问题，是系统化的方法体系（王秉等，2021）。方法论可以为研究者提供启示和支持，指导他们设计和应用新的研究方法和技术，以适应不同的研究需求和环境。但是，方法论并非各种具体方法的简单堆积，而是众多方法的提炼和抽象。如果方法论不对，具体方法再好，也解决不了根本问题（于景元和涂元季，2002）。

智库方法论是基于哲学高度，基于大量智库研究实践，凝练升华得到的开展智库研究的基本路径、原则、方式、手段和工具的总和，是开展智库研究的基本范式。智库方法论是决定智库研究质量以及评判智库综合能力的根本（王珂和郑军卫，2021），是智库研究走向科学化的内在要求。

在智库研究中，虽然方法和方法论分属两个层面，前者是操作层面的执行程序，是方法论的实现，后者是思维层面的抽象，指导和规范着方法的应用。但方法和方法论也是相互协调、相互促进的整体：一方面，方法论是方法实践的指导，研究者应遵循方法论的原则和规范，根据研究对象、研究目的和问题性质等因素，选择合适的方法和技术，从而为智库研究提供有效的理论支撑和方法保障，实现研究的科学性、可靠性和实用性；另一方面，方法的实践是方法论抽象概括的源泉，只有通过持续的智库研究方法实践，才能发现在智库研究各环节中方法的适用性和科学性，从而推动方法论的形成、完善和迭代。

5.2.2 智库研究的方法论演变

传统上，智库研究人员主要依靠调查、访谈、文献研究等方式来获取研究数据。然而，随着互联网、社交媒体、传感器等技术的发展，智库研究人员可以获得更多类型的研究数据，如网络数据、图像数据、传感器数据等，从而可以更加全面、深入地了解和分析问题。同时，随着全球化、新一轮科技革命与产业变革、经济社会数字化转型等趋势加速演进，智库研究所涉及的问题变得越来越复杂、多元化、跨学科，愈发倒逼智库研究使用更加高效、系统、跨领域的研究方法和工具。在内外部因素的共同驱动下，智库研究的方法论体系呈持续动态、开放演化态势。

（1）早期阶段

在20世纪初至60年代，早期的智库主要是为军事部门和政府部门提供政策建议。兰德公司（RAND Corporation）成立于1948年11月，RAND是1945年"研究和发展"（research and development）计划的缩写。该计划认为，"在第二次世界大战中，具有科学训练的人在政府特别是军队的建立方面发挥了重要的作用，不仅作为军事部门的技术顾问和装备设计人员，更作为政策顾问参与其中"。在这一时期，智库主要使用各种定性的方法开展研究，如历史研究、案例研究和专家访谈等。而在方法论方面，为满足政府和军方的决策需求，面向复杂问题决策的系统分析方法开始萌芽。在20世纪50年代，兰德公司首先提出了系统分析方法，以解决复杂问题。系统分析方法首先将复杂的问题分解成较小的、容易解决的问题，然后单独分析和解决这些较小的、容易解决的问题，最后再把这些解决方案结合起来，解决更大的问题。系统分析方法被兰德公司广泛应用于美国军事战略研究中（于铁军，2022）。

（2）发展阶段

20世纪70—90年代，随着智库变得越来越成熟，智库研究对象从以政府咨询为主向企业咨询拓展，研究的范围也从国内政策研究拓展到国际政治、安全、经济、产业等领域。同时在这个时期，随着计算机技术的突破与普及，智库研究方法不断丰富。除定性分析外，也开始运用定量分析、实验分析、模拟分析等研究手段。在旺盛的企业咨询需求驱动下，面向企业管理咨询的方法论开始涌现，典型的方法论包括：①SWOT分析法。20世纪80年代初，美国旧金山大学的海因茨·韦里克（Heinz Weihrich）教授提出面向企业的战略分析模型——SWOT分析法。该方法通过对企业内外部各方面条件的综合概括，形成了从优势（strength）、弱势（weakness）、机会（opportunity）和威胁（threat）四个维度开展环境和竞争态势分析的方法论，从而帮助企业有针对性地制定战略规划和应对策略。②波士顿矩阵。在20世纪70年代，波士顿咨询公司提出波士顿矩阵方法，该方法主要用于产品组合分析，将产品按市场占有率和市场增长率分为四个象限，从而确定产品的战略地位。③标杆分析法。20世纪70年代末，美国施乐公司首创了标杆分析法，其将组织的各项活动与从事该项活动最佳者进行比较，从而找出差距，发现不足，提出行动方案。一般情况下，实施标杆分析的过程可分为五个阶段：确定目标、内部分析、分析比较、提出构想与实施方案。

与此同时，在国内，我国智库在该阶段尚处于萌芽状态，主要以各科研院所以及具有宏观思维、战略思维的科学家以项目研究形式或个人主动提议的形式为国家提供决策咨询服务。在20世纪90年代初，钱学森提出了综合集成方法论，旨在将专家群体、数据和各种信息与计算机技术有机结合起来，并将各学科的科学理论和人的经验知识结合起来，以人机结合获得知识和智慧。其内容和过程包括：定性综合集成，即不同学科、不同领域专家实现科学理论、经验知识、智慧的融合；定性定量结合综合集成，以数据和信息体系、指标体系、模型体系，对专家体系的经验判断进行系统仿真和实验；从定性到定量综合集成，专家体系对系统仿真和实验结果进行研判和综合集成，迭代得到科学结论（于景元和涂元季，2002）。钱学森将综合集成方法论应用在一系列国家重大项目的研究中，为解决国家重大战略问题做出了重要的贡献。

（3）综合阶段

自21世纪以来，全球智库数量急剧上升，智库研究方法论进入新阶段。这一时期，随着智库研究经验的不断积累以及大数据、人工智能技术的成熟，各类研究方法越发丰富，文献计量、文本挖掘、数据挖掘等方法逐渐得到普及推广。与此同时，受全球化、数字化、逆全球化等多股力量的影响，全球经济社会政治局势复杂多变，智库面临的问题复杂度随之激增，传统以零散的方法使用为主的研究范式已难以应对复杂的智库研究需求，而必须建立标准化、规范化的研究范式作为智库研究的总牵引。这个阶段的智库方法论主要是以智库问题研究为主线，通过厘清智库研究的关键环节，找到各具体方法在智库研究中发挥作用的适用位置，实现定性方法与定量方法、自然科学与社会科学的融会贯通。通过这种综合融通，各种方法和资源可以充分发挥各自的优势，形成一个综合多元的研究方法体系。

由战略咨询院潘教峰研究员提出的智库双螺旋法是该阶段智库方法论的典型代表。智库双螺旋法坚持"问题导向、证据导向、科学导向"，将智库问题从外循环和内循环两个层次展开研究（潘教峰等，2022a）。在外循环，智库双螺旋法遵循"解析—融合—还原"的逻辑，首先将复杂的智库问题分解为一系列子问题，然后结合各领域知识对各个子问题进行融合研究，最后进行综合还原，提出解决问题的方案。在内循环，一方面，从研究环节角度，提出了 DIIS 过程融合法，即对于一个完整的智库研究过程，首先要围绕所研究的问题全面收集相关数据；然后进行专业化的挖掘、整理、分析，揭示信息，形成客观认识；再引入相关专家学者的智慧对这些认识进行综合研判，得到新认识、新框架、新思路；最后形成综合解决方案或政策建议。另一方面，从研究内容和逻辑角度，提出了 MIPS 逻辑层次法，即对智库问题的系统性研究首先是机理分析，认识事物本体及其自身规律；其次是影响分析，厘清事物本体和外部的相互关系，分析事物对其他方面产生的影响；再次是政策分析，探讨对事物进行人为干预或政策调节后产生的政策效果；最后在上述分析的基础上，形成智库问题的综合解决方案或政策建议。DIIS 过程融合法和 MIPS 逻辑层次法相互融合、叠加、循环、迭代，从而形成智库研究的高度交叉融合特征，实现智库问题研究历史域、现实域、未来域的贯通。

智库双螺旋法作为智库研究的方法论，其本质蕴含了智库研究中各类方法使用的全过程指导（图 5-1）。以 DIIS 过程融合法为例，在收集数据环节，可使用问卷调查、文献调研、网络爬虫等方法；在揭示信息环节，可使用比较分析、案例分析、主成分分析、聚类分析、深度学习等方法；在综合研判环节，可使用德尔菲法、技术路线图法、趋势分析等方法；在形成方案环节，可使用情景分析法、专家评议法等。可以看到，在智库双螺旋法方法论下，不论是传统的调查研究法、访谈法等，抑或是以新一代信息技术驱动下的大数据、深度学习、机器学习等新兴研究方法都能在智库研究的关键环节发挥重要作用，实现了方法与方法论的统一。智库双螺旋法作为智库研究全链条、全维度的综合性方法论，目前已在智库开展经济、社会等多领域问题研究中得到广泛应用（潘教峰，2022a），为提高智库研究质量和效率提供了有力保障。

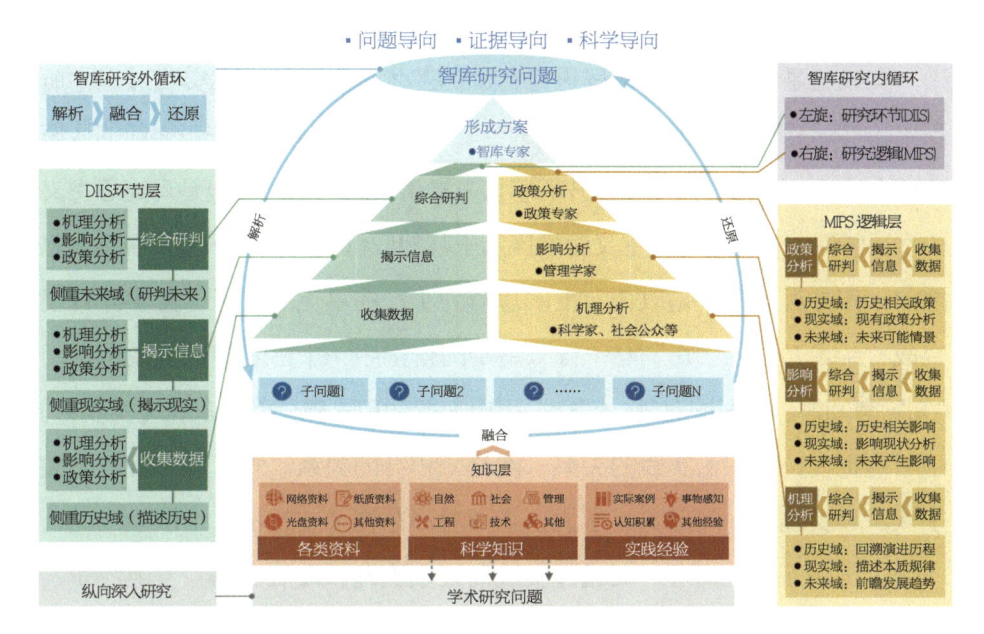

图5-1 智库双螺旋法

5.2.3 智库科学与工程的方法论研究

智库科学与工程的方法论是以科学认识智库研究的理论方法为研究对象的哲学理论。狭义指机理分析的方法论，广义指包括机理分析、影响分析、政策分析和综合集成的方法论。

一般说来，智库的方法论同本体论、认识论是统一的，包括公共治理的方法体系、智库研究的方法体系。按其不同层次有哲学方法论、一般科学方法论、具体科学方法论之分。哲学从来就是生活的、现实的、实践的，来自实践，用于实践。有什么样的世界观就会有什么样的行动，即便是哲学层次的方法论，也是以实践哲学实现哲学实践，明确的目标指向是要走向实践、改变世界，成为改造世界、获得自由、实现全面发展的指引。智库科学与工程的方法论研究要服务公共治理和智库研究，做到理论与实践相结合、主体与客体相统一。

5.3 智库科学与工程的实践论

实践论是以方法论为指导进行行动的艺术，强调的是在实践过程中所积累的实际经验，这些成功或失败的经验、教训，会印证与校正之前的认识论和方法论，进而为优化和提升智库认知提供实践基础。实践是马克思主义的本质特征，也是马克思主义哲学区别于其他旧哲学的根本标志。在马克思之前，西方哲学界多是以形而上的思辨为主；在马克思这里，哲学才真正变成"手术刀"。"知"与"行"是中国哲学中一个古老的认识论范畴。"知"有知识、认识的意思；"行"引申为行动和践履。毛泽东在《实践论》中明确提出，认识和实践的关系，就是知和行的关系。知行统一观就是关于认识和实践统一的理论、学说，正像毛泽东在《实践论》中所指出的，"通过实践而发现真理，又通过实践而证实真理和发展真理"（毛泽东，1991）。实践论是认识和实践相统一的学说，是用来指导实践的理论。智库科学与工程实践论不仅指导实践，也验证、反馈、检验和校正智库科学与工程认识论与方法论。

5.3.1 实践属性

智库活动具有强烈的实践属性。智库活动指的是政府、民间组织和企业等机构聘请智库开展相关的研究、咨询和建议工作。智库主要通过研究和分析社会、政治、经济、文化和科技等方面的问题，提出相关的政策和建议，帮助决策者制定更好的决策和更有效的政策方案。智库的目标是提高政策制定的质量和效率，其活动大体包括以下四个方面。

1）为政府提供决策支持。智库通过深度研究并运用专业知识，为政府提供专业性和可行性的建议，帮助政府决策者制定更加有效、科学的政策。

2）为企业提供咨询服务。智库可以为企业提供市场调研、战略规划等咨询服务，帮助企业更好地了解市场并做出正确的决策。

3）参与公共事务。智库可以参与社会议题讨论，利用自身的专业知识和研究成果，为公众提供科学的观点和建议。

4）参与国际事务。智库可以与国际组织和其他国家的智库合作，共同研究和探讨世界发展状况、问题和趋势，为全球经济、政治、文化等领域提供智力支持。

可以说，实践性是智库的最基本属性，通过实践活动，智库能够有组织地生产智库产品。

智库开展活动是在一定约束条件下的主动行为，可以从结构、能动两个层面来解释智库活动的展开。其中，"结构"强调的是智库所处的社会、经济、政治、文化等方面的环境条件，而"能动"则指的是智库成员所具备的专业知识和技能以及他们的思考和行动。因此，智库活动的开展既受到了外部环境的影响，也受到了内部成员的主观能动性的影响。具体来说，智库活动展开的主要影响因素包括以下几个方面。

1）智库的知识和技能。智库成员具有专业知识和技能，能够深度研究和分析各类问题，并给出合理的解决方案和政策建议。这种知识和技能不仅影响着智库活动的质量和有效性，也会影响智库活动的方向和内容。

2）行业发展和环境变化。智库活动受到行业发展和环境变化的影响，如政治、经济、文化和科技等方面的变化，这些变化会影响到智库活动的研究方向、重点和实践路径。

3）政策制定者的需求和期望。智库活动是为政策制定者提供决策支持和咨询服务的，其活动的展开也受到政策制定者需求和期望的影响，需要根据政策制定者的需求与期望制订相应的研究和咨询计划。

由此，我们可以看出智库活动受到结构和能动两个层面的相互作用影响，只有将这两个层面结合起来并协同作用，才能够为政策制定者提供更为有效和具有针对性的智力支持和咨询建议。

5.3.2 时代属性

智库所处的社会、经济、政治、文化和科技等方面的环境条件和时代特征可以影响其活动的性质、目标和影响力。社会环境方面，智库活动的需求和影响力会受到社会发展水平和社会问题的影响。例如，在发展中国家，智库可能更关注经济发展、贫困问题等议题；而在发达国家，智库可能更注重社会福利、环境保护等议题。经济环境包括经济结构、产业发展、科技创新等方面。智库活动可能受到经济发展状况和政府的政策需求的影响。政治环境涉及政府制度、选举制度、政策决策过程等方面。智库的影响力和活动范围可能受到政府对其政策建议的接受程度和参与程度的影响。在治理体系中，智库更容易与政府合作和互动。文化环境包括价值观念、社会认知和行为模式等。智库的活动和政策建议可能受到特定文化背景的影响。例如，个人主义和自由市场观念在某些文化背景下更为重要，而在其他文化背景下，社会公平和集体利益可能更受重视。这些环境条件相互作用，并且可能因国家、地区和时期的不同而有所变化。科技环境方面，科技发展的根本目的是使人类与整个自然的相互关系和适应性变得更好，并为人类社会发展提供新手段、新工具，创造新空间、新条件。科技与经济社会高度融合，创新成为驱动发展的关键力量，也带来社会形态的不断改变，为智库的知识生产和产品生产活动带来新问题、新条件和新挑战。随着新兴技术和颠覆性技术的出现，预判科技发展的方向和风险，进行有效的、敏捷的科技治理成为智库面临的新问题，这也促使了一批重点关注科技发展和科技对经济社会影响等问题的智库的出现，这使得科技智库得到长足发展。总之，智库需要了解并适应智库所处的环境条件和时代特征，以便更有效地开展活动，并为决策者和公众提供有用的政策建议和解决方案。

5.3.3 能动行为

实践是具有能知和能动的行动者在一定时空之中运用规则和资源持续不断地改造外部世界的行动过程，行动者在人类社会的生产和再生产中占据了主体地位和作用（李红专，2004）。专业化智库通过实践弥合了智库科学与工程中基于实在论与建构论形成的两种不同认识论。智库作为独立的研究机构，致力于提供高质量、独立、非政治性的政策建议和决策支持。智库真正引起全社会的广泛关注、发挥作用是从专业化智库建设开始的（潘教峰，2022b）。智库通常由学者、专家、政策制定者等组成，他们通过研究和分析社会、经济、政治等领域的问题，为政府、企业、社会团体等提供政策建议和解决方案。专业化的智库活动是基于智库科学与工程认识论，将智库科学原理和知识应用于智库问题解决的过程。

在实践中，智库利用实在论和建构论的方法和观点，进行多层次和多学科的研究和分析；收集客观的数据和事实，结合各方观点和利益，通过建构和模拟的方法，提供全面、多元的政策建议和解决方案。智库研究是一种能动行为，既包括对客观情景的理性认知，也需要吸收行业专家的有效意见，并通过咨询活动实现实在论与建构论的弥合。

5.3.4 决策咨询

实践是检验真理的唯一标准，也是检验智库成果的唯一标准，衡量智库咨询好坏的标准就是实践。从智库成果的实施效果来看，决策者和实施者应根据智库提供的政策建议和方法，进行实际的政策实施，通过监测和评估实施的效果，判断智库咨询的有效性和价值性。从委托方和政策客体或公众的反应来看，他们的反馈可以直接反映咨询成果是否符合实践需求、解决实际问题、满足公众的期望。如果智库的咨询被认为是权威的、可靠的和有价值的，他们在业内的声誉就会提高，并且越来越多的决策者和利益相关者会寻求他们的咨询。此外，需要说明的是，虽然智库的咨询成果需要通过实践来验证，但实践本身也要结合其他因素进行评估，如特定环境条件、政策制定的复杂性、其他利益相关者的因素等。

综上所述，只有建立在正确的智库科学与工程认识论、方法论和实践论基础上，开展智库研究、智库建设、智库实践活动，智库才能真正成为一支服务国家治理体系和治理能力现代化、服务人类文明进步的不可或缺的重要力量。

第3篇

规律问题域

对学科的规律问题进行研究，有助于理解学科的内在逻辑和结构，以及相较于其他学科的联系和区别，对学科的本质和演变得到更加清楚全面的认识。同时，也可以明晰学科面临的现实问题和潜在挑战，探索发展方向和前沿领域，更好应用知识结构推动学科发展。

智库科学与工程是一门问题导向的学科，问题的研究应当准确切入、透彻解析，这离不开对智库科学与工程规律问题的深入理解。为实现这一目标，本篇从科学、技术、工程的视角提出当前智库科学与工程面临的关键问题，清晰地描绘了当前的发展状况；同时，系统梳理了智库科学与工程这一学科背后的知识基础、学科交叉和数据驱动，有助于更好地理解学科性质、内驱力和发展路径。深入剖析智库科学与工程的规律问题域，一方面有助于更深入地认识智库科学与工程的基本原理、知识基础等底层架构，把握智库科学与工程的本质和研究规律；另一方面也可以帮助深入理解智库科学与工程的关键研究问题，为学科后续发展提供重要指引。

第6章 智库科学与工程的关键问题

想要更好地驾驭、掌握综合而又复杂的智库问题，把握智库科学与工程中的关键问题是必不可少的。当然，智库科学与工程作为一门新学科，仍在持续发展中，它所涵盖的关键问题也在不断变化、丰富和完善。本章仅从科学、技术、工程的视角，提出当前智库科学与工程所涵盖的一些重要的关键问题，阐述每个问题的内涵及重点内容，分析每个问题的发展情况，并对每个问题涉及的学术期刊、研究机构等进行概述。未来，随着智库科学与工程这门学科的发展，其关键问题也将不仅限于本章所提及的问题，可能还会涌现新的关键问题，原有的关键问题也可能有新的思考角度和解决方式，这些有待于在未来智库研究实践中不断探索和演进。

6.1 智库科学与工程的科学问题

6.1.1 智库问题的解析

从本质来看，智库问题是涉及多学科、多领域知识信息的复杂问题。能否有效破解这样综合、复杂的智库问题，智库研究的科学性尤为重要。既需要将复杂的智库问题分解、降维为一系列清晰、可操作的子问题集，以厘清智库问题涉及的相关学科领域，也需要构建与现有学科领域知识有机衔接的认知框架，以便对分解后的智库问题开展深入的研究。可以看出，智库问题的解析是成功开启智库研究的关键一步，也是智库科学与工程的重要科学问题。重点需要关注以下内容：如何明确智库问题的内涵、目标，所要解决的关键问题及其边界条件？如何将智库问题分解为一组清晰、可操作的子问题集？如何架构智库问题的认知框架？该认知框架包含哪些关键要素及其逻辑关系？如何从已有的学术成果中找到研究各子问题的知识素材？

智库问题的解析从现象或目标深入破题，抓住关键问题、难点问题、深层次问题，将复杂的系统性问题有效转化为可解决的研究问题。国外一些期刊也关注问题解析的相关研究。例如，以 problem decomposition（问题分解）为关键词对国外期刊《计算机与运筹学研究》（*Computers & Operations Research*）、《信息科学》（*Information Sciences*）、《专家系统与应用》（*Expert Systems with Applications*）刊发论文的标题、摘要和关键词进行检索匹配，分别有论文 394 篇、268 篇和 261 篇（截至 2023 年 6 月 14 日）。

智库问题的解析被许多智库高度重视，但在普通研究中容易被忽视。麦肯锡咨询公司著名的"七步分析法"中第一步即为"明确问题"，但麦肯锡咨询公司高级合伙人雨果·萨拉青（Hugo Sarrazin）同时也提到，人们经常跳过或忽视这一步而做出一系列假设，这是不正确的（McKinsey & Company，2019）。问题解析也正在结合人工智能技术向自动化发展。IBM 发明的认知计算系统——沃森（Watson）开始使用自然语言处理技术帮助解析复杂文档，利用自动化外部系统和数据源等帮助研究者快速梳理问题和信息（IBM，2023a）。

以麦肯锡咨询公司、IBM 为代表的专业化智库重视并积极推动问题解析，强调对智库问题进行界定，明确问题的定义、约束、组成、关系等，在此基础上将智库问题分解为一系列的子问题，以便于真正推动深入研究。沃森在分析问题时首先将问题分解为多个子问题分别进行解答，若未能得到某一子问题的答案，则继续分解该子问题进行解答，甚至引入新的问题，直到问题得到完全解答为止（IBM，2023b）。

6.1.2 智库问题牵引下的情景分析

智库问题不是一成不变的，而是随着时间的推移动态发展变化的，其未来可能出现的情景也是多种多样的。智库研究正是对智库问题在未来不同情景下解决方案的科学、合理选择。因此，智库研究需要面向未来的角度，分析智库问题可能发生的各种事件、情景，分析这些情景发生的过程、概率，这些情景下可能产生的结果及带来的影响，以及各种情景下的解决方案，由此帮助决策者选择合适的方案，有效地解决智库问题。可以看出，需要以智库问题为牵引开展情景分析，更好地做出面向未来的决策。因此，这一关键问题是智库科学与工程面临的重要科学问题，需要重点关注的内容有：如何刻画智库问题的整体情景？各情景的基本条件是什么？以通常用到的基准情景、乐观情景、悲观情景为例，基准情景是基于对现实的已有判断、基本条件保持不变情况下趋势外推的情景，乐观情景是某些基本条件发展情况下变好的情景，悲观情景是某些基本条件发展情况下变坏的情景。如何确定机理分析、影响分析、政策分析等不同环节的情景？如何形成不同情景下的解决问题方案？

情景分析是国内外智库研究最常用的方法之一，通过考虑不同的影响因素探索对研究问题可能产生的不同结果。智库问题牵引下的情景分析通常被用于研究包含涉及多因素的复杂性系统问题，如军事、经济、金融、气候等领域；通过调节各种影响因素探究适合的干预措施，预测情景演变，帮助从全局视角进行全面把握。国外一些期刊也关注情景分析的相关研究。例如，以 scenario analysis（情景分析）为关键词对国外期刊《能源》(*Energy*)、《技术预测和社会变革》(*Technological Forecasting and Social Change*)、《期货》(*Futures*) 刊发论文的标题、摘要和关键词进行检索匹配，分别有论文 1525 篇、355 篇和 258 篇（截至 2023 年 6 月 14 日）。

卡内基国际和平基金会是一个非营利性的外交政策研究智库，致力于研究核安全、网络安全、地缘政治等全球性问题，推动促进国际合作与和平。该基金会使用情景分析来评估复杂的系统性网络风险，例如，对攻击、勒索、信息泄露等不利情景进行假设，考察对全球金融网络的影响（Kaffenberger and Kopp，2019）。美国兰德公司在20世纪40年代运用情景分析的思想描述了核武器可能被使用的各种情景，并在70年代为美国国防部开展导弹防御咨询的研究中进一步发展了情景分析法。布鲁金斯学会利用情景分析研究不同气候政策对全球经济和环境的影响，帮助政策制定者设计稳健的政策（Fernando et al.，2022）。

6.1.3 智库问题研究的不确定性分析

不确定性是由于人类对客观事物认识看法的局限性，对于相关信息数据掌握得不充分和不完备所导致的，存在于生产生活的方方面面。不确定性也存在于智库问题中，甚至由于智库问题的综合性、复杂性，智库问题的解决方案产生的后果和影响难以预测，其面临的不确定性更加复杂。因此，需要对智库问题研究的不确定性进行深入分析，更加准确地了解智库问题，避免不确定性对智库研究结果产生的影响，这也是智库科学与工程的重要科学问题之一。这一问题需要重点关注的内容有：智库问题涉及哪些不确定性和风险？如何为涉及不确定性的决策提供所需要的信息和工具？如何了解决策者及他们在面临不确定性时所做的决定？如何在不确定性的条件下，认识解决方案对未来的作用和影响？

智库问题研究的不确定性分析将不确定性纳入智库研究的全过程，可以帮助提高智库的质量和可信度。智库问题大多需要长远的考虑，而且未来具有高度不确定性，因此不确定性分析可以帮助产生更好的解决方案。未来，智库问题研究的不确定性分析将产生越来越持久的影响，被应用于更广泛的情景中。国外一些期刊也关注不确定性分析的相关研究。例如，以uncertainty analysis（不确定性分析）为关键词对国外期刊《专家系统与应用》、《国际生产经济学杂志》（*International Journal of Production*

Economics)、《信息科学》刊发论文的标题、摘要和关键词进行检索匹配，分别有论文 451 篇、287 篇和 282 篇（截至 2023 年 6 月 14 日）。

兰德公司围绕不确定性分析开展了深入的研究，成立了不确定决策中心。兰德公司的专家详细列举了不确定性分析的七种方法，分别是蒙特卡罗法、对比分析、敏感性分析、估计范围、补充贴现、调整因子和特殊研究（Fisher，1973）。在兰德公司的研究中，不确定性分析被广泛应用，例如在飞机或卫星系统等的开发项目中，由于需求、技术和经济环境等的变化，总成本具有极大的不确定性。通过将不确定性表示为一系列概率分布，对成本风险进行评估和量化，提高结果的稳健性（Galway，2007）。此外，兰德公司还开发了稳健决策方法，旨在在深度不确定的条件下进行系统推理和决策，例如应用于具有高度不确定性的水资源规划中等（RAND Corporation，2023a）。

6.2 智库科学与工程的技术问题

6.2.1 人机结合的智库问题研究支持系统

人工智能、大数据等新兴技术快速发展，逐渐融入人类生产生活的各个方面，出现了人机互动平台等新工具。可以预见，人与机器协作将成为未来重要的工作形态之一，也是未来智库研究的发展方向。一方面，人机结合能够促进人类与机器发挥各自的优势特长。机器能够模拟人的思维为智库研究开展基础性的工作，在复杂智库问题涉及的大量数据中抽丝剥茧、把握脉络。人类利用丰富的知识经验，对机器产生的结果去伪存真，寻找有效的解决方案。另一方面，人机结合能够通过交互对话，快速、高效地解决复杂的智库问题，形成基于数据、信息、模型、机器、技术的科学决策方案，实现智库研究质量的提升，同时延伸人类的经验智慧。因此，人机结合的智库问题研究支持系统是智库科学与工程的重要技术问题之一，需要重点关注：如何在智库研究中使用人工智能、深度学习等新技术？如何构建"数据+算法+算力+智慧"的人机交互系统？

人机结合的智库问题研究支持系统主要利用人工智能、大数据等技术，为研究人员科学、高效、保质地完成智库研究提供帮助，包括但不限于收集数据、分析信息、解读图形等。国外一些期刊也关注人机结合的相关研究。例如，以man-machine（人机）为关键词对国外期刊《模糊集与系统》（*Fuzzy Sets and Systems*）、《安全科学》（*Safety Science*）、《信息与管理》（*Information & Management*）刊发论文的标题、摘要和关键词进行检索匹配，分别有论文13篇、9篇和4篇（截至2023年6月14日）。

人机结合的智库问题研究支持系统可以帮助扩展解决思维、提升解决效率、保证解决质量。同时，系统之间的联通也可以加快信息的交流、促进资源的利用。因此，大型的专业化智库已经广泛采用研究支持系统辅助决策，并且结合自己的研究方向开发人机结合系统。IBM基于原先的系统模型推出企业级的人工智能和数据平台——Watsonx，在负责、透明、可解释的人工智能背景下，充分集成企业所有数据进行分析。企业人员可通过负责任的交互完成指导、管理和监控活动（IBM，2023c）。美国气候互动组织拥有一支系统动力学建模团队，开发创建了用户友好的气候模拟器，涉及国际政策、能源动力学、气候解决方案等（Climate Interactive，2022）。

6.2.2　DIIS与MIPS的耦合关系

DIIS过程融合法和MIPS逻辑层次法是智库双螺旋法的两个螺旋。这两个螺旋的内部要素之间有着紧密的耦合关系，以DIIS过程融合法为主线，其每个环节都包含MIPS逻辑层次法的机理分析、影响分析、政策分析要素；以MIPS逻辑层次法为主线，其每个要素都需要DIIS过程融合法的收集数据、揭示信息、综合研判环节。此外，DIIS 过程融合法与 MIPS 逻辑层次法从整体上进行耦合、牵动，构成矩阵式的智库研究框架，促进将跨学科、跨领域、综合复杂的智库问题还原为具有可行性、可操作性的解决问题方案。同时，DIIS 过程融合法与 MIPS 逻辑层次法要素上的、整体上的耦合，也体现了螺旋式上升、不断收敛的智库研究过程。因此，DIIS 过程融合法与 MIPS 逻辑层次法的耦合关系是智库科学与工程的重要技术问题之一，需要重点关注的内容有：以 DIIS 过程融合法为主线开展研究，如何在各环节开展 MIPS 逻辑层次法相关要素的分析？以 MIPS 逻辑层次法为主线开展研究，如何在各环节运用 DIIS 过程融合法实现研究过程的融合和收敛？如何通过 DIIS 过程融合法和 MIPS 逻辑层次法双法耦合构建矩阵式研究框架？

DIIS 过程融合法与 MIPS 逻辑层次法的耦合关系为智库研究提供了一个新的系统性的认知视角，现有研究既在要素的层次上将两者相结合，又在整体性上体现结合。DIIS 过程融合法与 MIPS 逻辑层次法的耦合关系具有高度的包容性和统筹性，帮助更全面地把握和分析智库问题。

6.2.3 客观分析与主观判断的结合

智库作为公共治理方案的生产者，独立自主、公正客观、价值中立是其生命线的重中之重。然而，智库问题往往涉及多个利益主体，不同利益主体的观点、态度具有显著差异，加之智库研究资助方的影响，智库难免被利益所干扰。因此，需要在智库研究过程中将主观判断与客观分析结合起来，将客观数据、证据、事实、规律引入智库研究中，避免决策偏差，同时平衡各方利益关注点，尽可能避免主观介入，以此保持智库的独立性。通过强调独立性，获得社会公众的信任，提升智库研究成果的客观性、科学性。这也是智库科学与工程面临的重要技术问题，需要重点关注的内容有：如何通过客观分析与主观判断的结合，避免利益冲突，保证智库研究的客观性和独立性？

如何将定量方法与定性方法有机结合？如何使用博弈分析法体现多元利益主体的诉求？

客观分析利用客观数据、证据和方法进行严格的检验，主观判断是传统智库研究的分析方法，利用专家经验和知识进行具体的分析。随着技术的成熟，越来越多的客观分析方法得以实现广泛应用，帮助决策者提供更多分析维度，更好保证智库研究的可信度和影响力。国外一些期刊也关注主客观分析的相关研究。例如，以 subjective and objective analysis（主客观分析）为关键词对国外期刊《专家系统与应用》《安全科学》《信息科学》刊发论文的标题、摘要和关键词进行检索匹配，分别有论文 61 篇、30 篇和 26 篇（截至 2023 年 6 月 14 日）。

客观分析与主观判断相结合是国内外智库研究常用的基本方法。兰德公司设有定性与混合方法中心，将基于客观的实证主义与基于主观的解释主义相结合，更全面地理解智库问题，促进智库研究的客观性和独立性。其中，客观分析方法包括实验分析、大规模的调查等，主观分析方法包括在收集和分析数据过程中的个人解释等。即使使用蒙特卡罗法等方法来解决数理统计问题时，也需要专家依据知识和经验选择合适的概率分布、抽样算法和收敛准则。

6.2.4　智库问题研究的政策模拟分析

一项政策出台后所产生的结果往往是复杂的、不可逆的，同时由于政策本身的长周期性，其所带来的影响是不确定的。政策模拟可以综合利用管理学、经济学、社会学、政策学、计算机科学等多个学科领域的知识，对实际政策问题进行数据建模、计算推演。为了更好地提出政策建议，需要在智库研究时对一项政策出台后的效果进行政策模拟，分析、评估、论证一项政策对经济社会干预后可能产生的影响，由此搭建起智库研究与政策实践之间的桥梁，提高智库研究结果的科学性和准确性。因此，智库问题研究的政策模拟分析是智库科学与工程的技术问题之一，需要重点关注的内容有：如何在多学科、跨学科的知识维度中进行政策模拟？如何优化计算机技术和模型，从而提升政策模拟的有效性？如何设置不同的情景对于政策的效果进行模拟和预判？如何在政策模拟中纳入决策者的行为变量，如性格、心理因素等？

由于政策决策的长周期、高复杂、广影响等特性，解决方案的提出应当慎之又慎，包括充分的调研分析、全面的推理解剖和多维的模拟演化。现有的政策模拟分析大多是在充分调研的基础上进行推演，结合计算机技术等进行建模分析。国外一些期刊也关注政策模拟的相关研究。例如，以 policy simulation（政策模拟）为关键词对国外期刊《能源》、《政策建模杂志》(*Journal of Policy Modeling*)、《土地利用政策》(*Land Use Policy*) 刊发论文的标题、摘要和关键词进行检索匹配，分别有论文 239 篇、158 篇和 97 篇（截至 2023 年 6 月 14 日）。

政策模拟在面向公共管理领域的专业化智库中应用十分广泛。欧盟联合研究中心结合不同领域的研究内容，制定多种模拟分析工具以辅助政策制定。例如，RHOMOLO 模型可实现对区域经济的分析模拟，评估劳动生产率等结构变化对区域经济的影响（European Commission，2023）；iMAP 平台是一个农业经济商品和政策分析集成建模平台，用于评估欧洲的农业和贸易政策。

6.2.5 数据驱动的政策研究

每一项政策的制定都需要有严谨的论证做支撑，以往仅仅依赖专家经验制定的政策往往缺乏客观性、科学性。随着数字时代的到来，数据已成为科技、经济、社会发展过程中最为重要的基础资源，其中包含了许多重要的客观事实，数据驱动的论证已成为最有力的政策支撑。在此背景下，数据驱动的政策研究成为智库科学与工程的重要技术问题。这一关键问题需要重点关注以下内容：如何有效地从大量数据中挖掘可以为政策研究做支撑的相关数据？如何以数据为本底、以数学模型为基础开展政策研究？如何设计数据驱动的政策研究方法工具？如何将专家经验判断与定量数据研究结果相结合，形成符合实际且有效的政策方案？

政策研究是一个广泛的、基于多学科的研究，有效利用和结合多学科信息以提出解决方案离不开对数据的把控。另外，数据的深入挖掘和分析对揭示政策发展规律、环境变化机理等也具有重要意义。数据驱动的政策研究已经在信息、生物、环境等多个领域发挥重要的作用。国外一些期刊也关注数据驱动的政策研究。例如，以 data-driven policy（数据驱动的政策）为关键词对国外期刊《土地利用政策》、《世界发展》（*World Development*）、《研究政策》（*Research Policy*）刊发论文的标题、摘要和关键词进行检索匹配，分别有论文 74 篇、38 篇和 17 篇（截至 2023 年 6 月 14 日）。

基于数据驱动的政策研究可以帮助制定更稳健、更可靠的政策方案。在新冠病毒流行初期，兰德公司开发了一系列政策模拟工具帮助政策制定者解决紧急问题。例如，依据医院实际数据评估可接受的患者数量、可扩展的治疗能力；将病例数、住院数、死亡数等数据与经济数据结合，评估企业关闭和"居家令"对经济的影响，从而帮助政府制定更加稳健的政策（RAND Corporation，2023b）。

6.3　智库科学与工程的工程问题

6.3.1　智库研究的专家组织与管理

由于智库问题是跨学科、跨领域的复杂问题，单一领域的知识不能形成有效且全面的解决方案，需要多学科领域的专家共同参与、协作完成。因此，智库研究过程需要对专家进行组织与管理。一方面，智库研究过程需要遴选与智库问题密切相关的专家，专家和问题的匹配很大程度上能促进智库研究的科学性、可信性；另一方面，随着智库研究的不断推进，可能出现新的问题或新的信息，需要及时、持续地寻找合适的专家，动态组织专家参与智库研究。由于专家的学科背景、专业知识的差异，在智库研究中发挥的作用也不尽相同，如 DIIS 过程融合法和 MIPS 逻辑层次法的研究环节和研究要素上可以由专业领域的专家发挥作用，而智库研究全过程需要战略科学家、智库人物发挥贯通性、前瞻性的作用。因此，智库研究的专家组织与管理是智库科学与工程的重要工程问题之一，需要重点关注的内容有：如何根据问题匹配专家？如何随着研究的深入，动态组织专家资源？如何发挥不同领域专家的作用？如何激发专家的智慧，促进专家达成共识？

目前，越来越多的智库开始重视专家的组织与管理问题，包括建立专家库、优化专家遴选规则等，也更加注重专家的战略思维和战略眼光，注重对战略科学家、智库人才、复合型研究人员的挖掘和培养。国外一些期刊也关注专家组织与管理的相关研究。例如，以 expert organization（专家组织）为关键词对国外期刊《专家系统与应用》、《决策支持系统》（*Decision Support Systems*）、《信息与管理》刊发论文的标题、摘要和关键词进行检索匹配，分别有论文 168 篇、40 篇和 40 篇（截至 2023 年 6 月 14 日）。

美国国家研究理事会提出了智库研究的专家遴选规则，包括专家应具有不同学科背景且能够解决所面临的问题、应具备专业知识和科学合理的观点、应回避利益冲突等，以此通过自由交流达成共识（National Academies, 2021）。英国皇家学会通过设立项目组、召开咨询研讨会、进行匿名评议等方式，组织来自不同学科领域的专家开展智库问题的研究和咨询。

6.3.2 智库研究的循环迭代

由于智库问题的综合性、复杂性，一次研究往往不能得到有效的解决问题的方案，而是需要经过多轮的循环迭代研究，实现认知的迭代与跃升。例如，在智库研究中认知框架不充分、信息揭示不完备、专家尚未达成共识、主客观研究结果存在差异等情形下，往往需要开启新一轮的研究，从而持续收敛、深化认识，最终得到科学合理的解决方案。因此，智库研究也可以视为一门循证科学，体现循证决策的思想。通过对智库问题进行多轮的循证、验证，出现新证据即开启新一轮的循环迭代，在对数据信息持续收集和揭示的基础上，得到证据充分的智库研究结果。因此，智库研究的循环迭代成为智库科学与工程的重要工程问题之一，需要重点关注的内容有：什么情况下要开始新一轮循环迭代的研究？即循环迭代的条件或触发点是什么。如何通过循环迭代实现研究过程的不断收敛、专家智慧的激发和最大共识的达成？

智库问题高度复杂，智库研究的循环迭代可以帮助深化认识、不断收敛，寻求更优的解决方案。事实上，循环迭代思想已经体现在现有智库研究当中。例如，许多国际智库围绕智库问题持续循证、不断验证，在对问题解析的过程中不断收集新的数据、获取新的信息，对论证更新迭代。国外一些期刊也关注循环迭代的相关研究。例如，以 loop iteration（循环迭代）为关键词对国外期刊《信息科学》《专家系统与应用》《模糊集与系统》刊发论文的标题、摘要和关键词进行检索匹配，分别有论文 20 篇、12 篇和 4 篇（截至 2023 年 6 月 14 日）。

许多智库方法中都嵌入循环迭代的研究过程，如德尔菲法是一种结构化的研究方法，需要咨询专家和组织人员共同参与。组织人员匿名向多位专家进行意见咨询，每一轮咨询后将专家意见汇总整理，再将整理过的信息交给每位专家进行新一轮的分析。如此多次迭代，最后意见逐渐统一为一致的、可靠的方案。智库双螺旋法也蕴含循环迭代的思想,研究需要不断迭代和收敛,从而形成科学有效的解决方案。

6.3.3 交叉融合研究

智库研究的问题本身是一个交叉融合的问题,涉及自然科学、社会科学等多个不同的学科,仅仅单一学科、单一领域的知识无法解决,需要跨学科、跨领域之间的协同,这不仅需要更加系统、综合、全面的知识,更加科学、合理、有效的方法工具,还需要多门学科、多个领域的专家开展交叉融合研究,实现多个学科领域的高度融合和有机贯通,连接学术知识与政策决策、理论方法与实践研究。在此背景下,智库科学与工程的研究更需要多学科的交叉融合研究,这也是智库科学与工程的重要工程问题。这一问题重点关注以下内容:如何将多门学科、多个领域的知识信息进行交叉融合?开展多学科交叉融合的方法工具应该具备什么特征、具体应该怎么做?如何组织多学科领域的专家开展交叉融合研究?

事物的发展具有交叉融合的趋势,因此在研究和分析中绝不能完全独立。随着科学的发展,交叉融合已成为科学研究的新范式,在推动科学创新中发挥着重要作用。智库研究作为鲜明的跨领域、跨学科的系统性研究学科,积极响应和推动交叉融合研究,有效为自然科学、社会科学、人文科学之间搭建沟通桥梁,针对重大理论和实践问题进行探索。国外一些期刊也关注交叉融合的相关研究。例如,以convergence(交叉融合)为关键词对国外期刊《信息科学》《专家系统与应用》《模糊集与系统》刊发论文的标题、摘要和关键词进行检索匹配,分别有论文1023篇、860篇和573篇(截至2023年6月14日)。

交叉融合研究与系统分析方法关联密切。兰德公司开发了系统分析的概念,认为问题不应孤立地被看待,要在其所属的系统背景下进行交叉融合的研究。这最初被应用于美国的军事研究中，极大程度影响了美国的政策，并被证明是一种变革性的突破（Quade，1972），后续快速扩展到非军事领域，并随着计算机技术的发展，在公共和私人决策领域都发挥了广泛的作用。

6.3.4 智库产品质量管理

作为智库生存和发展的重要基础和保障，智库产品的质量是智库建设的关键，不仅关系着智库能否提供科学合理的解决方案以辅助科学决策，而且关系着智库影响力的提升，影响智库核心竞争力的发挥，对实现智库的价值功能具有重要的意义。实际上，智库产品的质量不能仅从单个方面来控制，而是需要从智库研究的整个环节、整个过程入手，确保每个环节和流程的研究质量。例如，智库问题是否合理分解，数据信息是否真实准确，智库研究过程是否完备及公平，智库研究要件是否完整，专家是否合理组织与管理，解决问题方案是否具有可操作性等，这些也都是智库双螺旋法对智库研究全过程的质量控制依据。因此，智库产品质量管理可被视为智库科学与工程的重要工程问题之一，需要重点关注的内容有：如何从智库研究的全过程管理智库产品的质量？智库产品质量的标准有哪些？

智库产品是智库研究的成果，不仅包括一个问题的解答、一个创新的观点，更应当是一份可行的解决方案。现有大多数对智库产品质量的研究聚焦于结果评价。未来应当高度重视智库产品的质量管理，从全流程、全过程的视角进行控制和管理。国外一些期刊也关注产品质量管理的相关研究。例如，以 product quality（产品质量）为关键词对国外期刊《国际生产经济学杂志》《专家系统与应用》《能源》刊发论文的标题、摘要和关键词进行检索匹配，分别有论文 427 篇、314 篇和 199 篇（截至 2023 年 6 月 14 日）。

专业的智库对其产品的质量都非常重视，在研究全过程保障研究质量。

例如，兰德公司针对"早期儿童干预计划"进行了极为细致的研究。研究初期，研究人员广泛收集了有关教育程度、认知和行为评估、经济福祉、犯罪活动以及来自其他幼儿干预计划的数据，并对政府储蓄与项目成本进行了严格分析，证实了有效的早期儿童监护对社会的回报远大于成本。为保证研究结果，其中16个项目至少跟踪参与者到入学，最长的项目跟踪到项目结束后35年（RAND Corporation，2006）。另外，为进一步证明结果，兰德公司还招募了全国公认的、明显无党派的科学家，组成小组对项目进行细致的审查（RAND Corporation，2023b）。

第7章　智库科学与工程的知识演进

智库研究面对的通常是综合、复杂、系统的问题，具有学科交叉性、相互关联性、不确定性等内在特性。面对复杂的智库问题，需要有广泛的知识基础为研究提供理论依据和方法论支撑，提升智库成果的科学性、准确性、实用性。这些知识基础之间并不是单独存在的，智库科学与工程将其巧妙融会贯通，以适应问题的研究和系统性解决方案的提出。另外，随着数字化时代的到来，数据为深层价值规律的揭示提供了重要帮助，为传统的智库研究范式带来了新的工具。本章一方面从理论角度论证了智库科学与工程学科的知识基础、学科交叉和数据驱动的意义价值、表现形式等；另一方面采用文献计量方法，从实证角度揭示了其构成与演进。系统梳理和分析智库科学与工程背后的知识基础、学科交叉和数据驱动，有助于更好地理解学科性质、学科发展的内驱力、知识生长机制以及未来发展方向。

7.1　知识基础

智库科学与工程是一门跨学科、系统性的学科，相较于传统学科更容易被认为是一门应用学科。正如智库双螺旋法中的解析环节，智库问题在解决过程中往往需要被分解为单一学科或领域的子问题集，由不同学科背景的专业人员进行清晰、可操作的分析。这些专业人员的学科背景都是智库研究所需要的，但并不能将这些学科简单地称为"智库学科"，而应当将其视为智库科学与工程这门学科的知识基础。"欲筑室者，先治其基"，任何一门学科的发展都应当认识到强基固本的重要性，这些稳健的"基石"为智库研究提供了强大的理论支撑、方法论支撑，能够帮助智库研究人员科学、高效地对复杂的系统问题进行分析；同时，深入审视学科的知识基础也有助于构建一个强固的人才培养知识体系。

7.1.1 智库科学与工程知识基础的研究意义和作用

（1）提供理论和方法论支撑

学科知识基础是深入学习和研究该学科的前提和条件，研究智库科学与工程的知识基础可以更好地为智库学科发展提供理论依据和方法论支撑。知识基础研究的深度决定了学科发展的准确性、系统性、战略性，深入分析知识基础有助于进一步明确智库科学与工程的基本范畴、研究结构、学科关系等，推动学科更加系统全面地发展。

（2）分解复杂问题

学科知识基础是跨学科交流和合作的保障，研究智库科学与工程的知识基础有助于科学地分解复杂的智库问题。面对复杂的智库问题，智库双螺旋法提出解决问题的第一步是对问题进行解析，包括明确问题的类型、分析问题涉及的学科和领域、提炼问题涵盖的要素等，最终将智库问题分解为由单一学科组成能独立解决又相互关联的子问题集，以此实现对复杂问题的跨学科、跨领域的综合分析和解决。

（3）推动人才培养

学科知识基础是培养思维和能力的重要抓手，研究智库科学与工程的知识基础为人才培养提供了知识体系。掌握基础知识帮助研究人员对智库问题实现科学、合理、系统的解释，也有助于促进新理论、新方法、新技术的产生。因此，清楚认识学科的知识基础有助于构建人才培养与发展路径，为学科发展提供动力源泉。

7.1.2 智库科学与工程知识基础的三个考察视角

（1）智库研究的基本规律视角

智库科学与工程作为一门学科，首先要以理为基，系统性地将哲理、数理、物理、事理、人理等结合起来，形成其学科的基本规律，共同解决复杂的智库问题。

哲理是抽象性、系统性的理论，包含对宇宙和人生的原理和智慧，对社会、经济、文化进步，乃至人类发展都具有重要的指引意义。哲理涉及哲学、宗教、伦理等学科，由存在论、认识论、逻辑学、伦理学等基础知识构成，对人类的发展、社会的运行等进行统领性、综合性的把握和探究。

数理是自然科学和技术科学的主要研究规律，在系统性的智库科学与工程学科中也必不可少，主要以数学公式、定理等对物质世界的运动规律和逻辑进行抽象性表达，以精准的符号语言、逻辑表达帮助描述和解决复杂问题。数理涉及数学、物理、化学、生物等学科，由代数、几何、积分、概率、统计等基础知识构成，对问题进行凝练归纳、总结分析以及趋势预测等。

物理是物质科学和工程科学的主要研究规律，研究物质和能量的规律和原理以帮助人类创造价值。物理涉及物理学、工程学、信息学、计算机科学等学科，由机械原理、计算机原理、电子原理等基础知识构成，帮助理解物质、能量、空间、时间等的性质和相互关系，解释现象，分析机理，探寻规律。

事理是系统科学和管理科学的主要研究规律，探究事物发展和变化的内在机制和演变逻辑。事理涉及系统学、运筹学、管理学等学科，由因果推理、系统分析、优化决策等基础知识构成，帮助把握事物的因果关系和交互作用，为决策和管理提供依据。

人理是社会科学和管理科学的主要研究规律，涉及人类的行为和心理的动机、机理、规律等，帮助更好地理解人类的需求等。人理涉及心理学、社会学、政治学、经济学等学科，由社会网络、群体行为、制度演变、经济模式等基础知识构成，对复杂的人类心理和行为模式进行解释。

（2）智库研究的"解析—融合—还原"视角

智库研究需要完整的"解析—融合—还原"的科学研究过程。首先将智库问题分解为单一的子问题，专业研究人员再依据学科知识和经验进行交叉融合后的研究和分析，最后将研究结果还原，以提出系统性的解决方案。

1）解析环节。在将复杂问题解析为简单问题的过程中，需要对问题进行清楚的界定、分类，尽可能找到问题的本质、特性、影响因素等，将综合问题分解为多个子问题。该环节涉及系统科学、逻辑学、哲学等学科，需运用逻辑树、思维导图等研究方法深入分析。

2）融合环节。在深入研究子问题时，需要结合具体问题进行具体分析和判断，需要用到的基础知识几乎涉及所有学科。例如，当研究问题涉及科技、环境、能源等领域时，需要融合应用自然科学和工程技术的知识，评估科学技术的影响、能源的消耗程度等；当涉及经济、税收和市场竞争等领域时，需要融合考虑经济学的理论和模型，对内在因素进行分析以实现有依据的决策或预测；在涉及社会和文化相关问题时，需要融合运用社会学和人类学的理论方法对相关因素进行分析，帮助了解社会变革、文化差异、社会不平等问题。

3）还原环节。智库研究的最终成果是具有可行性的解决方案，需要回归决策者真正关心的问题，因此要求将学术研究还原到政策实施，使二者有机贯通起来。这一过程涉及政治学、战略学、公共政策学等学科，结合战略规划、政策工具等知识基础提出有效的政策意见。

（3）智库研究的应用工程视角

智库研究具有明显的工程特征，不能被视为单纯的研究项目。首先，智库研究的目的在于解决实际问题，其成果应具有实践性、应用性、可操作性，不能仅仅停留在学术研究层面，须落实到执行操作层面。因此，智库研究除涉及的学科领域知识外，还包含政策科学、管理科学等领域的知识基础。智库研究的过程需要按照一定的标准、流程、规范，以使最终成果满足科学性、规范性，因此需要重视逻辑、流程和管理维度的知识基础。

以"中国至2050年科技发展路线图"为例。该项目是中国科学院组织的一项前瞻性的战略研究，旨在探索我国现代化建设对重要科技领域的战略需求，并设计科技发展路线图为我国科技创新和国家发展提供战略指导。该研究涉及能源、人口健康、生态与环境、信息、先进材料、国家与公共安全等18个重要领域，涵盖自然学科、工程学科和社会学科，结合管理学科、系统学科等统筹分析，对我国的科技发展趋势、现代化建设研判，最终确定我国科技发展的战略目标和重点领域。该项目历时一年多，由300多位高水平专家共同参与，研究的开展与落实也离不开多学科的知识基础以及组织管理维度的综合能力。

7.1.3 智库科学与工程知识基础的构成与演进

为深入揭示智库科学与工程的知识基础构成，本章采用文献计量方法进行研究分析。2021年，战略咨询院、爱思唯尔出版集团与《中国学术期刊（光盘版）》电子杂志社有限公司联合发布了《智库期刊群（1.0版）》，在智库界产生了广泛影响。入选期刊的办刊目标是为公共政策制定和公共治理提供学术基础，其发表文章一般属于具有代表性的智库研究，能够有效体现智库研究的范畴。因此，本小节选取《智库期刊群（1.0版）》为样本，一定程度上代表智库科学与工程的前沿研究，体现学科的性质和知识基础。

《智库期刊群（1.0版）》中包括的62种中文智库期刊是重点关注的对象，从中提取2013—2022年10年间发表的124 762篇文献，并提取每篇文献的标题、摘要、作者、中图分类号等基本信息。中图分类号可以作为学科分类依据，将每篇文献归类到其所属学科，进而在124 762篇文献的全集中观察、分析和展示智库研究的学科基础分布情况。

（1）智库科学与工程的知识基础主要由经济类学科、文化与科学类学科、政治与法律类学科构成

智库科学与工程的基础知识主要以经济、政治、法律等学科为支撑，同时依据环境、计算机、社会、医学等学科领域知识。对 2013—2022 年 10 年间一级学科占比进行整体分析（图 7-1），涉及学科最多的为经济类，占总体的 61.77%，将其视为经济类学科，是知识基础的第一大支柱；涉及文化、科学、教育、体育类学科占 12.13%，可以视为文化与科学类学科，是第二大支柱；涉及政治、法律占 6.77%，称之为政治与法律类学科，构成第三大支柱；环境科学、安全科学为 2.81%，自动化技术、计算机技术为 2.28%。

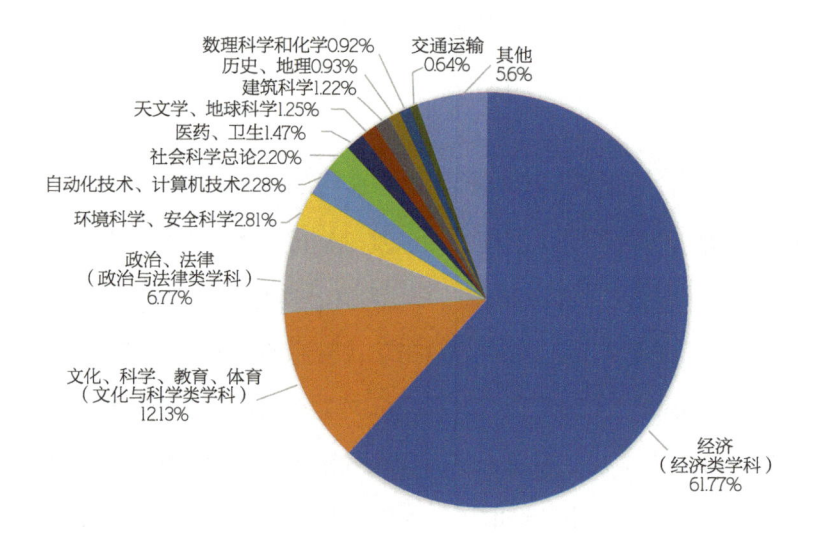

图7-1　2013—2022年10年间一级学科分类示意图
注：因四舍五入原因，数据加和不等于100%

具体到二级学科进行分析，在经济类学科大类中经济计划与管理占 33.93%，财政、金融占 20.56%，工业经济占 14.71%。由此可见，智库研究的经济研究特别关注经济的计划、管理与调控，同时政府和企业在其中的组织、

领导、控制也是重要的研究基础。此外，在文化与科学类学科大类中，信息与知识传播、科学与科学研究也是重要的基础知识，分别占该大类的 41.03% 和 40.62%，科学的发展演进机制、社会信息系统运行规律等基础知识为智库研究提供了重要帮助。同时，部分智库研究也针对我国政治建设进行了积极探索，包括国家机关工作与人事管理、革命和建设问题等。

由此可见，智库科学与工程高度重视以人为本的社会发展，密切关注与社会、经济、文化发展息息相关的领域，旨在为推动国家经济建设、社会稳定发展、生态文明保障建言献策。相较于经济学、信息学、社会科学、政治学等单一学科，智库科学与工程更重视基础理论和知识与实际社会、经济、政治问题的结合，积极发挥基础知识的有效性。例如，经济学的理论和模型，可以用于智库研究分析经济增长、就业、贸易、税收和市场竞争等问题，提供有关经济政策、产业发展和财政管理的建议；社会学和人类学的理论方法，可以用于研究社会和文化因素对政策的影响，帮助政策制定者了解社会变革、文化差异、社会不平等问题，从而制定更加符合实际情况和社会需求的政策；政治学和国际关系的理论与方法，可被用于分析国际政治格局、国家间关系和国际组织的作用，提供有关国家外交政策、安全政策、冲突解决和国际合作的建议等。在环境保护、能源开发、科技创新等领域，智库研究可以应用自然科学和工程技术的知识，评估环境政策的影响、能源可持续性的方案、技术创新的推动，提供相关的政策建议；计算机科学与自动化技术能够有效结合不同学科的知识，提高智库研究的效率和研究结果的准确性，为智库研究的开展提供大规模数据收集与分析、模拟仿真建模以及前瞻研判等方面的支持。智库科学与工程所涵盖的这些学科知识使得智库研究能够提供多角度、全面的分析和建议，帮助决策者更好地理解问题，制定更有效的政策和战略，同时还可以促进不同学科领域的交叉合作和知识共享，推动学术研究和政策实践的结合。

（2）以 2013—2022 年 10 年为时间跨度考察知识基础的演进，发现智库科学与工程的知识基础相对稳定

为深入研究知识演进，对学科占比的发展趋势进行进一步分析。不难发现，在一级学科中，经济类学科、文化与科学类学科、政治与法律类学科始终占据前三名，约占总体的 80%，是智库研究长期的、稳定的知识基础，应当给予充分的重视。其次，环境科学、社会科学与自动化技术也始终保持着一定的占比。现有的智库研究常与这些领域结合，用于解决跨领域、系统性的复杂问题，从多维度提出可行的解决方案。

同样地，在二级学科中，计划经济与管理以及财政、金融两门学科是智库研究涉及的关键二级学科，所包含的计划经济理论、体制改革方法、组织行为学、财政税收、金融投资等是智库研究稳定的学科基础知识。与工业经济、世界经济活动相关的学科知识也十分重要，包括工业经济运行机制、规律和管理方法以及经济发展史、地理经济等。此外，随着科学技术的发展和应用，信息系统运行的机制规律、科学研究的发展演进等也逐渐受到重视，成为智库研究相关学科的基础知识。

整体而言，智库科学与工程所涉及的学科在 2013—2022 年 10 年间并没有发生很明显的变化，始终以服务国家重大发展战略为宗旨，熟练运用经济、社会、政法等学科的基础知识，利用智库科学的系统性解决方法，分析解决复杂的现实难题，为推动国家发展和治理提供坚实的学术研究支撑。

7.2　学科交叉

智库研究解决的问题通常是复杂的、系统的，既存在同一学科中不同方向之间的交叉融合，也存在不同学科之间的复杂交叉。智库科学与工程的学科交叉性就是讨论如何以这些单一学科作为坚实的"基石"，巧妙地融合应用不同的学科知识基础以适应智库问题研究，提出更优的解决方案。

7.2.1　智库科学与工程中学科交叉的意义

（1）提高研究质量

智库科学与工程中的学科交叉可以有效提升智库研究的质量和水平。通过定性分析与定量分析相结合、建模分析、不确定性分析、系统性分析等方法充分利用各种数据、证据和专家经验，进行全面的、主客观结合的分析和评估，相较于单一学科研究提出更加系统有效、切实可行的政策建议。

（2）促进学科发展

智库科学与工程中的学科交叉在促进智库成果产出的同时也会进一步促进学科的发展。一方面，不同学科的知识和方法在交流合作中相互碰撞，学科之间可以相互借鉴和补充，形成新的理论框架和研究视角；另一方面，智库研究有助于学科进一步与实践相结合，使学科研究向应用领域发展，发挥学科的内在优势。

7.2.2　智库科学与工程学科交叉的表现形式

（1）研究内容的交叉性

智库问题具有高度的关联性和不确定性，对解决方案的创新性和实用性提出了很高要求，很难以一般的学科思路或方法解决，以单一学科的知识背景通常只能解决单维度的子问题或者提出零散的建议。

（2）研究方法的交叉性

用于解决问题的智库研究方法也体现出学科的交叉性。常见的智库解决方案既包含优选法和统筹法等定量分析方法，也包括德尔菲法等定性研判方法。著名的综合集成方法论、优选法、统筹法等都是从系统、交叉的角度出发对问题进行全局探索的；德尔菲法、头脑风暴法、调研访谈法等离不开不同领域专家的深度交流和思想碰撞；智库双螺旋法也同样考虑将问题解析分化，利用不同学科的方法剖析探索，最终融合解决。

（3）研究团队的交叉性

智库研究人员和团队应当具有学科交叉性。由于科学发展的专业化趋势以及智库研究的复杂特性，单一学科的研究人员很难把握全貌。智库研究的人员构成应当是多元化、协同化的，汇聚不同学科领域、不同行业部门、不同层次层面的专家学者和实践者，形成高效的团队协作。一方面，智库研究人员需要具备对不同学科资源的整合和统筹能力，有效协调不同领域的专家学者的观点意见，保障智库研究的质量和效果；另一方面，智库研究人员需要具备交叉的能力和素养，平衡和协调不同利益相关者的诉求，为标准、科学、规范地解决智库问题提供保障。

（4）研究成果的交叉性

智库研究成果凸显了学科交叉性。智库研究成果应当具有创新性、实用性、可操作性，是具有深刻影响力的系统性的解决方案，在保证学术质量和水平的基础上，注重政策价值和社会效益。这要求智库研究成果不仅要有理论支撑和数据证据，还要有操作指南和实施路径，因此必须将多学科的知识交叉融合，提供具有学术认可和政策影响力的方案。

7.2.3 智库科学与工程学科交叉的构成与演进

基于上述《智库期刊群（1.0版）》的62种中文期刊再次进行科学定量分析，考察智库科学与工程的学科交叉情况，特别是智库科学与工程和其他学科的学科亲缘关系，与哪些学科联系更紧密、哪些相对较远，以及如何与其他学科交叉融合。首先对智库期刊论文所包含的中图分类号进行分解，然后对每篇论文拆解得到的所有分类号进行两两配对，当论文只包含一个中图分类号时，默认该项智库研究属于单学科智库研究而非交叉学科智库研究。由此，可以得到智库期刊论文的交叉学科对。以每篇论文作为智库研究的知识成果，可以进一步分析智库研究学科交叉情况。具体来说，当一篇论文中包含多个中图分类号时，则被认为属于多个学科，由此可以生成每篇论文的跨学科对，每个学科对代表通过不同学科之间的交叉产生的智库研究成果。

通过汇总所有年份的智库期刊学科对组合，构建学科节点网络，以呈现智库研究的整体学科交叉分布情况。进一步，通过汇总单个年份的智库期刊学科对组合，构建年度学科节点网络，可以呈现不同年份智库研究的学科交叉分布情况。

（1）智库研究具有广泛的学科交叉性，以社会学科交叉主导

从分析结果可以看出，智库研究中的学科交叉具有相当的广泛性，在所考察的 124 762 篇文献中观察到 18 918 次学科交叉，几乎涉及知识基础中提到的所有学科。尽管在独立的智库研究中学科交叉取决于具体的研究主题和目标，但从一般视角看，智库研究更多涉及社会学科之间，或者社会学科与自然学科之间的交叉，特别集中于面向经济、社会问题的应用型研究。对 2013—2022 年 10 年的全部数据进行分析，考察智库科学与工程学科的交叉分布情况，如图 7-2 所示。以节点表示学科，节点越大表示在智库研究中该学科分布占比越大；连线表示学科交叉紧密程度，两学科间的连线越粗表示学科对出现的次数越多，则在智库研究中这两个学科之间的联系更紧密。

在一级学科中，根据上节分析可以发现经济学、文化学、政治学、法律这些社会学科在智库研究的学科分布中占据了绝对优势，因此也成为学科交叉的主要学科目标（图 7-2）。其次，环境科学、安全科学、计算机科学等自然学科和技术学科占比也极大，因此在学科交叉中展现出了一定的普遍性。其中，经济与其他学科都表现出更多的联系（与政治、法律交叉 3302 次，与环境科学、安全科学交叉 3229 次，与文化、科学、教育、体育交叉 2011 次，与自动化技术、计算机技术交叉 835 次），这进一步表明经济问题是智库研究的重要领域之一，且并不是单一的、细分的，更多从全局出发，利用经济学科知识帮助政府制定经济政策，为企业提供决策支持，为公众提供经济信息和分析。

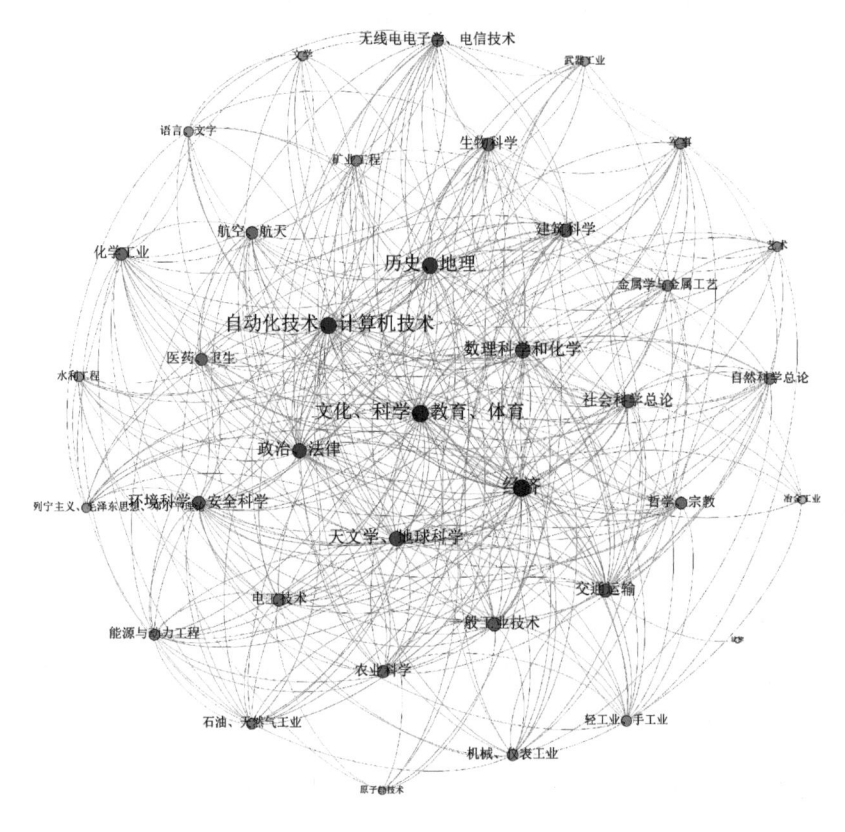

图7-2　一级学科总体交叉情况

除经济学科与其他学科存在显著联系外，文化与科学类学科、政治与法律类学科、社会科学总论等学科之间也存在着显著联系，这与社会环境发展、治理的高度复杂性有很大关联。另外还存在一些特别的交叉关系。例如，自动化技术、计算机技术和文化与科学类学科存在着高度的交叉联系，其在所考察的期刊中 2013—2022 年 10 年间存在交叉高达 485 次，与社会科学总论存在交叉 371 次；另外，二级学科中计算技术、计算机技术、自动化基础、信息与知识传播的相关理论也多与其他领域相交叉（图7-3）。这进一步说明自动化技术、计算机技术、信息技术与社会问题的联系愈发紧密，这体现了智库科学与工程利用自动化、计算机等技术学科知识积极探寻和尝试解决新兴的社会性问题，涉及经济、教育、科学发展等相关领域，帮助政府和企业更好地应对数字化时代的挑战，推动数字化治理的创新和发展，更好地服务于国家战略发展。

从二级学科总体交叉情况中发现，环境和医学问题也是智库研究的重要领域之一（图7-3）。智库研究将环境保护管理与环境科学基础理论、大气科学、环境污染及其防治等相结合，帮助政府制定环境保护和管理政策；将预防医学、卫生学与政治学等相关管理学科相结合，为有效的医学政策制定提供分析支撑。

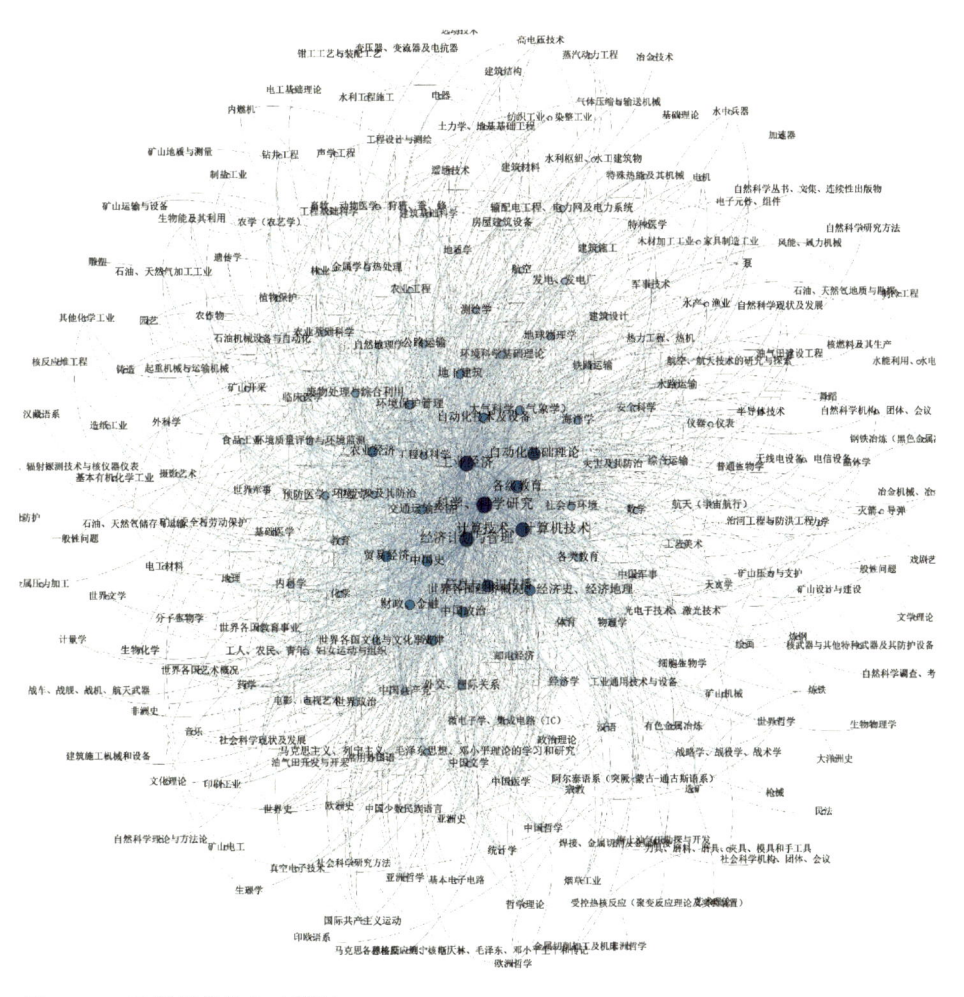

图7-3 二级学科总体交叉情况

除重大社会问题的交叉研究外，智库科学与工程也包容了其他学科之间的交叉。这意味着搭建不同学科之间的沟通桥梁，突破了传统的学科研究范式，推动了不同领域之间的交流融合，有助于促进学术边界的拓展和交流，推动学术研究系统性发展。

综上所述，智库科学与工程涉及的研究问题非常广泛，但研究主线清晰明确，主要聚焦经济、政治、文化、社会、环境、医学等多个领域的现实应用问题，以战略思维协同不同学科的知识和方法，帮助解决社会和国家面临的各种理论和实际问题。同时，其学科交叉特性又很好地推动学科之间的交流和发展，为单一学科的进一步发展注入了新鲜力量。

（2）经济问题占据学科交叉核心位置，应用性学科有上升趋势

汇总对比 2013—2022 年 10 年间的学科交叉数据并进行可视化（图7-4），不难发现经济问题牢牢占据智库研究学科交叉问题的核心位置。其次，文化、科学、自动化技术、信息技术、环境科学等也是交叉问题的热点关注方向。

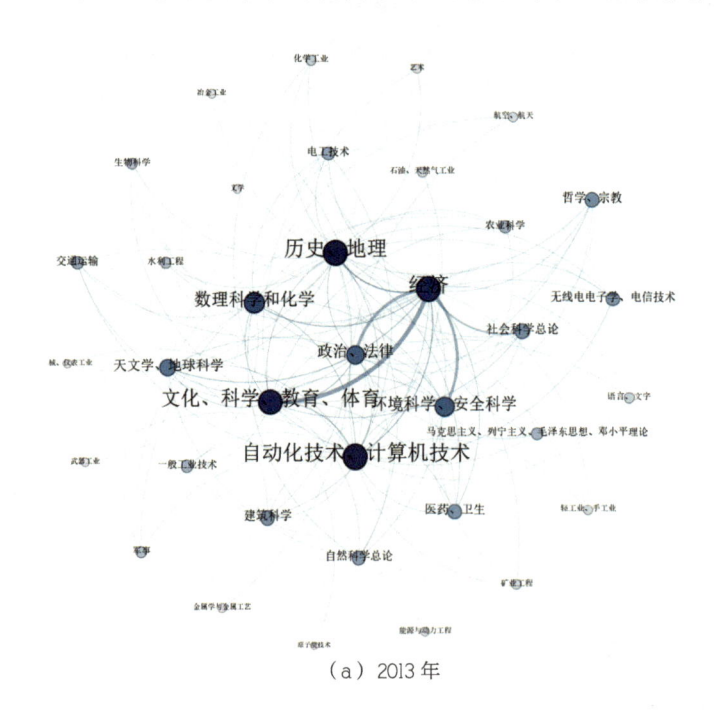

(a) 2013 年

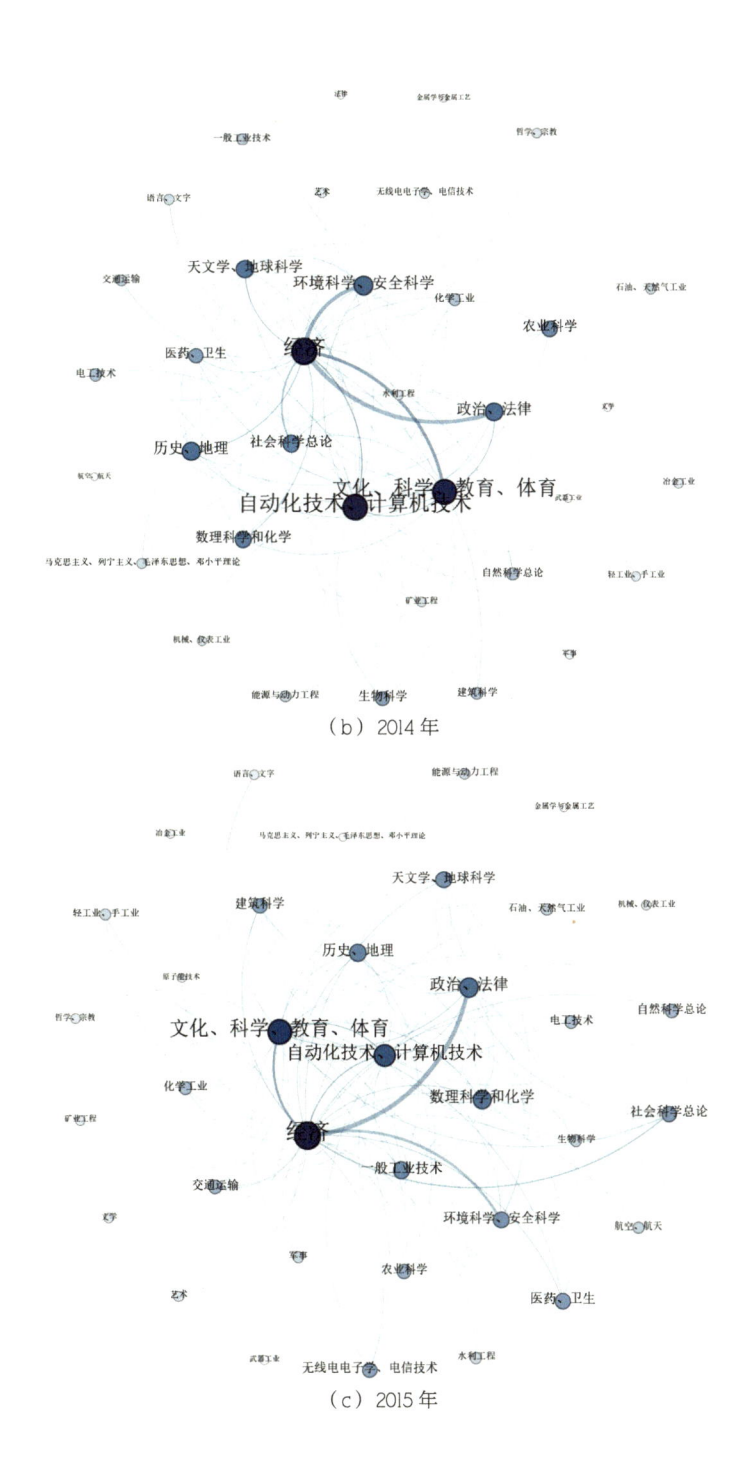

(b) 2014年

(c) 2015年

第7章 智库科学与工程的知识演进

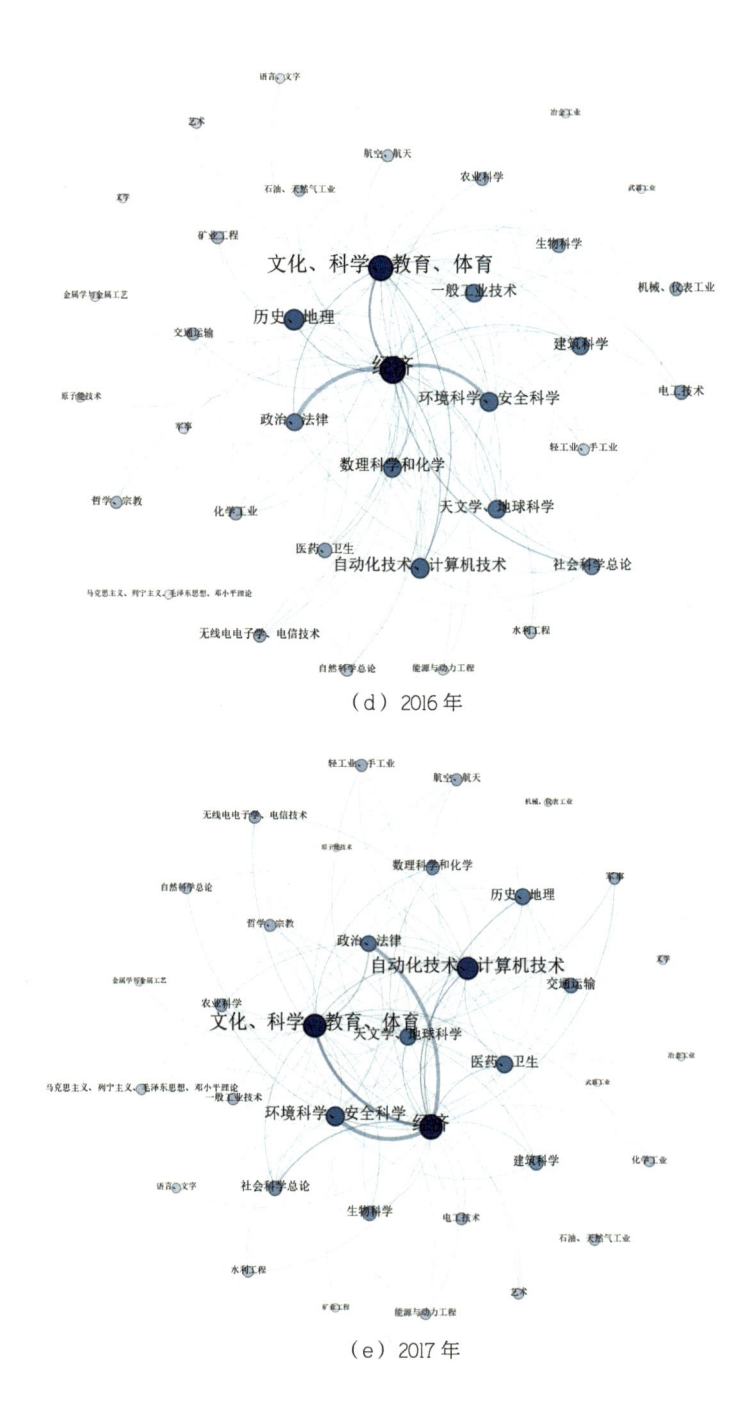

（d）2016 年

（e）2017 年

（f）2018 年

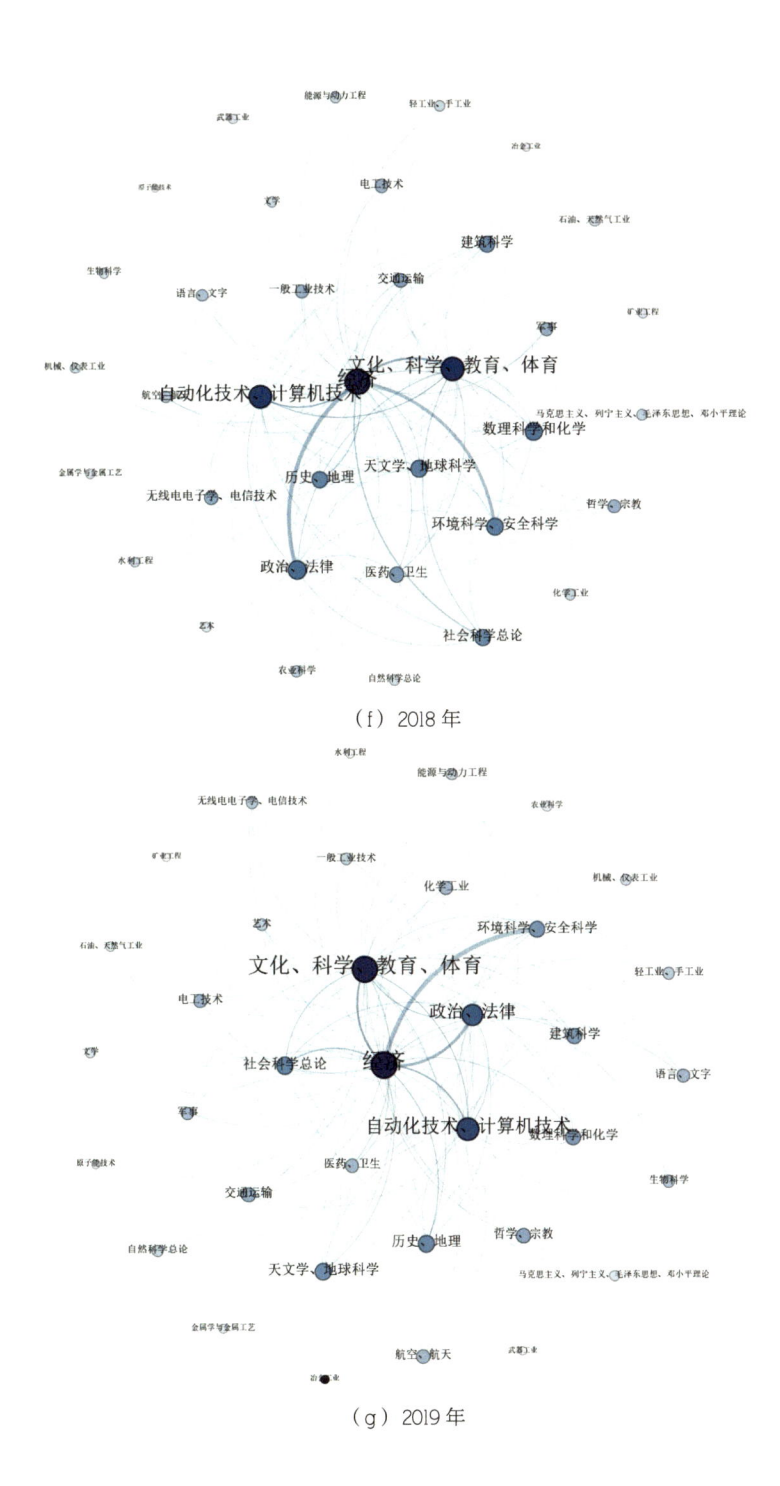

（g）2019 年

第 7 章　智库科学与工程的知识演进 | 113

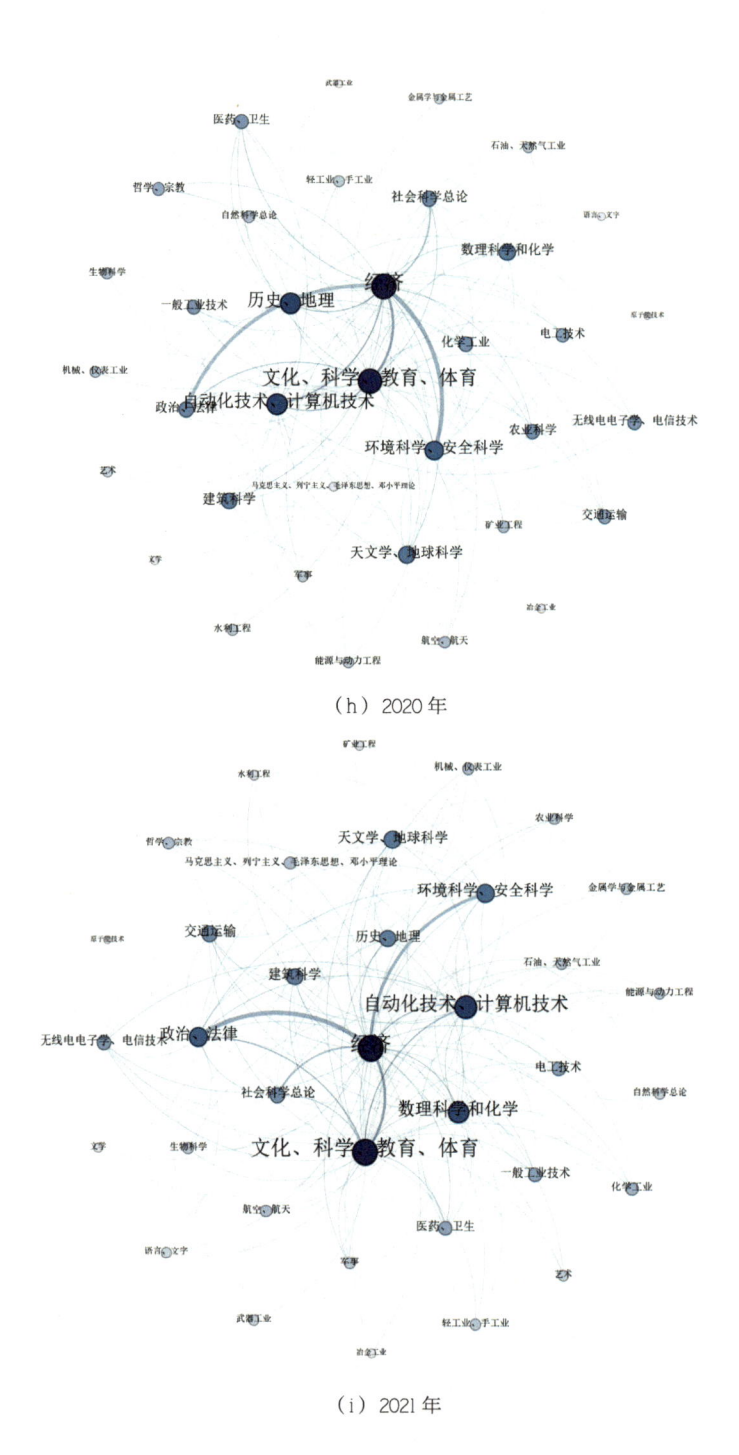

(h) 2020年

(i) 2021年

（j）2022 年

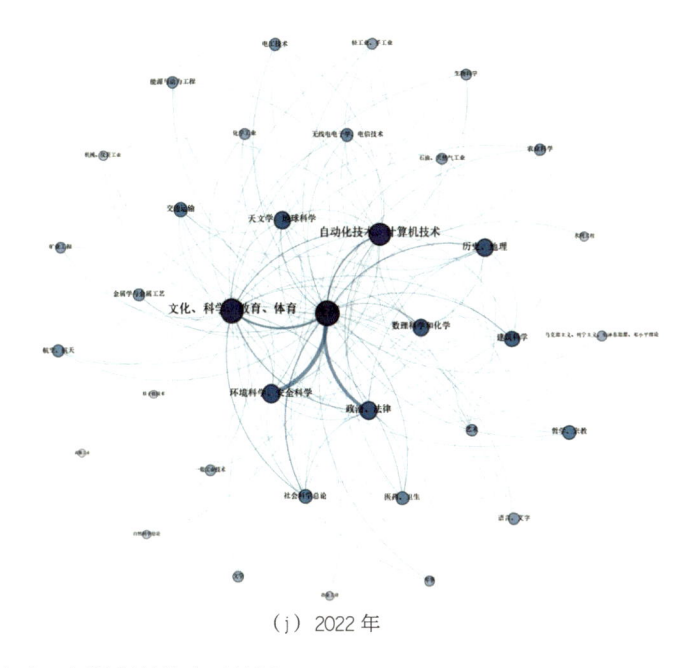

图7-4　分年度一级学科总体交叉情况

进一步观察其趋势变化，发现应用性学科存在一定的上升趋势。在所考察的期刊中，2013—2016年数理科学与化学、历史、地理等基础学科在交叉研究中比较显著，更多倾向于基础理论维度的交叉，应用化趋势不够明显。2016年以来，随着国家高端智库试点工作的推进，智库研究的学科交叉特征更加凸显，与自动化技术与计算机技术领域、环境科学与安全科学领域的交叉有所增加，同时以政治、法律视角进行分析也愈发显著。

以二级学科进行分类（图7-5），涉及交叉的学科范围显现出扩大的趋势。经济大类的经济计划与管理、财政与金融、世界各国经济概况与经济史、工业经济等始终是交叉问题的热点。一个显著的趋势是，早期的研究同时对工业经济、农业经济、交通运输经济、贸易经济等进行高度关注，但随着国家政策对工业化建设的重视，工业经济逐渐成为经济计划和管理的核心分析问题。其次，也逐渐加强信息与知识传播、环境科学、计算机技术等领域的结合，以解决不同领域的实际问题。

（a）2013年

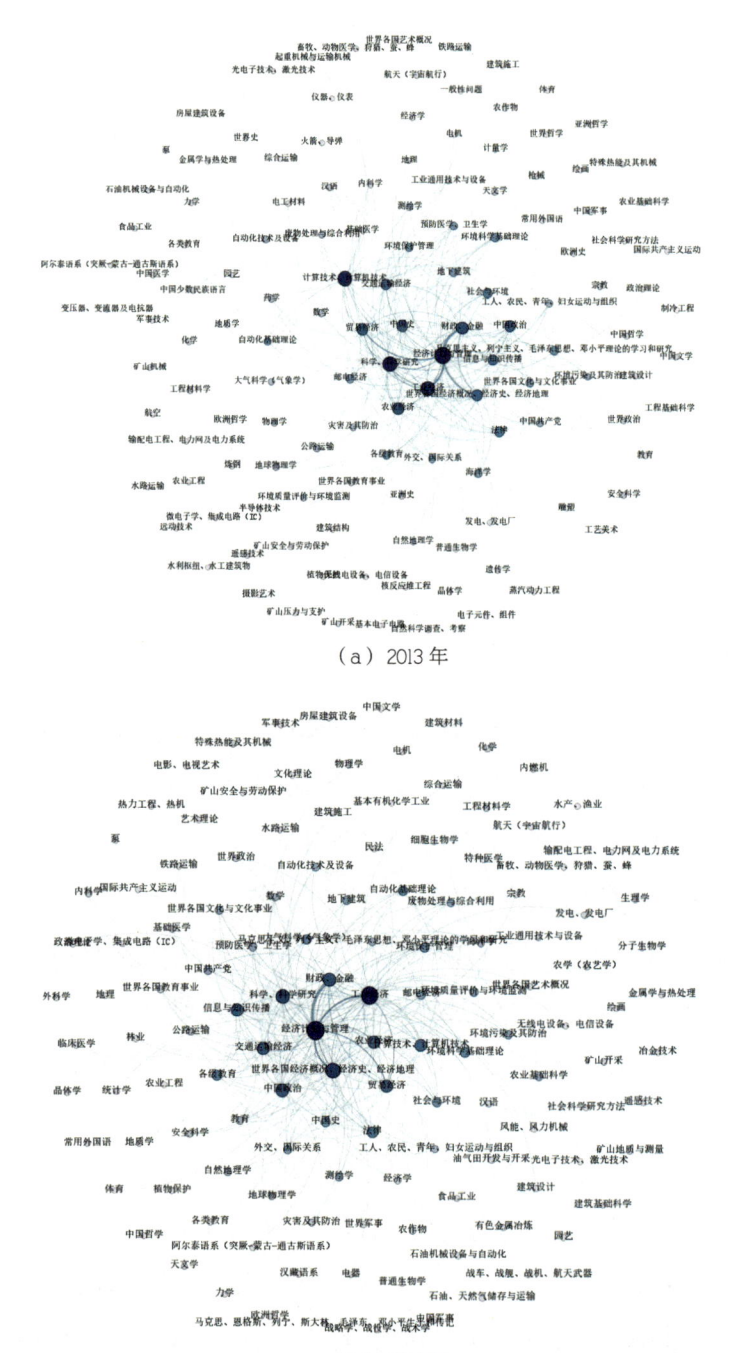

（b）2014年

（c）2015 年

（d）2016 年

第 7 章 智库科学与工程的知识演进

（e）2017年

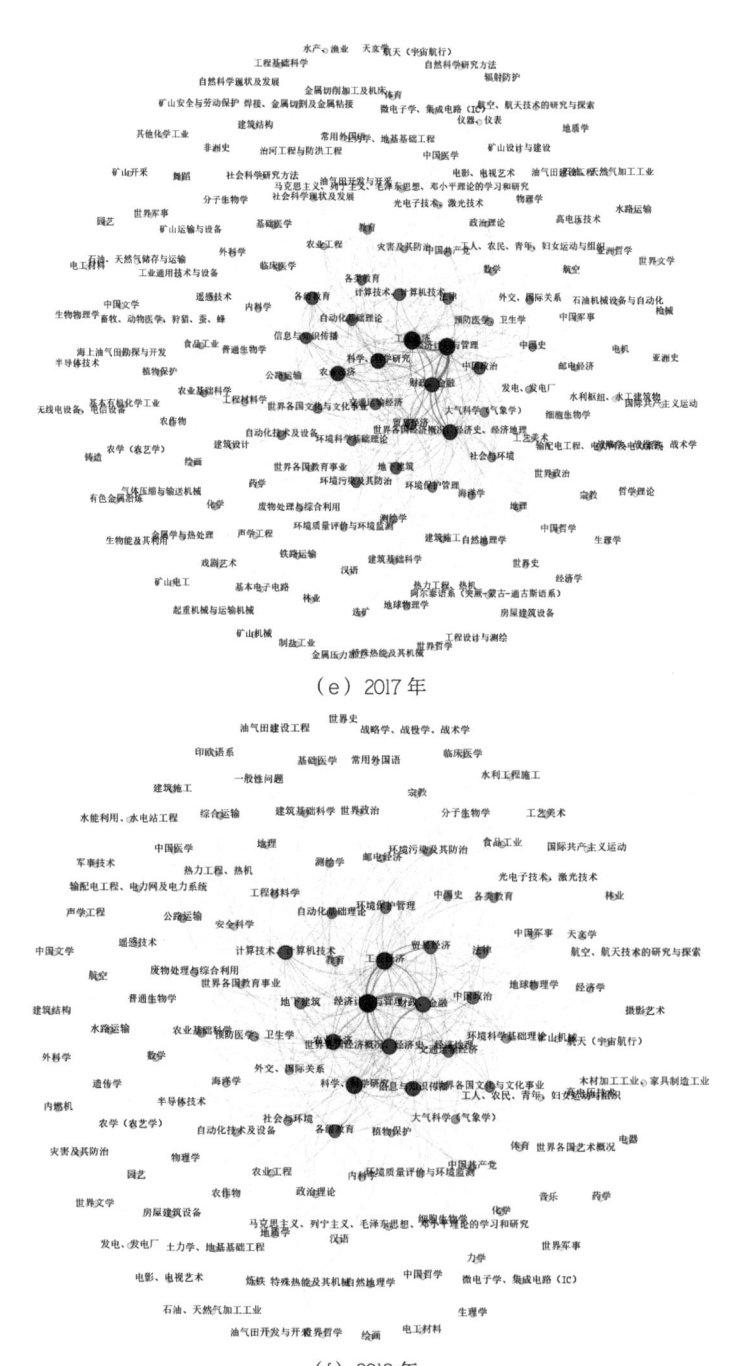

（f）2018年

（g）2019 年

（h）2020 年

第 7 章　智库科学与工程的知识演进 | 119

（i）2021年

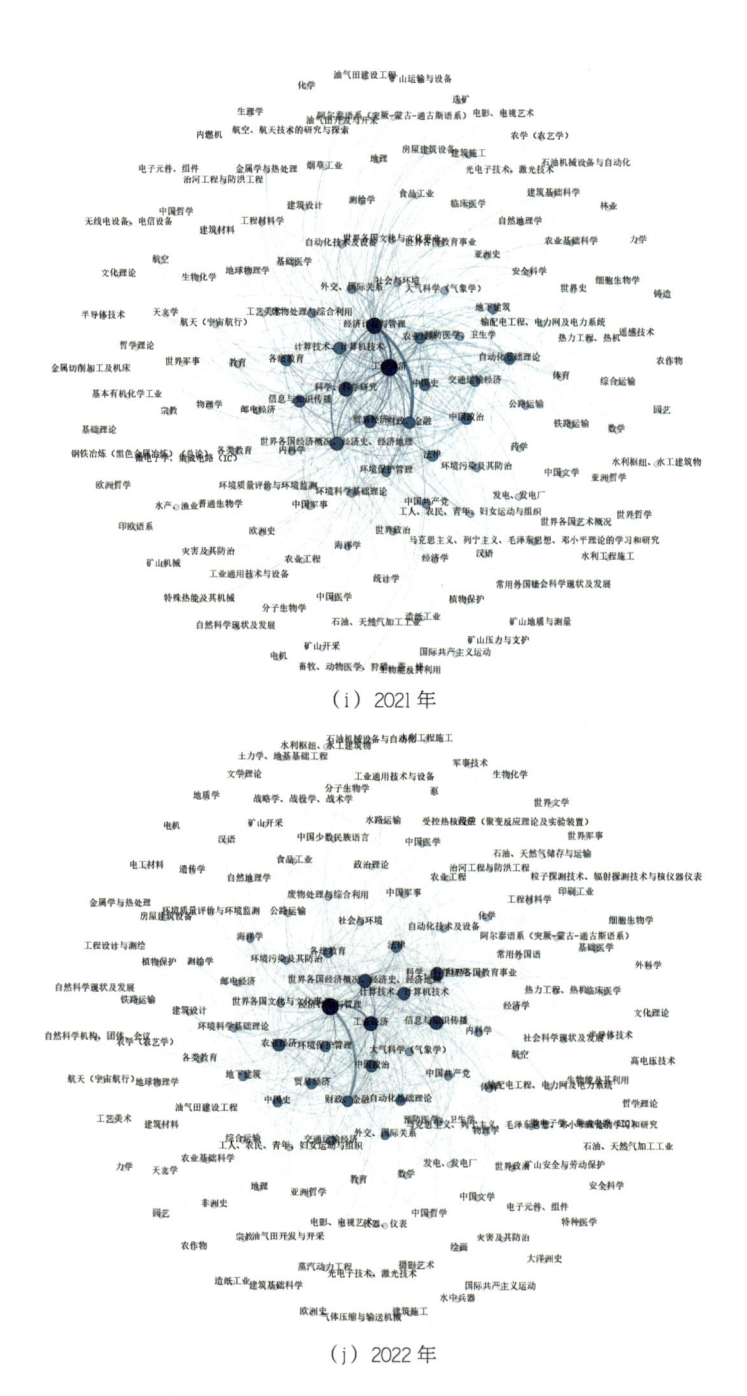

（j）2022年

图7-5 分年度二级学科总体交叉情况

另一个显著的趋势是，智库交叉研究中对环境保护管理和政治、法律问题有了更多研究。这不仅体现我国智库研究对环境问题的重视，也意味着环境保护问题是一个复杂的系统问题，需要与经济、社会、文化等相结合进行分析以提出解决方案。同时，经济、社会、文化以及各领域的治理问题离不开政府的有效规制和监管，探索有效的治理机制也逐渐成为智库研究的重点方向。

综上所述，智库科学与工程的学科交叉性是其一大特征，为帮助解决复杂的实际问题提供了有效的解决手段。我国发展步入新时代，更需要积极调整研究方向，汇聚不同学科智慧和方法，不断迎接新挑战、把握新机遇、解决新问题，以全局性、战略性的方案推动社会持续发展。

7.3 数据驱动

科学发展是一个不断演进的过程，著名的计算机科学家吉姆·格雷（Jim Gray）将科学研究的范式分为四类（Tony et al., 2009），除实验研究、理论推理、计算模拟外，数据驱动正逐渐成为新的第四范式。实验研究是最早的科学范式，以伽利略落体实验为代表通过观察和实验验证或否定假设，极大程度地推动了物理学、力学等领域的重大发展。理论推理通过建立数学模型和公式进行推演和解释，推动了相对论、量子力学等领域的发展。计算模拟进一步利用计算机进行模拟和仿真，通过算法程度求解或优化问题，以冯·诺依曼、图灵等为代表在计算机科学、信息论、人工智能等领域取得重要发展，同时也为第四范式的发展提供了强大支撑。基于原有范式建立的基础，数据驱动得以利用海量数据和先进分析技术，对数据进行挖掘、分析，揭示其背后的价值规律，从而为决策提供支持。不同于基于实验、理论和模拟的科学范式，数据驱动范式更加依赖于数据本身而非已有原理或假设，适用于原理不完备、缺少先验知识、影响因素复杂的领域，与智库科学与工程高度契合，可以为智库研究带来新的机遇。新时代的智库科学与工程建设应当牢牢把握数据驱动发展机会，推动其全面发展。

7.3.1 智库研究中数据驱动的作用和意义

智库研究成果通常具有深远的科学意义、政策意义和经济意义，因此应当以科学、严谨的态度为基线，以"问题导向、证据导向、科学导向"为指引，采用定量和定性相结合的方法，提出有依据的、有价值的、有深远意义的解决方案。数据驱动将数据作为生产资料，采用科学的方法挖掘数据内在价值，为方案的提出提供重要参考依据，发挥着重要的作用。

（1）顺应技术进步趋势

数字化的发展速度非常快，已深刻影响了包括政治、经济、文化在内的不同领域的发展。各学科都积极顺应趋势，提高学科与数字技术的结合，以适应时代发展需求。智库科学与工程具有鲜明的现实性、前沿性、适应性，与其他学科具有高度的交叉性。在智库研究中采用数据驱动方法，可以更好地顺应数字化发展趋势，牢牢把握各领域的新兴发展问题，为精准预测和分析领域问题，有效防范重大风险，积极探索治理路径做好响应和准备工作。

（2）优化智库研究范式

传统智库研究常以文字资料、观察记录等作为原始资料，结合专家经验做出判断，对个人经验和知识的储备依赖性较强，科学性和严谨性不足。智库科学与工程中的数据驱动要求利用大数据、人工智能等技术手段，对各种社会、经济、政治等现象进行分析和研究。采用数据驱动，并非抛弃传统的智库研究范式，而是推进研究范式向更高维度发展，帮助挖掘深层次的内在机理，提供更多思考角度，帮助研究人员做出更优决策。

（3）提升智库研究的创新性

利用概率统计、大数据、人工智能等计算机和信息技术对历史的数据、证据进行分析,可以挖掘新的知识领域,提供新的探索视角,提出具有创新性的政策建议。例如,利用大数据对舆情信息进行分析,有助于了解社会公众对问题的态度,为政策制定提供参考。

(4)提升智库研究的精准性

信息技术的发展为数据计算提供了有效工具,能短时间内实现对高量级数据的精准计算,帮助研究人员优化研究设计、增强分析能力。通过统计模型或算法设计可以进一步挖掘数据中的规律,构建合理的假设和模型,也可以对数据进行高效分类,对模型结果进行预先评估验证,有效提高智库研究的精准性。

(5)提升智库研究的影响力

随着数字技术的高速发展,集成化平台的应用越来越广泛。一方面,数据可以被及时传输并实时用于分析,这为智库研究提供了更加丰富的数据源;另一方面,数据的可视化有助于研究人员更好地展示成果和传达信息。例如,企业搭建的企业数据集成系统,既保障了各部门在独立工作时的数据获取和工作效率,又可以实现部门间高效的信息传递和协作,使得智库研究被实时有效应用,对发挥研究影响力具有重要意义。

7.3.2 智库研究中数据驱动的发展演进

智库研究的数据驱动是结合研究需求和技术发展而不断演进的过程,可以分为基础数据驱动分析、模型数据驱动分析和智能数据驱动分析三个阶段。

(1)基础数据驱动

早期的智库研究主要依赖专家的知识、经验,结合统计年鉴、调查问卷、文献资料、政策报告等小数据资源进行分析;主要采用基本的描述性统计方法,如频数、平均数、百分比等对数据进行分析和展示,或基于不同维度进行对比分析,揭示一些浅层次的现象和规律。例如,中国社会科学院早期发布的《社会蓝皮书：2003年中国社会形势分析与预测》（汝信等，2003）等研究报告，主要数据来源是对居民的跟踪调查和问卷调查，结合收入、教育、治安等数据进行分析，对我国阶层结构变化、社会改革发展等进行分析和预测。这一阶段的数据驱动为智库研究提供了客观性、可靠性，具有一定的参考价值，但由于数据量小、数据质量不稳定、分析方法简单等原因，不可避免地存在局限性，对复杂的社会影响因素难以充分考虑。

（2）模型数据驱动

随着信息技术的发展，社交媒体、电子商务、移动通信快速发展，数据数量急速增长。通过高级的统计模型和机器学习算法，如回归分析、聚类分析、分类分析、关联规则挖掘等，对数据进行深入的挖掘和建模，可以发现一些隐含的模式和关联，以及预测未来的趋势和变化。这使得智库研究科学性和创新性得以提升，广度和深度都得到了发展。例如，中国传媒大学高教传播与舆情监测研究中心发布的《中国高等教育舆情报告（2019）》（王保华等，2020），基于自主研发的网络舆情抓取技术和数据分析方法体系，对我国高等教育领域进行了全景扫描，有效地反映了该领域的舆情特征，并结合案例分析提出了相关建议。

（3）智能数据驱动

随着人工智能技术的快速发展，数据的收集方式也不断提升，智库研究中对结构化、半结构化和非结构化的数据资源的实时处理和利用也逐渐得以实现，如通过深度学习、自然语言处理、计算机视觉、知识图谱等人工智能技术，对图像、视频、音频、文本等多模态数据进行理解和分析，实现高层次、系统性的决策。基于智能数据驱动的智库研究具有极高的前瞻性和颠覆性，能发掘传统模式无法实现的创新，为政府、企业的集成决策做出了重要贡献。例如，国际著名咨询公司IBM积极投入企业智能决策系统的开发并不断升级完善，通过人工智能、深度学习等技术对企业的数据进行实时的、智能的挖掘和分析，以辅助企业人员解决问题和做出决策（IBM，2023a）。

值得注意的是，在第 7.1 节的知识基础和第 7.2 节的学科交叉研究中，计算机技术、自动化技术等以数据分析为基础的学科研究在学科分布中的占比以及与其他学科的交叉中都随年份变化呈现出上升的趋势，这也体现了我国智库研究中数据驱动的发展演进趋势。

7.3.3 人工智能推动智库研究的数据驱动

迈入新时代，人工智能技术推动智库研究的数据驱动向前蓬勃发展。2023 年 3 月，为贯彻落实国家《新一代人工智能发展规划》，科技部会同国家自然科学基金委员会启动"人工智能驱动的科学研究"（AI for Science）专项部署工作。智库科学与工程作为一门交叉汇聚型的学科，应当以前瞻眼光积极响应，引导智库研究的智能化发展。相关学者也提出"人工智能驱动的智库"（AI for Think Tank）的概念。事实上，国际上著名的专业化智库、咨询公司等一直以来都非常重视数据驱动和人工智能的重要性，大部分知名机构已经开始积极探索和应用人工智能开展咨询服务，以下举例说明有关行动举措和项目。

（1）兰德公司

兰德公司是世界著名的智库，旨在通过科学研究帮助政策制定者改善决策，关注军事、健康、教育、经济等重大问题。在新冠疫情时期，兰德公司利用数据驱动更好地帮助政府提供决策，包括：利用医疗数据开发工具，对医院可接收患者数量进行建模分析，帮助更好地实现医疗调度；结合经济数据帮助政策制定者模拟"居家令"等政策决策中的健康和经济权衡，解决系统性的复杂问题（RAND Corporation，2023b）。

（2）IBM

IBM 是著名的国际咨询公司，旨在通过数据和人工智能帮助客户解决问题。顺应需求增长和技术发展，IBM 对数据驱动的利用已经从辅助决策转向系统性的数据决策，其最新开发的 Watsonx 平台主要是通过人工智能和机器学习对企业的数据进行充分挖掘和广泛分析，帮助企业人员做出更系统复杂的决策（IBM，2023b）。

（3）皮尤研究中心

皮尤研究中心（Pew Research Center）是一家专注于公共意见调查和数据分析的专业化智库。该中心利用人工智能技术可以有效收集和分析社交媒体上的大规模数据，通过自然语言处理、情感分析等深入洞察公众舆论。另外，皮尤研究中心也在各种社会问题的研究中广泛使用人工智能技术，以多模态数据揭示深层问题。例如，利用计算机视觉技术分析来自谷歌图像搜索的大量图像样本，将搜索结果中的性别构成与现实中美国劳动力的性别构成进行比较，结果发现在职业的图像搜索中男性被过多代表，一定程度上表明在职业中存在性别歧视的现象（Pew Research Center's Social & Demographic Trends Project，2018）。

（4）布鲁金斯学会

布鲁金斯学会（Brookings Institution）是一家总部位于美国的专业化智库，研究关注社会科学领域，特别是经济与发展、政治、外交等议题。布鲁金斯学会在智库研究中广泛运用了人工智能技术，例如，在 2023 年的一项研究中，机构利用机器学习、自然语言处理等技术，对政治播客在虚假主张方面的传播和影响进行了总体评估，证实了虚假内容在播客生态中肆意传播的严峻形势，呼吁监管机构给予更多关注和更积极的治理（Brookings，2023）。

具体来说，人工智能技术能够从以下几个维度为智库研究提供帮助，推动智库研究中的数据驱动发展。

1）数据分析和预测。智库通常需要处理大量的数据来进行研究和分析。人工智能可以应用于大数据分析、数据挖掘和预测模型的建立。例如，通过机器学习算法，智库可以对历史数据进行分析，以预测未来的发展趋势和可能的冲突情景，从而为决策者提供有关政策和战略的建议。

2）自然语言处理。智库研究通常需要处理大量的文本和文件。人工智能技术（如自然语言处理）可被用于自动化文本分析、信息提取和语义理解。例如，自然语言处理技术可以帮助智库自动梳理新闻报道、学术论文和政策文件，提取关键信息，并对文本进行情感分析和主题建模。

3）舆情分析。人工智能可以用于智库对公众舆情的分析和评估。通过监测社交媒体平台、新闻网站和在线论坛等数据源，人工智能可以识别和分析人们的意见、情绪和态度，这有助于智库了解公众对某一问题或政策的反应，并提供相关建议。

4）决策支持系统。人工智能可以为智库提供决策支持系统，帮助分析和评估各种决策选项的潜在风险和影响。这种系统可以整合多个数据源、模拟不同的情景，并基于智能算法生成策略建议，智库可以使用这些系统来辅助决策制定和政策规划。

5）智能推荐系统。基于人工智能的推荐系统可以帮助智库研究人员发现相关的文献、研究报告和数据资源，这些系统可以分析研究人员的兴趣和偏好，提供个性化的推荐内容，并帮助他们快速获取所需的信息。

6）智能辅助工具。人工智能技术还可以用于开发智能辅助工具，提升智库研究人员的工作效率和准确性。例如，智能摘要生成工具可以自动生成具体相关智库问题的概述。

综上所述，人工智能技术对推动智库研究有效利用和分析多模态数据、辅助决策分析具有重大意义。在数字化发展进程和学科数据驱动的前景下，智库科学与工程应明确人工智能技术下的数据驱动发展路径，加强人工智能技术与智库研究的融合及创新，提升智库研究的质量和影响力。

第4篇

治理问题域

智库是治理问题解决方案的提供者，是国家治理体系和治理能力现代化的重要参与者。决策者对高质量智库产品的需求，其实是对治理问题高质量解决方案的需求。治理问题域是指经济、社会、科技等分支领域的重大治理问题及其基本原理、方略所形成的分支领域的智库知识体系。

　　智库科学与工程是实践导向的学科，各领域重大治理问题是智库研究与智库实践的应用场景。本篇重点聚焦经济、社会、科技领域智库研究与智库实践产生的智库知识体系。每个分支领域都有多主体、多要素、多方面、多环节的治理问题，汇聚成一个治理问题域，形成若干关键议题，涉及发展战略学、发展规划学、全球治理、国家治理、社会治理、预测预见等层面。一方面，智库理论和应用研究可以科学地指导治理实践。对重大治理问题域中关键议题的理论和应用研究越深刻，越能顺利地寻求到科学、合理、可行的治理方略，以更好地满足决策者的咨询需求。另一方面，治理实践可以丰富智库理论和应用研究，有助于检验智库理论和应用研究的成果，帮助研究者发现新的治理原理、规律，总结经验、方略，推动智库科学与工程分支领域及重点方向的理论和应用研究更好地发展。

第8章 经济治理方略问题

智库在经济领域中的角色和价值不可忽视。智库可为政府、决策者和政策制定者提供有关经济问题的专业意见和建议,为经济领域的发展提供重要的支持和动力。经济领域研究议题的选择通常与当前的经济政策议程相关,旨在以独立性、专业性、学术性以及信息资源的优势,为政策制定者识别和评估经济领域的风险和挑战,为推动经济发展和提高国家竞争力提供新的理论和思路,实现经济的可持续发展。本章将聚焦经济领域智库研究,分析经济发展战略学作为智库科学与工程和经济学研究相融合的新生长点,从智库科学与工程的视角进行介绍,围绕经济社会重大议题,为提升经济增长动力和人类福祉提供解决方略。

8.1 经济领域智库与经济发展战略学

8.1.1 经济领域智库

(1)经济领域主要智库

根据《全球智库影响力评价报告2021》排名,世界主要的经济智库有布鲁金斯学会、美国国家经济研究局、德国经济研究所、兰德公司、欧洲政策研究中心、查塔姆研究所、基尔世界经济研究所、韩国国际经济政策研究所等。各智库致力于对经济领域的不同主题进行研究。例如,查塔姆研究所提出,在健康经济领域方面,世界卫生组织应为促进和维持全球健康安全提供战略技术援助,从而促进了其改革;提出每个政府至少花费5%的国内生产总值(GDP)用于健康,结合医疗保险、公共健康产品等方面建立了协调一致的全球卫生筹资框架。又如，美国国家经济研究局关注信息技术的发展和创新对经济的影响，研究数字技术的推动作用、创新激励机制以及数字化对企业和产业的影响。再如，韩国国际经济政策研究所在绿色经济方面围绕能源安全和实现碳中和主题，分析了国际社会碳中和倡议及主要能源供应问题，重点探索了保障能源供应及实现碳中和的中长期全球合作议程。

（2）经济领域智库主要研究内容

总体可将经济领域智库的主要研究方向归纳为以下几个方面。

1）国民经济发展战略研究。国民经济发展战略是一个国家对整个经济社会未来发展的长远性、全局性、方向性的谋划，是从本国实际出发，引领国家经济与社会走向科学发展、和谐发展、可持续发展的蓝图；智库在国民经济发展战略研究中常关注宏观经济增长与发展模式、国民就业与社会保障等问题。

2）国际经济发展战略研究。国际经济发展战略指筹划和决策有关全球及超出国界的区域经济治理和发展的全局性、长远性、关键性问题。智库主要研究全球区域经济一体化对各国经济的影响，分析区域贸易协定和区域性经济组织的作用和效果，提出促进区域经济一体化的战略。

3）产业经济发展战略研究。智库在产业经济发展战略研究中，聚焦推动特定产业或一组相关产业的发展的长期规划和战略措施研究，旨在提升产业的竞争力、促进产业结构优化升级、推动技术创新和提高经济绩效。特别是进入 21 世纪以来，在大数据、人工智能等新一代信息技术快速迭代的时代背景下，数字经济在全球蓬勃发展；智库在数字经济研究中不仅跟踪数字技术前沿态势，提出促进数字技术发展的对策建议，而且洞察并总结数字技术在各产业的应用模式和路径，评估数字经济对经济社会发展的影响，提出促进数字经济健康发展的治理方略。

4）健康经济发展战略研究。健康是近年来全球主要经济领域智库重点关注的议题，这一方面是由于 2020 年以来新冠疫情的冲击，助推了相关智库从健康对经济冲击的角度开展相关研究；另一方面，也反映了经济发展的根本目标在于促进居民健康、提升人类福祉，表明了智库开展经济治理研究中"以人为本"的出发点和落脚点。智库对健康经济发展战略的研究以促进人类健康为宗旨，以经济学实证研究为基础，研究与疾病、治疗疾病、健康行为相关的问题，通过分析卫生政策、评估医药技术影响，为提高医疗资源配置效率、完善国家卫生制度体系、促进国民健康与社会经济发展提供对策建议。

5）绿色经济发展战略研究。绿色经济发展战略研究主要关注促进经济增长和可持续发展的战略，它将环境可持续性和经济发展紧密结合在一起，通过减少对自然资源的过度消耗、降低污染排放、提高资源利用效率以及推动可再生能源和清洁技术的应用，实现经济的绿色转型。智库关注的问题包括实施经济脱碳、支持绿色交通、发展可再生能源、应对气候变化、实现碳中和目标、发展循环经济和可持续金融等。

8.1.2 经济发展战略学

随着智库对经济发展战略研究的不断深化，经济发展战略学在传统经济学的基础上逐步分离出来，成为指导智库制定经济发展战略的理论基础。

（1）经济发展战略学概念

经济发展战略学研究的是在经济及其相关的其他社会生活发展中对有关全局性、长远性、主导性问题进行决策的理论和方法（李成勋，2009）。经济发展战略学探究经济社会发展战略中共同的、普遍的问题，揭示其相互联系及客观发展的规律性。在经济发展战略学指导下制定的切实可行的经济发展战略是对一个国家经济发展过程中各种关系、条件总的谋划和安排，决定经济发展的方向、规模、结构、布局、速度、效益（张胜旺和方锡金，

1994）。因此，经济发展战略学是指导国民经济持续、稳定、协调发展的理论基础。

（2）经济发展战略学研究体系

经济发展战略学是一门交叉性比较强的学科，涉及发展经济学、新古典增长理论、制度经济学、产业组织理论等基础理论和学科。多数研究认为经济发展战略学主要起源于发展经济学，但相较于发展经济学，经济发展战略学侧重于经济发展中战略决策的理论和方法。除发展经济学之外，新古典增长理论、产业组织理论等其他学科在经济发展战略学中也发挥着重要的作用。

在多学科交叉的基础上，经济发展战略学的研究内容主要涉及经济发展战略中有关全局性、共同性的问题，贯穿于健康经济发展战略、产业经济发展战略、国家经济发展战略、国际经济发展战略、可持续发展战略等经济发展战略制定的全过程和各层级（图 8-1）。具体包括以下几个方面。

1）经济发展现状诊断分析。这一领域主要关注对经济体系进行全面的分析和诊断，包括经济结构、竞争力、制度环境、创新能力等方面的评估。通过深入了解当前的经济状况和问题，可以为制定有效的发展战略提供基础和指导。

2）发展目标和策略选择。在经济发展现状诊断的基础上，经济发展战略学致力于明确发展的战略目标，并选择合适的政策来实现这些目标。这包括制定产业政策、促进创新、提高教育水平、推动国际贸易等方面的策略选择。

3）战略实施和评估。经济发展战略学不仅关注战略的制定，还关注战略的实施和评估，包括确定实施的具体步骤和时间表，监测和评估政策的执行效果，及时进行政策的调整和改进。

与传统经济学研究相比，智库开展经济发展战略学研究更加关注政策导向和应用性，注重"理实融通"，基于学术理论和方法，服务国家、地方、产业各层级、各领域、各部门的战略科学制定和解决实际问题。同时，智库在广泛的经济发展战略研究中，也积累了对经济发展战略的学术研究经验，为经济发展战略学学科的发展提供理论源泉。

图8-1 经济发展战略学研究体系

8.2 经济领域智库研究的关键议题

经济领域智库研究的议题非常广泛。立足全球步入后疫情时代，数字化、低碳化向纵深发展的时代背景，从经济领域智库更好服务人类福祉提升的角度看，有三大议题是关键性的，即健康经济、数字经济和绿色经济。健康经济研究有助于促进公共卫生安全和社会福利的提升，数字经济研究有助于促进经济转型升级从而扩展新的发展空间，绿色经济研究有助于实现经济增长和环境保护的"双赢"，实现长期的可持续繁荣。为此，本节主要围绕上述三个关键议题，介绍智库科学与工程视角下相关议题的研究和开展现状。

8.2.1 健康经济

（1）健康经济研究的背景

"人类的历史就是和疾病做斗争的历史。"（鲁新和方鹏骞，2016）健康是经济社会发展的一个重要目标，也是经济发展的重要手段。然而，当前经济学视角下的健康问题正面临一系列挑战。一是全球范围内的人口老龄化呈现持续增长的趋势。随着人口老龄化的加剧，老年疾病的负担也在增加。老年人口对医疗保健服务的需求不断增长，挑战着社会保障系统，对经济产生了重大影响。二是全球范围内的公共卫生危机，如流行病暴发和传染病大流行，对经济产生了巨大冲击。新冠疫情不仅造成了人员伤亡和健康系统压力，还引发了全球经济的衰退。三是医疗保健成本的快速增长对个人、家庭和整个经济体系造成了负担。医疗资源的分配不均衡导致一些人无法获得必要的医疗服务，引发社会公平性问题。

健康问题正在成为世界关注的重大发展问题，2000年联合国制定的千年发展目标中有一半直接或间接与卫生健康有关。2001年世界卫生组织宏观经济与卫生委员会发布的《宏观经济与卫生》报告中指出：投资卫生领域，扩大政府的卫生干预，可大量地减少疾病，获得较大的经济收益。世界卫生组织的成员国通过世界卫生大会参与国际卫生管理，协商全球健康政策；英国、瑞士等国着手制定全球健康国家策略；挪威、法国等七国外交官员联合设立外交政策与全球健康计划，协商多边全球卫生策略。目前，我国已经基本实现全面建成小康社会目标，进入全面提升中华民族健康素质、实现人民健康与经济社会协调发展的新阶段，亟须智库开展健康经济研究，为实现"健康中国"战略贡献系统性解决方案。

（2）健康经济治理研究面临的挑战

健康经济是健康领域中经济关系和经济活动的总称，通过揭示健康服务过程中的经济关系和经济活动规律，以达到最优资源配置，为促进健康事业发展、提高国家整体经济和社会高质量发展服务（宋杨，2023）。然而，当前智库开展健康经济问题研究正面临一系列挑战。一是突发疾病冲击的不确定性挑战。突发疾病冲击，如流行病暴发或传染病大流行，具有高度不确定性。疾病的传播模式、病毒的变异性、疫苗的研发进展等都可能难以预测。智库在研究中需要应对这些不确定性，进行灵活的调整和应对，以提供有关疫情发展、卫生系统响应和政策制定的决策支持。二是健康问题与经济问题的深度耦合挑战。健康问题与经济问题之间存在着紧密的相互关联。例如，健康状况对劳动生产力、医疗支出和医疗保险等经济因素有重要影响，而经济因素也会影响人们的健康行为和医疗资源的分配。智库在研究中需要考虑和分析这种深度耦合，以全面理解健康和经济之间的相互作用，并为制定综合性政策和措施提供建议。三是长周期影响评估的问题。健康经济研究需要考虑长期影响和预测，以评估政策和干预措施的效果和可持续性。然而，长周期影响评估面临许多困难，如数据的长期可用性、模型的复杂性、未来变化的不确定性等。智库需要利用适当的方法和模型来解决这些问题，以提供长期发展的战略规划和政策建议。

（3）智库开展健康经济治理方略研究的基本思路

经济发展与人的生命健康共同构成实现人民幸福生活的基础。健康经济的根本目标是在保障和促进人的生命健康和经济平衡、协调、可持续发展的基础上，全面实现人民生活幸福。总体来看，健康经济的治理可以从以下两个方面进行方略探索。

一方面研究经济促进健康发展，即将健康视为经济目标之一，研究如何通过经济手段促进健康产业和服务业发展，从而改善全社会健康水平。结合智库双螺旋法，相关研究可分为四个层面。

1）在机理分析上，研究经济与健康之间的机制关系，包括分析经济因素如何影响健康结果，如收入、就业、教育水平、社会保障等对健康的影响。

2）在影响分析上，关注利益相关者和接受者的经济行为如何影响医疗服务的质量和成本，以及社会决定因素，如收入、教育、生活方式和环境等，如何影响卫生保健的供求关系。

3）在政策分析上，明确投资健康的理念、战略目标和原则，并将这些理念融入到国家顶层设计和价值观中，形成健康经济的政策原则。

4）在方案形成上，从规划、预算和监督机制等方面出发，寻找基于系统的解决方案，包括支出、福利和支付改革等，其目标是使卫生保健对所有人更加公平、易得和可负担。

另一方面研究健康促进经济发展，即通过研究制定健康教育和预防措施，提升人民的健康意识和健康行为，减少疾病的发生和健康风险，减轻因健康问题引起的经济负担。结合智库双螺旋法，可从四个层面展开研究。

1）在机理分析上，基于人力资本等理论，研究健康在经济增长中的作用，以及健康影响经济增长的途径。通过研究健康对劳动生产率、劳动供给、教育、物质资本积累以及人口结构和收入分配的影响，揭示健康对经济增长的重要性。

2）在影响分析上，基于健康的估值理论和方法进行研究，政府通过评估卫生保健事业对社会经济长远发展的作用，从经济学的角度重新审视健康效用以及社会价值的判断。

3）在政策分析上，需要对健康保障政策、公共卫生政策等政策效果进行评估，研究对经济增长产生影响的健康政策。

4）在形成方案上，提出政府医疗资源分配优化方案，提高医疗效率，为经济发展提供更可靠的健康保障。例如，政府可以通过加强健康知识和意识的宣传和教育，预防和减少疾病的发生，减轻医疗负担，并提高劳动生产率。

8.2.2 数字经济

（1）数字经济研究的背景

科技是社会发展的原动力，人类历史上的每一次科技革命都不同程度地引起了生产方式、生活方式和思维方式的深刻变化和社会的巨大进步。蒸汽技术革命使生产方式从手工劳动向机械化生产转变，电力技术革命推动电力成为工业生产的主要能源和动力，信息技术革命通过计算机和互联网技术深刻改变了人们获取、处理和传播信息的方式。当前，以云计算、移动互联网、大数据、人工智能为代表的新一代信息技术驱动了数字经济的蓬勃兴起，"数字化转型"成为新一轮科技革命和产业变革的典型标志，并推动着数字技术与实体经济的深度融合发展。

国务院2021年发布的《"十四五"数字经济发展规划》中阐述，数字经济是继农业经济、工业经济之后的主要经济形态，是以数据资源为关键要素，以现代信息网络为主要载体，以信息通信技术融合应用、全要素数字化转型为重要推动力，促进公平与效率更加统一的新经济形态。数字经济已经成为全球经济增长的重要引擎。据中国信息通信研究院（2022）统计，2021年发达国家数字经济规模达到27.6万亿美元，发展中国家数字经济规模为10.5万亿美元，其中美国以15.3万亿美元的数字经济规模位居全球第一，中国以7.1万亿美元的数字经济规模位居全球第二。

随着数字经济的持续发展，其中的问题也不断涌现，主要包括：①全球数字鸿沟不断扩大，大部分发达国家在数字经济中取得显著进展，但一些发展中国家仍面临数字基础设施薄弱和数字技术匮乏的问题；②数据隐私和安全面临威胁，数字经济发展推动了大量数据的生成、存储和共享，但也使得个人和组织的数据面临黑客攻击、数据泄露和滥用等风险；③就业与技能需求变化加快，数字化转型改变了传统的就业形态和工作模式，同时自动化和人工智能的发展有可能导致部分工作岗位消失，产生就业不稳定性；④马太效应愈发显著，数字平台的快速发展逐步形成了"一家独大""赢者通吃"的市场格局，带来了市场垄断、税收侵蚀、数据安全等问题（梅宏，2022），中小型企业和传统产业面临的竞争压力愈发突出。因此，为解决数字经济发展中面临的问题，迫切需要智库联合多方力量，为政府提供新的治理方案。

（2）数字经济治理研究面临的挑战

作为全新的经济形态，智库开展数字经济治理相关研究存在诸多挑战。

1）学科交叉性挑战。数字经济研究涉及多个学科领域，包括经济学、信息技术、数据科学、法律等。智库在数字经济研究中需要整合各个学科的知识和方法，形成综合性的研究视角。

2）快速迭代性挑战。数字经济是一个快速发展和不断演进的领域，涉及新兴技术、新业态和新模式。智库在数字经济研究中需要跟踪最新的发展动态，及时捕捉和分析新出现的问题和挑战。

3）高度前沿性挑战。由于数字经济的快速演进，适合数字经济研究的理论和方法创新相对滞后。特别是，由于数字经济全面渗透于实体经济生产过程和产品，许多数字化经济活动作为最终产品出现，贡献难以剥离，传统经济学理论和增加值计算方法难以满足对数字经济规模和贡献的测度。

（3）基于智库双螺旋法的数字经济发展态势研究

当前，数字经济的快速发展正引发世界竞争格局的深度重构，各国主要机构陆续出台数字经济发展相关战略规划、政策法规、研究报告等，健全数字经济发展制度保障，抢占数字经济发展先机。密切跟踪全球数字经济发展态势是我国数字经济发展前瞻布局的重要途径。吴静和张凤（2022）结合国外数字经济发展趋势及我国对策研究需求，基于智库双螺旋法进行了数字经济趋势分析，提升了研究的科学性、规范性，如图 8-2 所示。

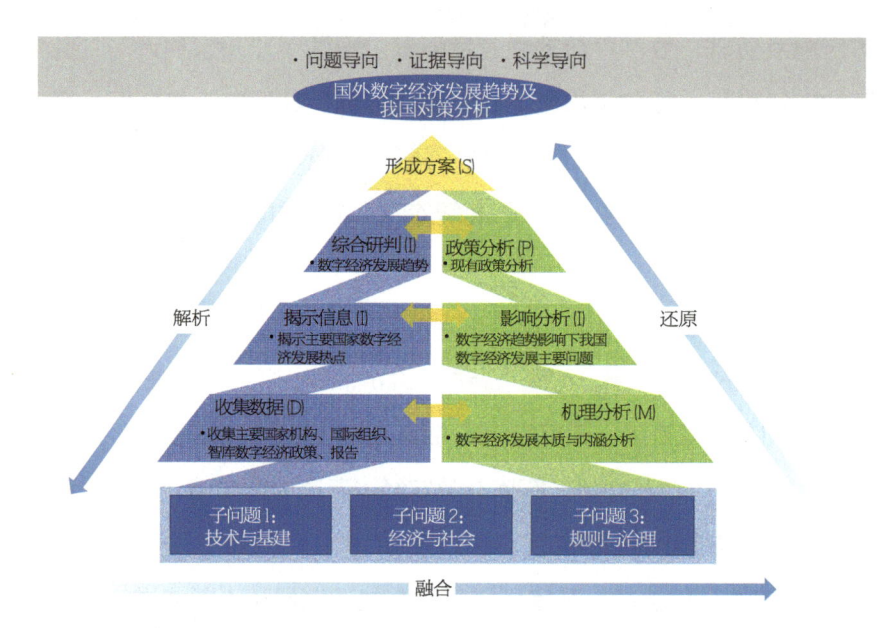

图8-2　基于智库双螺旋法的国外数字经济发展趋势及我国对策分析模型

一是在 MIPS 逻辑层次法下，从数字经济发展本质与内涵分析角度解析数字经济发展内在机理，将数字经济内涵分解为三大维度，即技术与基建、经济与社会、规则与治理。技术与基建是数字经济发展的根本支撑。在数字时代，大数据、云计算、人工智能等技术应用凸显通用性、基础性特征，需要通过政府统一规划布局，支撑全社会高效利用，激发技术的价值潜能。经济与社会是数字经济发展的重要载体。在技术经济范式作用下，新技术融合应用于经济社会各领域，推动各领域数字化转型，为经济社会发展提质增效。规则与治理是数字经济发展的必要保障。面对数字化发展中涌现的制度、伦理、法律等新问题，需要新的规制实现规范化发展，从而保障数字经济长期健康发展。数字经济内涵的三大维度相互依赖，形成技术经济范式下的有机整体。这三个维度既指导数字经济态势研究的外循环问题分解，也为各环节深化研究提供理论指导和多维视角，为提出促进我国数字经济发展的对策建议提供系统逻辑架构。

二是在 DIIS 过程融合法下，依据"收集数据—揭示信息—综合研判—形成方案"四大环节，结合 MIPS 逻辑层次法分析得到的数字经济三大维度，逐步聚焦产生全球数字经济发展态势的研判。

1）收集数据。聚焦世界主要国家机构、国际组织、智库广泛收集数字经济发展相关政策和研究报告，构建历史域视角下的分析对象集合。

2）揭示信息。通过对资料库中的政策、报告等文本开展分析，形成关键词词频统计，词频越高则关注度越高，揭示主要国家数字经济发展热点。

3）综合研判。通过综合世界主要国家数字经济发展的战略布局和热点问题，从技术与基建、经济与社会、规则与治理三个维度分别凝练数字经济发展的趋势。

4）形成方案。仍然在数字经济发展三大维度下，检视我国数字经济发展面临的问题，提出应对策略。

可以看到，在智库双螺旋法的指导下，对数字经济机理的研究是整体研究的根基，有助于对数字经济发展态势的研究从经验式向科学化转变、从零散式向系统性转变、从随机式向规范性转变，同时也有助于将文本挖掘等方法工具有效应用于研究的全过程，形成理论、数据、方法的贯通融合。

8.2.3 绿色经济

（1）绿色经济研究的背景

全球气候变化、资源枯竭、生态系统破坏等环境问题日益突出，对人类社会和经济发展造成了巨大影响。这迫使政府、企业和社会转向更环保、低碳和资源有效的经济模式，实现经济可持续发展。

"绿色经济"的概念最早出现在 1989 年英国经济学家皮尔斯（David Pearce）等所著的《绿色经济蓝皮书》中。该书指出传统的经济增长方式对环境造成了极大破坏，需要采取以环境保护为导向的经济模式才能实现经济与环境的共同发展，其后绿色经济理念得到了广泛认可，并且在全球范围内推广，成为新时代经济模式的重要标志之一（陈杨等，2023）。传统经济增长模式向绿色经济转型是关系发展目标、发展方式、发展资源、发展动力、发展机制的系统工程，具体包括以下四个方面。

1）思维方式的绿色化发展。思维方式的立足点和着力点，需要从发展速度向发展质量转变，从基于历史条件约束下的经济中心向新发展形态下的经济发展与生态环保多维度兼顾转变，形成导向绿色经济社会发展的新的思维导引和规约（黄建洪，2021；蒋培，2023）。

2）产业结构的调整优化。把科技创新作为调整产业结构、促进经济社会绿色低碳转型的动力和保障，发展战略性新兴产业，引导资源型产业有序发展。同时，根据资源分布、环境容量、市场空间等，不断优化产业区域布局。

3）绿色生产方式的推行。将绿色发展理念融入工业、农业、服务业全链条各环节，积极构建绿色低碳循环发展的生产体系，全面提升传统产业绿色化水平。例如，在能源结构方面，重点发展清洁能源，提高化石能源清洁高效利用水平。

4）绿色生活方式的养成。推动形成绿色低碳的生活方式，从强调行为规制、习惯纠偏等自外而内的被动式形塑，逐步转变为理念重构、价值输出等主动式践行（吴志才和苏杨，2023）。通过供需两侧同时发力，形成一种人人、事事、处处、时时崇尚生态文明的社会风尚。

（2）绿色经济治理研究面临的挑战

随着技术革命和产业变革进入密集活跃期，数字转型和绿色转型进入交汇发展期。伴随资源能源紧缺，"双碳"目标实现与可持续发展要求的叠加影响，绿色经济治理研究也面临着新的挑战。

1）发展中国特色绿色经济治理理论面临的挑战。在全面建设社会主义现代化国家新征程中，如何推进国家绿色经济治理体系和治理能力现代化，需要从绿色治理理论上进行深入研究。绿色经济治理内涵包括治理目标整体性与共同性、价值共识的包容性、治理行动的交互性、治理效果的精准与高质量等特征（史云贵和刘晓燕，2019）。从理论研究层面，应基于中国特色社会主义经济建设的特殊性与时代性等要求，选择性借鉴与批判国外绿色经济治理相关理论；基于辩证思维方法探讨经济发展与生态环境、中国与世界、长期与短期、整体与局部等一系列重大关系（荆克迪等，2022）；对绿色技术革命生产力与生态制度等上层建筑进行辩证分析，不断发展中国特色绿色经济治理理论与内涵。

2）创新绿色经济治理方式面临的挑战。传统的绿色经济治理中政府以行政监管和经济为主要手段，主要通过法治化和强制性措施进行规制与约束。随着社会治理方式的变革，以政府为主的单中心治理模式并不利于调动社会其他治理主体的积极性，在一定程度上影响了绿色经济治理效率。如何激活多元主体积极性，形成多样化绿色经济治理手段成为新的研究重点。同时，随着科技的快速发展，为提升社会治理的效能，人工智能、新一代信息技术、物联网等现代化治理手段亟待进一步应用于绿色经济治理，因此绿色经济治理手段的技术革新也面临新的研究挑战。

3）评价绿色经济治理效果的挑战。以GDP核算为例，由于GDP核算过程中无法体现经济活动对自然资源的消耗和对环境造成污染的代价，从20世纪70年代开始，业界就开始努力寻找一种从经济增长中扣除自然资本损耗，以及生产过程中造成的环境伤害和社会损失的统计方法。联合国和世界银行在1993年提出综合环境经济核算体系（SEEA），并以此为基础建立了扣除环境受损的修复成本和不可再生资源损耗成本的绿色GDP核算框架。经过长期探索和发展，绿色GDP评估在核算方法等方面取得了很大的进展，但仍然面临着自然资源的数据来源不足、生态系统服务价值估算难度大、换算标准口径不统一等技术问题。

（3）基于智库双螺旋法的绿色GDP评价研究

随着智库理论与方法的发展，采用科学的智库理论方法开展适应新发展阶段要求的绿色GDP评价体系研究势在必行。智库双螺旋法从认识论、方法论和实践论出发，为绿色GDP评价提供全新的研究范式，拓宽了我国绿色GDP评价体系研究路径（王红兵等，2022）。智库双螺旋法的外循环过程为绿色GDP评价研究提供总体思路，其内循环过程是评价研究的核心，包括DIIS过程融合法研究过程和MIPS逻辑层次法研究逻辑，以及二者之间的交叉结合。在DIIS过程融合法研究环节中，包含了绿色GDP评价的数据资料基础、过程信息揭示和趋势综合研判，在时空层面与MIPS逻辑层次法研究逻辑结合，包含评价的机理、影响和政策分析，综合形成绿色GDP评价体系构建的解决方案（图8-3）。

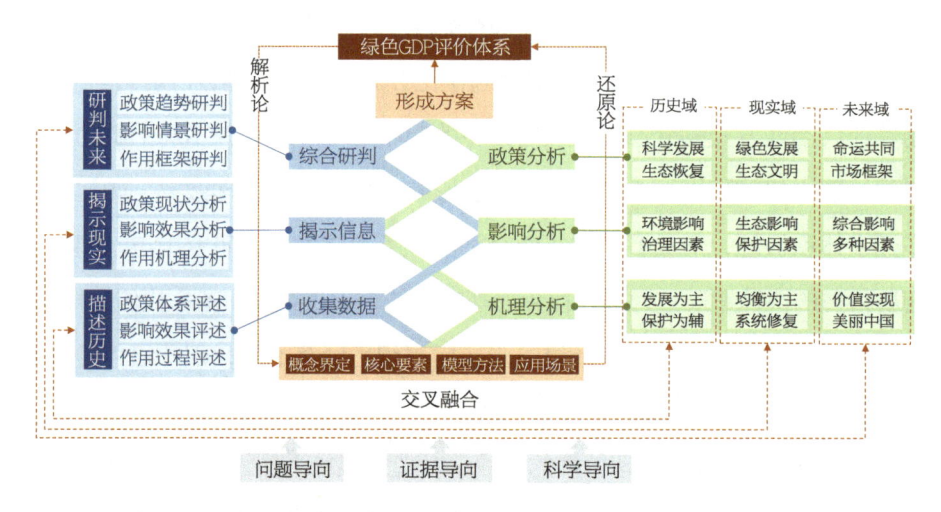

图8-3　绿色GDP评价体系智库双螺旋法分析框架

1）DIIS过程融合法重塑我国绿色GDP评价体系理论基础。绿色GDP评价理论体系包括数据资料、处理技术、结果集成和形成最终的评价体系框架。从DIIS过程融合法研究环节解析绿色GDP评价理论体系，综合考虑各环节中MIPS逻辑层次法的研究逻辑，解构我国绿色GDP评价理论基础。①收集数据是DIIS过程融合法研究环节的基础，包括不同阶段、不同地区的绿色GDP评价内容、评价方法、评价标准和评价流程等；资源环境保护、经济社会发展、人民福祉等方面的影响效果资料；不同发展阶段、不同层面和不同区域的绿色发展相关规划战略、法律法规、标准规范等。②揭示信息是DIIS过程融合法研究环节的关键，揭示信息包括绿色GDP评价的作用机理分析、绿色GDP影响效果分析、绿色GDP评价的政策现状分析等。③综合研判是DIIS过程融合法研究环节的核心，绿色GDP评价体系的综合研判，在MIPS逻辑层次法研究逻辑视角下，包括绿色GDP评价体系作用框架研判、绿色GDP评价体系影响情景研判、绿色GDP评价体系政策趋势研判等。

2）MIPS逻辑层次法解析我国绿色GDP评价体系演进规律。根据我国生态环境治理的进程和趋势，将研究周期确定在2000—2035年，分为3个阶段：2000—2012年为环境污染治理阶段（历史域）；2013—2022年为生态文明建设阶段（现实域）；2023—2035年为美丽中国建设阶段（未来域）。①我国绿色GDP评价的机理分析，主要包括不同阶段我国绿色GDP评价遵循的基本理念及核算的机理框架，如面向2035年远景目标，深入实施生态文明战略仍然是生态环境治理的根本方针。由于"双碳"已纳入生态文明建设整体战略布局，需要将碳收支纳入绿色GDP核算框架。②我国绿色GDP评价的影响分析，主要包括对经济社会发展、生态环境保护的影响。未来要实现高质量发展和高水平保护的协同，以及生态环境保护和生态产品开发均衡。在生态环境治理方面，坚持节约优先、保护优先、自然恢复为主，绿色GDP评价则强调资源价值、市场机制和生态服务功能等。③我国绿色GDP评价的政策分析，主要包括绿色发展战略顶层设计和绿色发展制度体系建设。党的二十大报告提出"全方位、全地域、全过程加强生态环境保护，生态文明制度体系更加健全"的要求，需要绿色GDP评价综合考虑多主体框架、多要素核算和体系化支撑。

3）DIIS过程融合法和MIPS逻辑层次法融合创建我国绿色GDP评价体系。构建具有中国特色的绿色GDP评价体系，根本宗旨是在绿色制造和绿色产业发展中实现企业经济效益与社会效益、生态效益有机统一，在绿色增长和绿色生活方式中全面提升人民群众生活质量和幸福指数。围绕发展绿色经济、低碳经济、循环经济，促进高质量发展、可持续增长、现代化进程，设计提出中国"绿色GDP评价指数"的指标体系，由绿色经济质量、绿色社会质量、绿色环境质量、绿色生活质量和绿色管理质量五维子系统构成（图8-4）。"十四五"时期，绿色转型和数字转型"双驱动"成为我国高质量发展新增长动能。应用智库双螺旋法促进我国绿色GDP评价体系研究，应进一步深化绿色GDP评价的理论体系、推进绿色GDP评价的技术方法，并加快绿色GDP评价的实践应用探索。

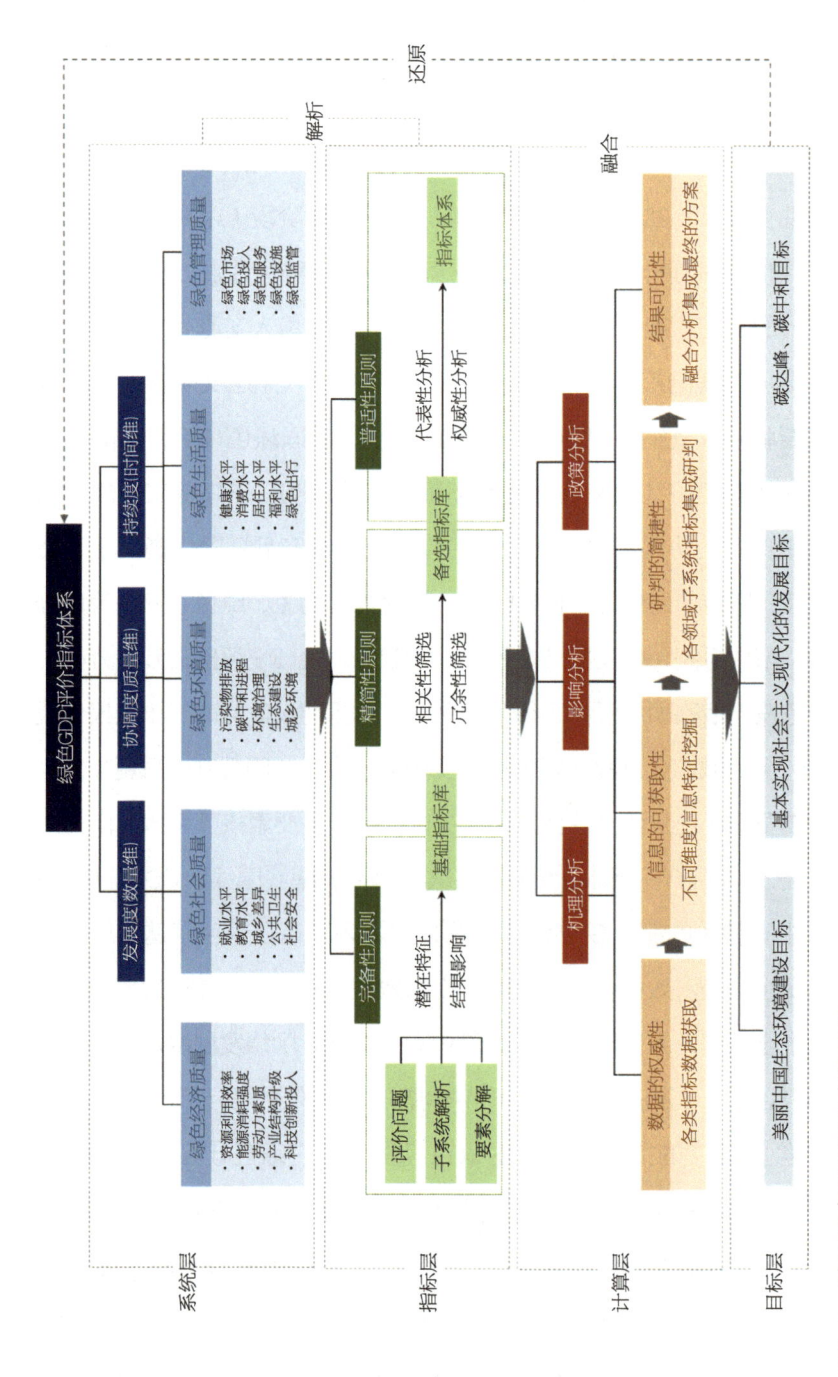

图 8-4 我国绿色GDP评价实施路径

146 | 智库科学与工程导论

第9章 社会治理方略问题

党的二十大报告提出,"健全共建共治共享的社会治理制度,提升社会治理效能"。新时代推进社会治理现代化,需充分发挥中国特色新型智库体系作用,将智库研究的社会治理成果融入社会治理实践中,提升我国整体社会治理能力。智库研究重视现实当中和问题相关联的社会现象,深刻认识社会文明进步所具有的复杂性特征,实现理论和实际有效贯通和融合,以更好地发挥智库作用、履行智库使命、提升咨政智慧。

面向社会治理的新形势、新任务,部分智库以社会领域的关键问题为研究对象,关注智库研究理论方法在社会领域的应用,最大限度地发挥智库在社会治理过程中辅助提升决策认知科学化、决策选择合理化等重要作用。通过发挥智库专家咨政智慧的独特优势和长处,及时提出解决社会问题的新主张、新思路、新办法,为国家制定社会治理相关政策提供智力服务,助推重大决策实施落地。

9.1 社会领域智库与社会发展战略学

9.1.1 社会领域智库

社会治理研究需要突破以往单一学科领域的限制,系统认识社会治理的复杂性、系统性和整体性。社会领域智库长期从事社会领域关键议题研究,形成了长期和稳定的研究力量和团队,具有智库研究的系统性特征,体现在"始于研究问题,终于解决方案"的系统性,从研究过程到研究内涵的系统性,从数据研究到专家研判的系统性,以及从机理探索到政策设计的系统性（潘教峰等，2021）。由美国宾夕法尼亚大学"智库研究项目"研究编写的《全球智库报告》已连续发布 15 年，对全球智库进行综合评价。《全球智库报告 2020》指出，全球顶级的社会政策类智库（social policy think tanks）有 120 家，另外，很多综合类智库对社会领域问题也具有较高的关注度。

（1）社会领域智库的研究主体

全球社会政策类智库主要分布在美国、加拿大、欧洲、中国等，包括美国的美国进步中心、布鲁金斯学会等，加拿大的弗雷泽研究所、加拿大公共政策研究所等，波兰的社会和经济研究中心，瑞典社会研究所，德国的马克斯·普朗克社会人类学研究所等，以及我国国家高端智库中的国务院发展研究中心、中国社会科学院等。以上智库多为非营利性组织，也包括学术机构、企业等。例如，加拿大的弗雷泽研究所是一家非营利智库，成立于 1974 年，被称为"加拿大最好的智库"。波兰的社会和经济研究中心于 1991 年在华沙成立，是一家独立的非营利性研究机构，如今已被公认为中欧和东欧的顶级智库，也是国际上最受推崇的智库之一。

（2）社会领域智库的研究内容

研究内容与社会治理密切相关，主要包括人口研究、社会结构与分层、文化发展、家庭研究、制度分析、社会心态、弱势群体研究、社区研究、公益事业等（炊国亮和杨娅，2018）。在具体治理机制方面，研究如何处理国家与社会成员以及社会成员之间的权利和义务关系、用什么样的方式调节社会资源再分配、如何协调利益相关方等一系列制度安排。例如，在《全球智库报告 2020》社会政策类智库排名第一的美国进步中心，关注领域包括司法公正、民主与治理、幼儿及少年教育、外交政策与安全、能源与环境、枪支管控、医保、贫困等。美国进步中心的最新研究成果中，日渐加剧的收入不平等如何损害社会保障制度、倡议改善国家标准化考试等受到高度关注。

（3）社会领域智库的研究方法

社会研究中常用的调查研究、实验研究、文献研究、实地研究是社会领域智库的主要研究方法。与此同时，国际一流智库也普遍重视研究方法的创新和应用，主要包括以下四个方面：原创性新理论与新方法、指标体系与指数类方法、模型模拟方法和特色方法的创新与应用等（张志强和苏娜，2017）。例如，兰德公司将研究方法的创新作为一项重要研究任务，并在组织结构上专门设有"帕迪兰德研究生院研究方法中心"，负责开发公共政策研究中所需要的各种创新性的、跨学科的研究方法和工具，包括应用网络分析中心、定性与复合方法中心、博弈论研究中心、因果推理研究中心、可扩展计算与分析中心。此外，兰德公司独创的预测和决策分析的一系列方法和模型，如预测类方法、系统分析方法、决策类方法等，在社会问题研究中均有所应用。

9.1.2 社会发展战略学的演进

"发展战略"是从军事到政治，再发展到经济和社会领域的概念。"战略"一词最初源于军事学，第二次世界大战后的战略研究逐渐引申到经济领域，美国耶鲁大学教授赫希曼（A. Hirschman）在1958年完成的《经济发展战略》专著中首次提出"发展战略"一词。由于经济并不独立于社会之外，经济的增长也不等同于社会的发展，促使发展战略研究从经济领域转向社会、科技、文化等多领域（刘嗣明和郭晶，1993）。在研究发展战略的过程中，逐步形成了从总体上研究人类社会各个领域重大的、带有全局性和长远性发展谋划的基本规律的一门综合性的学科，即发展战略学。

社会发展战略学作为发展战略学的重要分支，是一门研究为实现社会发展战略任务所采取的基本方法和手段的新兴交叉学科。从关注社会发展战略研究的智库主体来看，国际上有美国兰德公司、日本野村综合研究所、英国国家经济与社会研究院等，国内智库包括国务院发展研究中心、中国社会科学院、中国科学院、北京大学国家发展研究院、清华大学国情研究院、中国人民大学国家发展与战略研究院等。从具体研究内容上看，我国社会发展战略学研究的核心内容包括建立具有中国特色的社会发展战略学理论、促进社会发展战略学理论和方法发展、推动我国社会发展战略决策的科学化和民主化。从研究方法上看，情景分析、不确定性分析、政策模拟、演化博弈、预测模型等科学方法在社会发展战略研究中均有所应用，与社会领域智库的创新研究方法既有交叉重叠，又可相互补充。

基于以上分析，社会智库研究与社会发展战略学发展相互嵌合、相生相长。社会领域智库研究赋能社会发展战略学发展，"智库"元素融入社会发展战略学，不断形成具有智库特色新的学科生长点。这些新的学科生长点具有双重属性，既丰富了社会发展战略学，也具有智库研究特征。一方面，社会发展战略学作为交叉学科，其学科的形成遵循知识发展和社会需求两重逻辑，并逐渐以社会需求作为主导力量（崔育宝等，2022）。社会领域智库的研究涉及社会、经济、政治、环境、民生等多重领域，研究过程既需要融合贯通多学科基础知识，也需要面向决策实践，注重将跨学科学术理论与决策实践需求相结合，促进形成从学术理论研究到决策解决方案的智库研究创新链。另一方面，社会领域智库研究创新链需要与已有知识体系、学科体系进行衔接、联系和定位，以进一步推进研究方法、政策分析工具和技术手段创新（刘西忠，2022）。社会发展战略学作为快速发展的新兴交叉学科，与智库研究相互契合、相互衔接，智库研究进一步促进社会发展战略学高质量发展。

9.2　社会领域智库研究的关键议题

当前社会治理面临的主要问题也是社会领域智库关注的关键议题，包括城乡结构失衡的社会结构问题、劳动力流动的就业问题、不同利益群体的诉求问题、新技术发展带来的社会风险问题以及治理思路和治理模式存在的问题等。本节聚焦社会结构与社会平等、社会发展与社会治理、社会风险与舆情治理三个关键议题，总结所面临的新挑战，并分析社会领域智库在解决以上问题中的重要作用。

9.2.1 社会结构与社会平等

（1）社会结构的变迁

在一个国家的现代化进程中，社会结构的现代化发展具有基础性作用。社会结构的现代化就是以现代社会生产和生活体系的发展为基础而不断发展的社会结构的分化与整合（陈光金，2021）。

总体来看，社会结构的变迁与经济结构相协调，在市场经济的快速发展下，我国社会结构的变迁主要分为四个阶段（陈鹏，2020）。

1）新民主主义社会阶段（1949—1956年），社会结构从旧社会的官僚买办阶级、地主阶级演变为由工人阶级、农民阶级、小资产阶级和民族资产阶级共四个基本阶级组成的新格局。

2）全面建设社会主义社会阶段（1957—1977年），包括各个单位职工组成的工人阶级和各个公社中社员组成的农民阶级。另外还包括一个阶层，主要是指知识分子阶层，首次强调知识分子在国家经济社会发展中的重要作用。

3）建设有中国特色社会主义阶段（1978—2011年），在市场经济体制不断深入的过程中，原来较简单的阶层划分不再适应于越来越复杂的社会经济活动，社会结构逐渐演变为多元化的社会阶层。现代化的社会结构的基本元素和特质已经显现，并奠定了现代化社会的重要结构基础。

4）中国特色社会主义新时代阶段（2012年至今），取消城市户口和农村户口，统称为城乡居民的户籍制度改革，城乡居民医疗保险制度改革，养老金改革等，使得城乡结构进入融合发展的新阶段。

（2）社会平等的研究挑战

平等是现代社会的基本特征，是衡量人类文明进步的重要标准，也是人类向往的理想价值。从全球范围来看，社会不平等的扩大正成为一种全球趋势（李路路和陆玲玲，2023）。随着现代科学技术和经济的发展、教育的普及化、城镇化率的上升，一直伴随人类社会的不平等现象并未弱化。相反地，多国收入不平等趋势扩大，族群不平等、性别不平等以及基于信息技术形成的"数字鸿沟"不断扩大，几乎全世界各国都被卷入新的不平等浪潮中。从国内来看，收入差距一直是社会关注的焦点。除收入差距外，机会不平等、权利不平等问题也逐渐凸显，包括教育资源的分配、流动人口权利保障、城乡和地区差距等问题。

在社会平等研究方面，社会领域智库聚焦社会发展、社会治理和民意需求，可以通过"问政"与"问民"双向路径，成为政府与民众良性互动的重要桥梁（王栋，2022）。社会领域智库在专业层面关注整个社会的发展和各方利益，通过搜集、检查、筛选、整合不同利益群体纷繁复杂的各类观点，既可以替易被忽视、难以发声的弱势群体表达诉求，也可以将虽然民众没有表达但潜在的问题总结出来。进一步来说，社会领域智库可以应用科学研究找出社会问题产生的内在根源，并通过对复杂问题的规律性探索，提出问题解决方案。

（3）社会平等的治理实践

促进社会平等涉及社会治理多方面，包括人口发展、教育资源、就业情况、收入差距、治理水平等。指数评价方法是目前社会治理和社会平等研究领域应用最为广泛的定量分析方法，目前在全球范围内被认可的指数有人类发展指数、多维贫困指数、全球幸福指数等。

1）人类发展指数是由联合国开发计划署在《1990年人类发展报告》中首次提出的，该指标可以衡量各国经济社会发展水平。在具体计算过程中，人类发展指数包括预期寿命、教育水平和生活质量三项基础变量，具体计算过程中分别对应各国出生时预期寿命水平、平均和预期受教育年限、实际人均GDP。其中，《2019年人类发展报告》探讨了人类发展中的不平等，《2020年人类发展报告》侧重于研究不平等加剧的原因，《2021/2022年人类发展报告》关注人类发展的各种不确定性问题（UNDP，2022）。不平等和不确定性相互推波助澜，使得人类发展指数在2020年和2021年出现了连续两年的下降，全球面临的各种不确定性正在层层累积、相互作用，以前所未有的方式动摇过去数年全球来之不易的生活根基。

2）多维贫困指数是由联合国开发计划署与牛津大学贫困和人类发展研究中心在2010年首次提出的。该指标包括3个维度的10个具体指标，3个维度分别是健康、教育和生活条件，10个具体指标涉及获得教育、医疗的机会，以及住房、饮用水、卫生设施和电力等生活条件。多维贫困指数是对人类贫困指数和人类发展指数的进一步完善，既可以反映多维贫困发生率，又能反映多维贫困发生的强度，还能反映个人或家庭的被剥夺量。2023年7月发布的《2023年全球多维贫困指数报告》称，在该指数所覆盖的110个国家当中，有11亿人生活在严重的多维贫困中，占其总人口的18%以上（UNDP and OPHI，2023）。同时，由于缺乏关于新冠疫情影响的全面数据，在评估近期的减贫前景方面仍然存在挑战。

3）全球幸福指数是由联合国和纽约哥伦比亚大学地球研究所在2012年发布的《全球幸福指数报告》中首次提出的，该指标综合使用经济、社会、健康等指标进行评估。2023年3月发布的《2023年世界幸福报告》评估了全球137个国家和地区的幸福感（UN，2023），通过询问各地区1000位民众，在2020—2022年以满分10分作为快乐程度的衡量指数，并以预期寿命、人均GDP、社会救助、腐败程度、自由程度，以及人们照顾彼此的慷慨程度等作为评判标准。研究发现，财富并非幸福感的决定性因素，平等、公平的社会价值观也是"幸福来源"。例如，北欧国家民众幸福感较强，与其贫富差距较小、中产阶层是社会主体的现实情况有关。

9.2.2 社会发展与社会治理

（1）社会发展的阶段

改革开放以来，我国不断推进社会管理改革创新，对社会管理的认识也不断深化。随着我国社会转型加快，社会结构日益复杂，社会矛盾多样多发、社会风险交织叠加，社会管理面临新形势、新任务、新挑战和新特点。在社会结构较单一时，决策者通过社会管理，自上而下管理社会并引领社会进步，但当利益格局复杂、社会诉求多元时，需要党、政、企、社、民、媒等多元主体共同参与，通过多元方法创新社会管理。党的十八届三中全会正式提出社会治理的命题（新华社，2013），标志着我国社会管理理论与实践的发展与创新达到了一个新的高度。党的十九届四中全会第一次突出强调"社会治理是国家治理的重要方面"（新华社，2019），该论断具有重大的政治意义、理论意义和实践意义。党的二十大报告提出，"完善社会治理体系。健全共建共治共享的社会治理制度，提升社会治理效能"，"畅通和规范群众诉求表达、利益协调、权益保障通道"，"建设人人有责、人人尽责、人人享有的社会治理共同体"（习近平，2022）。

从"社会管理"到"社会治理"，虽然仅有一字之差，但体现的是系统治理、依法治理、源头治理、综合施策，反映的是我国对社会运行规律和治理规律认识的深化，是推动我国社会发展的一个很重要的范式转变。

1）从主体上看，社会管理更强调一方主体对对方客体的管理和控制，即政府为主体，社会为客体；而社会治理强调多元主体的平等合作，将政府与社会均视为治理主体，共同对公共事务进行治理（周红云，2014）。

2）从过程上看，社会管理强调政府对社会单向性的自上而下的管控；

而社会治理强调多元主体之间的多向性的协调与合作，以达成对社会公共事务的有效治理。

3）从内容上看，社会管理更多强调政府对社会公共事务的管理；而社会治理首先强调公民对社会公共事务的自我管理与自治，并强调政府与社会的合作共治。

4）从结果上看，社会管理体现为刚性的、静态的、被动的管控，而社会治理则体现为柔性的、动态的、主动的治理，是多元平等主体之间的最佳状态。

（2）社会治理现代化的研究挑战

随着我国社会矛盾的变化，社会发展的内外部环境发生了深刻变革，社会治理工作仍然面临许多现实问题，制约了社会治理的现代化发展。新时代社会治理现代化发展面临的问题包括：社会治理制度尚不够健全，社会协同机制尚不完善，社会公众参与不足；社会资源分配不均衡，社会供给的针对性、实效性不足；社会矛盾化解机制运行不畅，矛盾化解能力仍待提高等（郑会霞，2019）。

为应对以上现实问题，社会治理研究也面临新的挑战。首先，需要对社会相关领域运行的总体形势和发展趋势有全面深入的把握，对社会治理的法律制度体系、公共服务体系、社会组织体系等做出系统性、前瞻性的谋划与设计。其次，社会治理研究需要全面掌握政策实施和落实情况，用实践总结推动政策理论逻辑的改进。最后，社会治理研究也要注重从民众的视角做好政策解读，通过阐述政策实施对社会公众切身利益的保障作用，引导社会舆情向正面发展。

智库研究具有实践性、前瞻性、实用性、独立性等特点，社会智库作为政策研究机构在社会治理现代化研究中具有重要作用，具体体现在以下几个方面。

1）通过发挥思想库的建言献策和参谋助手作用，为社会治理相关决策部门提供政策思路和建议方案以影响决策，并对有关行动方案和实施效果做出论证、评估。

2）智库作为社会治理的主体之一参与多元共建共治，以客观、中立、理性的专业立场，在利益群体和诉求多元化的环境下提出独立观点，可以起到平衡利益分歧的作用。

3）智库是跨职能部门、跨行政层级、跨各类主体进行有效沟通的重要纽带，政府、企业、智库之间的"旋转门"机制可进一步强化智库在政府与各界联系中的纽带作用（刘理晖，2018）。

（3）社会治理结构的科学解析

社会治理结构，是一门具有充分复杂性的系统科学。良性社会治理结构的形成具有艰巨性、复杂性和多样性。

社会治理结构的科学解析，由内部逻辑严整的三大层阶组成：首先是决策层（顶层）的公信力测度，其次是施政层（中层）的执行力测度，最后是受众层（基层）的响应力测度，即社会公众的共振度测定（牛文元，2015）。一个优化的社会治理结构以及社会公序良俗的养成，必然要寻求上述三大层阶各自优化状态下的交集最大化，即求解满足社会治理所追求的最大目标函数。由此对三大层阶体系的分别判定，构成了社会治理结构优化的三条基础定则。

1）决策层（顶层）的公信力定则。在社会治理结构三大层阶体系中，起核心作用的是决策层的公信力。决策公信力来源于决策者的科学性、预见性以及对现实选择的决断性，具体体现为：政策制定必然符合事物运行内在规律；政令执行的社会响应必然服从最终有序性之下的公众选择意愿；政令发布的时间节点与空间范围必然符合过程寻优的要求。综上所述，政策的顶层设计必须把握时势变化、发展阶段、文化惯势、心理版图并且契合民众的社会共鸣，才能得到拥戴和支持。社会治理结构中，制定政策的高层必须关注如何将决策的内涵（科学性）和外延（可接受性）完整地统一起来，逐步达到政策顶层设计过程的规范化、程序化和可预见性，从而不断提升公信力以及在社会治理中的威望。

2）施政层（中层）的执行力定则。社会组成的等级性，在社会治理有效结构中体现了责任梯度、认知梯度和信息处理能力梯度。从普遍意义出发，施政层（中层）的执行力体现的是：在等级要求下，既必须执行与中枢机构一致的政令，以此体现出社会治理要求的共同性与普适性，同时还要在忠实执行上级治理规则的原则下，根据区域个性或特殊性对上级指示做出有益的补充与修正，体现出有别于共性的个性。社会治理的普遍性与局部的特殊性通过合理互补，构成了对施政执行力的解析与评判。

3）受众层（基层）共振的响应力定则。在社会治理结构中，所颁政令和法规能否获得最终响应和正面支持，取决于受众层（基层）的共振度与响应力。这是衡量社会治理质量的有效检验标志。在社会治理中，如果基层受众对所发政令产生强烈共振，得到的社会响应力将强化社会的统一有序，这种共振度增加了社会治理的良性方向，在实际效果上将会得出期望值的满意解。反之，过低的响应力，最终将导致决策力和施政力的失败和失效。

良好的社会治理结构，取决于制定政策的科学性与艺术性的完美结合（取得最大的公信力），取决于施政过程的应变力和分散度趋于最优范围（将初始决策与区域特点完美地结合），取决于基层民众的共振性和响应力。公信力、执行力、响应力三者在统一基础上的综合寻优，是取得社会良治的最高要求。通过社会治理结构三定则的逻辑递推和内涵互检，共同建造健全的社会治理结构体系。

9.2.3 社会风险与舆情治理

（1）社会风险的演变和特征

随着现代技术的发展，人类面临的风险不断发生演变。无论是政治风险、经济风险，还是文化风险、环境风险等，所有类型的风险均有可能演变为社会风险。例如，金融风险和经济风险如果影响社会生活、社会秩序的稳定，就不仅是金融和经济领域的风险，也成为社会领域风险（龚维斌，2020）；

当环境污染风险、疫情传播风险等威胁民众身体健康时，所引发的社会恐慌、社会骚乱等，也成为社会领域风险，即社会风险。因此，社会风险的影响领域广、涉及人数多、致灾因子多，影响的地域范围也较广。

随着技术革命时代的到来，新兴技术不断涌现，持续改变着人类的互动模式和整个社会的深层次结构。从互联网、大数据等信息技术的发展来看，当前的社会风险呈现新特征。

1）虚拟和现实社会风险融合。虚拟网络社会重塑了传统社会中的通信与交互方式，释放了社会交互中蕴含的巨大影响（王平辉等，2022）。网络虚拟社会与线下真实社会日益重合，网络暴力、网络诈骗、隐私泄露、算法歧视等，给社会秩序与安全带来了新的挑战。

2）风险主观性逐渐增强。重大突发事件发生后，相关信息经互联网传播后，猜测、疑虑、恐慌情绪和谣言等舆情信息叠加，使得社会矛盾的主观认知与客观情况之间的偏差扩大，即社会风险的主观性增强，极易使民众逐渐失去理智，引发社会冲突。

3）内部风险与外部风险交织。国内外不同文化、生活理念造成的冲击，在互联网时代变得更加即时、直接和广泛，风险源头呈现高度不确定性，内外风险交织，导致社会风险和境内外舆情风险治理难度增加。

（2）舆情风险治理的研究挑战

随着互联网传播媒介属性、社会动员属性在舆情风险异化中越发凸显，网络舆情风险治理日益关系国家安全和社会稳定，已经成为推进国家治理现代化的重要内容（刘怡君和蒋文静，2017）。舆情风险治理作为网络大数据驱动下的典型智库研究，需要智库工作者提升主动、精准、高效服务的能力（董向慧和贾杨，2022），研究如何打破规范性学术研究和科学化决策支撑之间的壁垒，通过科学化、专业化、规范化的智库理论方法深化其决策价值。新时期，舆情治理与智库研究面临新的挑战。

1）风险关联性挑战。舆情风险关联性强，舆情风险向经济领域、社会领域、科技领域等传导的深度、广度、持续性难以度量。因此，舆情治理与智库研究需要用好专家智慧，凝聚多方共识。

2）建模复杂性挑战。舆情信息量大且杂，如果对决策需求没有清晰的理解，就难以精准挖掘舆情价值。因此，需要与决策部门多次沟通，以决策演进规律为牵引，持续提升舆情大数据分析的实践性。

3）学科交叉性挑战。舆情是复杂的现实问题，涉及传播学、心理学、社会科学、计算机科学、物理学等，学科之间壁垒难以突破，舆情治理的重大科学问题有待突破。因此，需要有一个综合全面的研究框架指导不同学科、不同领域、不同类型的知识会聚。

4）社会影响性挑战。舆情是民意集合的反映，本身体现的就是"社会影响性"。因此，应建立舆情监测的"稳态"机制，尽早、尽快、尽准预判舆情趋势性变化。

5）情景不确定性挑战。舆情治理涉及不同利益相关者，催化舆情要素众多，治理失当极易引发各种思潮泛滥、政府公信力危机等负面影响。因此，需要聚焦治理举措的科学性评估和遴选。

（3）基于智库双螺旋法的舆情风险治理研究

运用智库双螺旋法全过程指导舆情治理与智库研究，深入理解舆情风险与价值之间的关系，开展查找"真问题"的学术研究、寻求"真办法"的决策研究，从中发现智库双螺旋法为提高舆情治理与智库研究质量提供了系统思维方法（李倩倩等，2022）。这套方法立足于舆情治理实际，促进与学术研究理论方法的交叉融合，提升了智库研究逻辑架构的科学化、专业化水平，破除了从学术研究向智库研究转变的认知壁垒，发挥了思维指导、过程指导、操作指导、组织指导作用。在智库双螺旋法的指导下，舆情风险治理研究架构如图 9-1 所示。

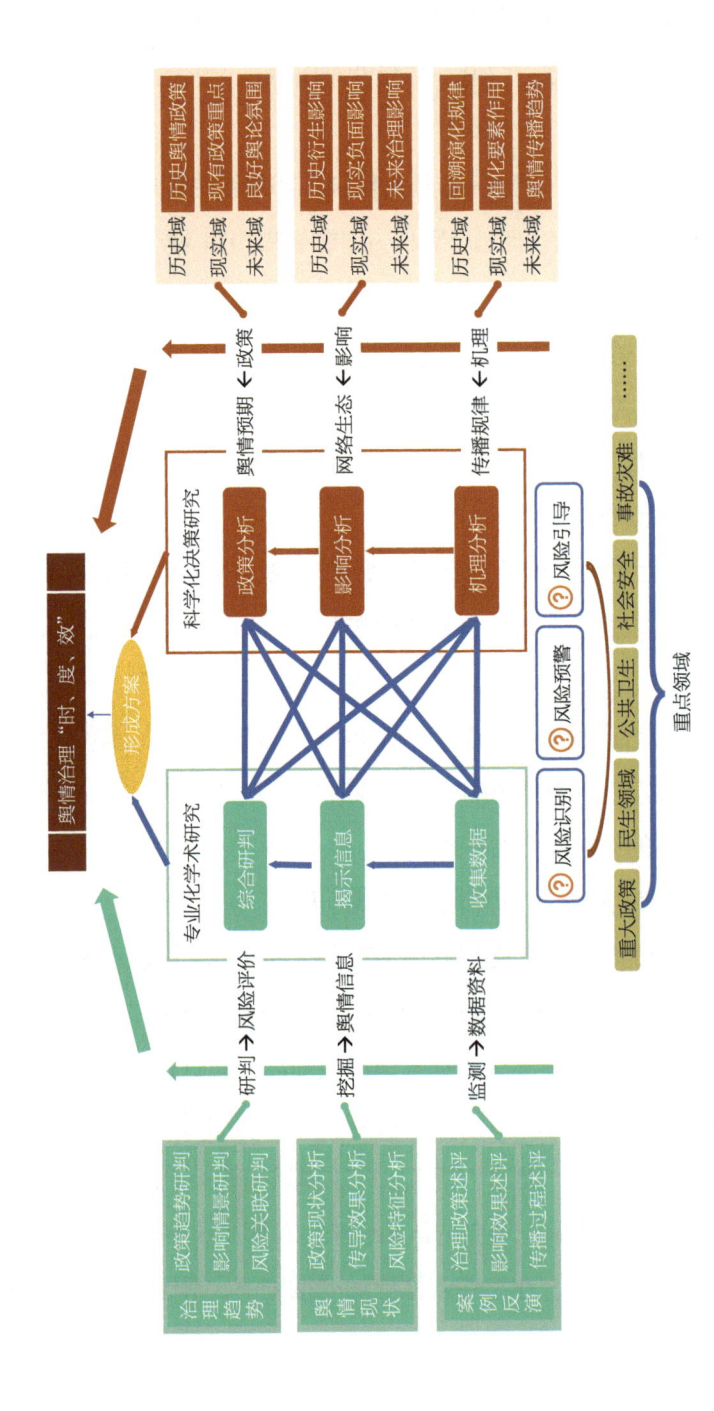

图9-1 智库双螺旋法指导下的舆情风险治理研究架构

1）遵循"问题导向、证据导向、科学导向"原则，重视舆情治理与智库研究同咨政建言与服务决策的系统化对接。舆情治理与智库研究从根本上要在智库研究逻辑框架下，感知社会风险态势和社会治理预期。从坚持系统观出发，智库双螺旋法在舆情智库研究中拓展系统思想、衍生思想、循证思想、融合思想和创新思想，要求创新研究理念、研究逻辑、研究方法、研究流程，从反映社会广泛民意的舆情"小切口"，挖掘舆情治理面临的"大问题"，通过严谨、规范、专业的智库研究范式，形成"管用""好用"的策略方案与"真实""务实"的咨询建议。

2）打通从数据资料采集到知识挖掘的路径，夯实舆情治理与智库研究过程中"监测—挖掘—研判"的基础性根基。通过采集不同传播平台、不同数据维度的海量舆情大数据构建民意传播数据库，收集政策文本、事件要素等构建领域资料库；应用计算机、数学、物理学等方法工具关注决策场景的变化，提升舆情风险传导、演化趋势、情景模拟等数据挖掘算法精度的实践价值；强化管理学、传播学、社会学等开展舆情智库研究的理论内涵、演化机理的探索，在舆情治理实践中交叉融合自然科学、社会科学的学术研究经验。

3）研判舆情传播到治理预期路线图，贯通舆情治理与智库研究"机理分析—影响分析—政策分析"的科学化体系。舆情传播有其自身的规律，伴随舆情发生、发展和发酵过程，舆情形成的内驱和外驱要素不断演变，舆情风险可能异化，进而影响社会安全、社会诚信、政策落实等。对理性舆情信息开展因果分析，反映过往治理政策、风险应对机制中存在的盲点、堵点等。这是以公众观点、情绪表达的"现象"为切入点，透过经济、社会、安全的多维影响，研判政策体系如何更加健全。

4）面向舆情风险识别、风险预警、风险引导，基于 MIPS 逻辑层次法指导开展 DIIS 过程融合法研究过程，提出舆情治理的"时、度、效"对策。2016 年，习近平总书记在党的新闻舆论工作座谈会上指出，"要抓住时机、把握节奏、讲究策略,从时度效着力,体现时度效要求"。利用"解析—融合—还原"外循环模式,围绕公共政策、突发事件、事故安全等舆情风险重点领域,将舆情治理"时、度、效"需求解构为风险识别、风险预警、风险引导等系列子问题。从 IPS 逻辑层次法和 DIIS 过程融合法相互迭代、螺旋式上升,不断收敛至舆情决策服务应对策略中,架构了规范性学术研究和科学化智库研究之间的桥梁。

第10章　科技治理方略问题

为抓住新一轮科技革命、产业变革和新领域新赛道发展机遇，世界主要国家进一步整合科学技术创新战略，提升科技创新决策层级，进一步完善国家科技决策咨询、科技顾问、科技智库体系，进一步强化科学界与决策层的常态化联系沟通。各类科技智库从科技发展战略学角度研究事关经济社会发展全局的重大科技战略与政策问题，从智库科学与工程视角开展机理分析、影响分析、政策分析，进而形成系统解决方案。从科技规律出发，前瞻性思考科技发展趋势；从社会规律出发，科学评估科技发展趋势的影响；从政策规律出发，进行政策分析和预判；从治理规律出发，对重大科技创新治理问题进行战略研判，提出科学性、前瞻性、系统性解决方案。在科技竞争更趋激烈的复杂形势下，健全科技决策咨询、科技顾问、科技智库体系和运行机制，是"强化科技战略咨询"的制度基础。决策者对解决方案的要求不仅仅是快速、及时、准确，还要求适度超前、切实管用。只有符合科技发展战略学、智库科学与工程规律的智库产品才能满足科技决策者的需求。

科技治理方略即科技治理的方案、策略和谋略，指由科技领域重大治理问题及其治理的基本原理、原则、方案、策略和谋略所形成的科技领域的智库知识体系。科技治理问题兼具科技属性和治理属性，迫切需要科技智库加强科技发展战略学研究，加强科技治理方略研究，洞察科技发展规律和科技治理规律，为科技决策及相关科技决策提供科学、前瞻、精准、可靠的系统性咨询服务，以高质量智库产品服务高水平科学决策，促进科技治理体系和治理能力现代化。各国政府通过建立科技决策咨询体系、科技顾问体系、科技智库体系等机制，将专业的科学咨询意见及时准确地传递给决策者，同时将政府的科技战略与政策阐释给科技界和社会公众，促进形成政府、科技界、社会的良性互动。我国也明确要求"强化科技战略咨询"（习近平，2022），这对科技智库及相关专业研究机构、顾问机构提升科技战略咨询能力，加强科学性、前瞻性、储备性研究提出了更高要求。

10.1 科技领域智库与科技发展战略学

在全球化时代背景下，科学技术正以前所未有的速度、广度、深度和精度改变着人类社会的生产方式、生活方式、组织方式、思维方式和行为方式。公共政策制定及公共治理决策情境中的事实判断和价值判断，越来越需要专业化的智库提供科学性、前瞻性的治理问题解决方案。当前，新一轮科技革命和产业变革突飞猛进，经济社会绿色化、数字化转型进程加快。"科技创新成为国际战略博弈的主要战场，围绕科技制高点的竞争空前激烈。"（习近平，2021b）科技治理是国家治理的重要组成部分。随着科技决策的复杂性和不确定性日益增强，科技与经济社会相关领域产生大量的科技治理问题以及科技决策咨询需求。决策者对高质量科技智库产品的需求，其实是对高质量科技治理问题解决方案的需求。

10.1.1 科技领域智库与科技治理方略研究

科技智库是以专业领域科学研究为基础，运用专业知识和科学工具，开展公共政策和战略决策研究咨询，解决科技自身发展决策问题或以科技为基础的经济社会决策问题的社会组织。随着科学技术与经济社会不断交互，政府决策的环境发生了巨大变化，公共决策所需的信息需求更加多样化和多元化，决策信息熵不断增加，决策过程中需要应对的不确定性增加，需要平衡的利益关系更加复杂，信息化、数字化发展为政府的精准化治理与服务提供了平台条件和技术手段。这些决策环境的新变化，需要智库作为更专业的决策咨询机构提供前瞻、系统和科学的研究（潘教峰等，2022a）。科技治理方略问题贯穿科技智库研究和智库建设全过程。从国际形势看，世界百年变局加速演进，区域性冲突加速世界地缘政治经济格局演变，国际环境日趋复杂，科技创新成为大国博弈的焦点和关键变量，我国科技智库在全球科技治理、国际科技创新合作、创新发展、绿色低碳发展等重大国际议题方面需要有所作为。从国内形势看，我国发展不平衡不充分问题仍然突出，重点领域关键环节改革、统筹发展与安全任务艰巨，科技创新和创新驱动发展面临不少困难、风险和挑战，亟须高质量科技智库产品和高质量科技咨询提供智力支持。

科技治理方略研究包括科技战略、规划、政策、服务等治理的方案、策略和谋略研究，简称科技智库研究，兼具科技属性和智库属性。智库科学与工程和科技发展战略学是促进科技智库研究各方面知识有机结合、智库建设各方面要素相互促进的底层原理，是科技智库研究和科技智库建设的学术根基，为推进科技智库建设从专业化到科学化再到学科化提供理论基础、方法论指引和实践指导（潘教峰，2022c）。科技决策咨询是指专业化智库、顾问机构和专业人员，运用智库理论和方法，在系统分析主客观条件、掌握大量信息的基础上，提出专业化、有价值的意见建议和若干预选解决方案，辅助实现最优决策的科技战略咨询过程。科技智库服务国家科技创新和创新发展重大决策及重要行动，必须科学研判国内外科技创新发展趋势、进展及其对经济社会发展的影响，这需要自然科学、技术科学、工程科学等专业知识的支持，也需要人文科学、社会科学等专业知识的支持，更需要智库科学与工程、管理科学与工程等专业知识的支持。

10.1.2 科技决策咨询/顾问与科技智库体系

科技决策咨询/顾问制度是一个国家或组织关于科技创新决策与咨询的制度性安排，泛指为决策与咨询活动提供的稳定性、规范性和资源性的系统保障。科技智库为科技政策制定或决策提供相关专业知识综合支撑和系统解决方案。近现代智库的历史可追溯至1831年成立的英国皇家联合防务研究所。1920年，英国皇家国际事务研究所成立。1927年，布鲁金斯学会成立。1948年，兰德公司成立。主要发达国家在第二次世界大战之后都建立起较为完备的科技决策咨询/顾问机制。美国等国在最高决策层面建立了科技咨询机构，英国等国在政府内阁和各部门建立首席科学顾问制度，形成了科技决策咨询/顾问系统。在科学、中立原则基础上，科学顾问们不仅为最高决策层解释各种科学技术项目能做什么，更重要的是解释政府不能做什么，提供跨越部门利益和跨领域的综合咨询意见。20世纪70年代左右，西方公共政策及治理的科学化与民主化进程加速，带来了智库建设和智库研究的兴起（万劲波等，2017）。80年代，中国兴起的领导科学、软科学和科学学研究，本质上也属于智库研究范畴。90年代以来，科技决策咨询/顾问制度、科技智库体系建设以及科技治理等成为公共政策及治理的研究热点。

（1）美国

美国科技决策咨询已有100余年的历史，形成了一套以"联邦咨询委员会法"为核心、总统行政令等联邦规范为支柱、各部门自身章程为基础的制度体系。美国政府最高层次的科技创新决策协调机构是国家科学技术委员会（NSTC），最高决策咨询机构是总统科技顾问委员会（PCAST）。总统科学顾问（Presidential Science Advisor）通常被授予特别助理（Special Assistant）头衔，兼任白宫科技政策办公室（OSTP）主任和PCAST联合主席，便于与总统和各界沟通。此外，美国国家科学院（NAS）、美国国家工程院（NAE）和医学研究院（IOM）及其执行机构国家研究理事会（NRC），以及美国科学促进会（AAAS）等科学组织，对美国政府的科技创新决策起着至关重要的支撑作用。美国关注科技治理的社会智库和民间智库众多，如布鲁金斯学会、兰德公司、美国企业研究所等机构，培养了大量的科技咨询人才，掌握着海量的科技信息，其作为美国国家科技创新咨询体系的重要组成部分，起着基础性的支撑作用。

（2）英国

在英国，决策制定是一个长期的、基于证据的过程。政府首席科学顾问制度（GCSA）建立于 1964 年，经过半个多世纪的实践，对政府决策起到了有效的支撑和咨询作用。英国政府通过各级科技顾问体系，建立了公开透明的科学决策咨询程序，从多个渠道获取自然、工程及社会等领域的专业信息，广泛吸收专业知识和分析结果，确保科技决策综合、准确和可靠。英国皇家学会针对有关科学和工程问题向政府提供客观中立且具有权威性的咨询，包括宏观政策以及公众政策中有关科技内容的咨询服务。英国皇家工程院（RAE）鼓励工程领域的创新，支持各层次的工程教育，为工程研究提供资金、知识和经验，推进经济、教育和工程发展。英国学术院（BA）侧重对人文与社会科学发展的支持和声援，以更有效地发挥它们的作用和价值。此外，英国苏塞克斯大学科学政策研究所（SPRU）、英国皇家国际事务研究所（RIIA）等专业化智库也发挥着专业支撑作用。

（3）日本

日本最高科技决策咨询机构包括综合科技创新会议（CSTI）和日本学术会议（SCJ）。与隶属于相关部门的咨询委员会和专家小组等咨询机构不同，CSTI 是综合决策机构，前身是 1959 年设立的科学技术会议（CST），于 2001 年更名为综合科学技术会议（CSTP），2014 年 5 月更名为 CSTI，由首相担任议长，其他成员包括 6 名与科技相关的内阁大臣、8 名不同领域的专家。该会议负责调查和审议与科技相关的国家基本政策、重大科技计划、与科技活动相关的预算、人才等科技资源的分配方针，对国家重点研发活动和研究课题进行评价，协调各省厅之间的科技项目关系，在国家科技决策与咨询方面发挥着举足轻重的作用，对日本政府的科技政策、规划及发展方向影响最大且最具权威性。CSTI 兼有咨询和决策双重功能，实现了日本科学决策与咨询机制的一元化。原则上，CSTI 每月召开一次，根据实际需要随时设立一些专门分会。1995 年颁布的《科学技术基本法》规定，政府要根据 CSTI 的有关讨论结果定期制定科学技术基本计划，日本首相有义务尊重 CSTI 的咨询结果。此外，日本非官方科技咨询机构在 1970 年前后进入快速发展时期，如综合研究开发机构（NIRA）、野村综合研究所（NRI）和三菱综合研究所（MRI）等专业化智库。

（4）中国

2018 年 6 月，科学技术部党组发布的一号文件提出，将突出抓好"深化科技体制改革"等方面工作，落实国家重大科技决策咨询制度，组建国家科技咨询委员会。2023 年 3 月，中共中央、国务院印发《党和国家机构改革方案》，对国家科技治理体系进行改革，提出："组建中央科技委员会……作为党中央决策议事协调机构"；"中央科技委员会办事机构职责由重组后的科学技术部整体承担"；"保留国家科技咨询委员会，服务党中央重大科技决策，对中央科技委员会负责并报告工作"。科技智库是中国特色新型智库的重要组成部分，也是中国科技决策咨询/顾问体系的重要支撑。2015 年 1 月，中共中央办公厅、国务院办公厅印发《关于加强中国特色新型智库建设的意见》，指出"中国特色新型智库是以战略问题和公共政策为主要研究对象、以服务党和政府科学民主依法决策为宗旨的非营利性研究咨询机构"。2015 年 11 月，中共中央宣传部印发《国家高端智库建设试点工作方案》，中国科学院、中国工程院列入首批国家高端智库建设试点单位，强调重点建设中国科学院科技战略咨询研究院、中国工程院战略咨询中心；2020 年 3 月，中国科学技术发展战略研究院被列入第二批国家高端智库建设试点单位。此外，中国科协创新战略研究院等也在建设高端科技智库。

10.1.3 科技发展战略学

战略是特定主体对特定系统发展的全局性谋划和长远策略安排。智库是国家治理体系和治理能力现代化的重要组成部分，是以战略研究为基础，为战略决策提供战略咨询意见和解决方案的专业机构。战略研究要解决的是具体问题，即战略本身；战略学要解决的是抽象问题，即战略规律性认识。科技发展战略学意指科技发展领域中的战略学，即科技发展战略的规律性认识，既包括科技发展趋势、科技监测评估以及科技治理体系研究等，也包括发展理念与战略、法规规划与方法、体制机制、政策和举措等层面，要坚持思想性、建设性、科学性、前瞻性、独立性等原则，着眼影响力和贡献，不断创新研究方法，提高研究水平和质量，以更有效地服务宏观决策、引领未来创新发展方向（潘教峰和张凤，2016）。科技发展战略学兼具科技属性和战略学属性。在战略学的指导下，科技智库要强化战略思维和战略谋划能力，保持战略定力，把谋时和谋势、谋当下和谋未来统一起来，适应情势发展变化，及时调整战略策略，加强对中远期的战略谋划，牢牢掌握战略主动权（习近平，2021a）。

（1）统筹推进战略决策、战略研究与战略咨询

战略决策、战略研究与战略咨询都必须在驾驭战略全局、摸清底层规律、前瞻未来趋势的基础上做出科学判断和理性选择。科技智库要加强科技发展战略学研究，提升科技战略情报收集、研判能力，在信息爆炸环境中及时捕获有关未来趋势的"信号"，确保科技战略决策、科技战略研究与科技战略咨询的广度、深度、高度和精度。战略决策是从系统全局、长远、大势上做出科学判断和综合决策。战略决策者必须在有限的人员、资源、时间、空间等约束条件下做出综合性的战略决策，需要平衡参考不同智库、专业机构和顾问机构的战略研究成果和战略咨询建议。战略研究是指智库和专业机构对战略政策问题进行长期、持续、专业化的综合研究和研究储备，以确定适应

战略环境和战略能力、符合战略需求和战略要求的战略目标和战略路径。战略咨询是指智库和顾问机构发挥战略科学家、院士和各方面专家的智力优势，在战略研究基础上进行综合研判和系统集成，提出前瞻性、建设性、切实管用的战略谋划、布局思路、推进策略和政策建议。

（2）增强战略谋划的预见力和洞见力

科技智库以科技发展和科技促进发展战略政策问题为研究对象，更加强调科学导向和证据导向。可以从战略谋划的预见力（foresight ability）和洞见力（insight ability）两个维度来理解战略、战役、策略、战术的相互关系（万劲波，2023）。战略谋划的预见力是指战略决策、研究与咨询主体对战略体系的发展从全局、长远、大势上进行整体性预测预判，对战略、战役、策略、战术进行长周期系统谋划。为抢占未来科技前沿的制高点，各国都重视加强科技战略决策、研究与咨询的预见力，注重超前规划，强化政府对科技发展的引导力和调控能力，通过优先领域选择和科技评估来重点支持那些按照国家利益需要和比较优势原则应优先发展的科技领域和项目。科技创新战略谋划须就战略方向和战略重点达成共识，系统建设和优化配置创新体系、战略能力和战略潜力，提升战略效能。战略谋划的洞见力是指战略决策、研究与咨询主体通过历史看现实与未来、透过现象看底层与本质，摸清战略发展基本原理和规律，进而确定战略方法、路径和手段。科技创新战略谋划须对创新系统的复杂性和发展规律有更深的洞见，具备超越技术生命周期、产品生命周期、产业生命周期，把握转型趋势，前瞻部署价值创造的能力。在重视战略谋划的预见性和洞见性的同时，要为战略发展的不可预见性、不可洞见性留足空间。

（3）科技现代化研究

作为国家发展现代化的重要组成部分，科技现代化是指一个国家追赶、达到和保持同时代科学技术发展的世界前沿水平的行为和过程，同时也是科技供给支撑、适应、满足和引领经济社会发展和人民美好生活需要的行为和过程。科技现代化研究主要包括三个方面的内容：一是科技发展战略研究。为促进科技自身发展所进行的理论研究、方法研究和探索性研究，以及对相关基础学科、新兴学科、交叉学科和边缘学科进行的学科发展战略研究，在此基础上，及时准确把握科技发展大势，凝练关键科学问题，提出与学科相关的人才布局、条件建设、资助机制等政策建议。二是创新发展战略研究。为提升我国科技创新能力、提高国家综合国力和产业国际竞争力所进行的战略政策研究，研究聚焦于高科技、基础研究领域以及创新发展的关键学术问题，为国家、区域和国际重要创新战略、规划及政策问题增添新的认知。三是科技创新治理研究。直接围绕科技创新治理开展的战略政策研究，例如，如何提升科技创新战略政策质量，如何完善科技创新治理体系、提升治理能力，实现科技自立自强，支撑引领经济社会高质量发展。

10.2 科技领域智库研究的关键议题

科技创新是各类社会主体开发利用科技创新资源，产出科技知识与成果，创造经济社会价值的复杂过程。科技智库研究的关键议题围绕"科学、技术、创新"发展规律以及"科学、技术、创新"对经济社会的影响机制展开，着眼于"促进科技发展"，从"科学、技术、创新"规律出发前瞻思考世界科技发展走势，推动负责任的"科学、技术、创新"；着眼于"科技促进发展"，从"科学、技术、创新"影响和作用的角度研究经济社会发展和国家安全的重大问题，促进"科学、技术、创新"的正向影响和作用，抑制"科学、技术、创新"的负向影响和作用。

10.2.1 促进科技发展

"科技是第一生产力、人才是第一资源、创新是第一动力。"（习近平，

2022)"科学、技术、创新"是最为重要的经济要素，需要国家对其进行开发、调节和管理。不同国家的科学研究、技术创新、产业创新和创新发展，存在发展阶段不同、资源禀赋不同、发展水平不同等差异，不同国家的创新主体、政府、市场在"促进科技发展"过程中的定位、职能及作用形式差异较大，因此，科技智库研究的关键议题在不同国家既有共同性，也有差异性。特别是在不同政治制度、体制环境和文化环境下，科技创新治理模式有很大差异。科技智库研究的重点一定是如何支撑、促进、引领本国科技发展。

（1）科学前瞻与基础研究

基础研究是科技创新的源头。如何前瞻识别对未来有重要影响的基础研究领域，如何有效提高国家基础研究和原始创新能力成为各国科技咨询机构和科技智库关注的重要议题。美国国家研究理事会发布的《2021—2026年战略规划》提出的第一个战略目标就是，利用最先进的方法来预测社会在当前和未来面临的挑战和机遇并为之做好准备（National Academies of Sciences, Engineering, and Medicine, 2021）。美国国家科学院、国家工程院和国家医学院通过诺贝尔奖获得者医学峰会、专家研讨会等形式，审视新兴交叉基础研究领域的发展挑战和机遇，包括"高能量密度科学中的基础研究""化学与量子信息科学交叉领域研究机遇"等，提出美国促进相关领域发展、强化全球领导力的建议（National Academies of Sciences, Engineering, and Medicine, 2023a, 2023b）；澳大利亚科学院提出本国数据密集型科学研究发展的方向（Australian Academy of Science, 2021）。

近年来，随着国际科技竞争日趋激烈，各国在推动基础研究国际合作的同时，也越来越关注安全与风险问题。各国科技智库以基础研究安全或科研安全为主题开展了诸多研究。2019年以来，具有"美国最神秘的影响决策的组织之一"称号的科技智库杰森国防咨询小组，与美国国家科学基金会合作开展美国基础研究安全风险研究,为美国联邦政府制定基础研究领域安全监管政策提供支撑(Jason,2023)。2022年11月,德国科学基金会与德国国家科学院更新了2014年版的科研安全建议,引导学术界建立伦理准则和风险管理机制(Leopoldina and DFG,2022)。

(2)技术预见与关键核心技术

技术预见或科技未来预测是科技智库的一项重要工作,主要用于研判全球科技创新发展趋势,把脉科技创新主攻方向,为国家科技创新战略决策和重大任务布局提供支撑。日本科学技术与学术政策研究所(NISTEP)自1971年以来,每五年开展一次"科技预测调查",2019年,NISTEP发布《第11次科学技术预测调查报告》,以2040年为目标绘制了"科技发展下未来社会图景",并描绘出到2040年实现的37项新技术和服务(National Institute of Science and Technology Policy,2019)。美国智库未来今日研究所在《2021年科技趋势报告》中分析了人工智能等12个领域的科技发展趋势及其与未来政治、经济、社会、军事、商业等方面的关系,指出未来世界将深受人工智能、第五代移动通信技术(5G)、区块链等技术的影响(Future Today Institute,2021)。

关键核心技术是国之重器,是国家安全和经济发展必须依赖的技术。在当前以技术为中心的战略竞争时代,各国科技智库围绕半导体、人工智能、量子科技、新能源、生物医药等关键核心技术的保护与竞争、脱钩与主权等问题开展研究,旨在为增强和维持本国技术领先地位和经济竞争力铺平道路。2022年,美国国家科学院、兰德公司、乔治城大学安全和新兴技术中心等相继发布《保护美国的技术优势》《美中量子技术产业基础评估》《保护卡脖子技术》等报告,在分析技术发展和竞争格局的基础上,提出保持美国技术优势的建议(National Academies of Sciences, Engineering, and Medicine,2022;Parker et al.,2022;Barbe and Hunt,2022)。

（3）知识转移与技术扩散

知识和技术在被创造出来时，甚至还处于雏形时，就有了如何转移和扩散的问题。随着技术全球化的发展，知识转移与技术扩散的内涵有了更广义的理解，泛指国家之间、部门之间、机构之间以及个人和机构之间的"知识和技术"创造、存储、转化与转移活动。主要国家科技智库重视通过密切基础研究、应用研究和工业研究中的创新力量来加速知识转移，重视提升高校和科研机构的知识转移与技术扩散能力。例如，2022年4月，德国公布新组建的"转移与创新署"（DATI）文件，强调DATI的使命是支持中小型大学和应用科学大学以创新为导向的合作，促进面向应用的研究和知识转移，可持续地建立并加强区域和跨区域创新生态系统（BMBF，2022）。2022年12月，西班牙政府正式批准由西班牙科学与创新部组织协调的《转移与合作计划：为社会服务的科学与创新》，旨在提高西班牙科学知识转化效率，提供具有社会和经济影响力的创新解决方案（王文君，2023）。

10.2.2　科技促进发展

新一轮科技革命和产业变革正在重塑世界格局，全球科技治理体系和国际创新格局也在加速演变。新兴产业和未来产业是重大科技创新和基础性、战略性、前沿性、颠覆性技术产业化后形成的先导性产业，虽然当前尚处于孕育孵化阶段，但对未来经济社会发展起着关键支撑引领作用，代表着新一轮科技革命和产业变革的前沿方向，已成为科技创新高度密集、大国竞相开展战略布局的重点领域。

（1）创新战略与规划

为抢抓新一轮科技革命和产业变革的机遇，以及应对新冠疫情冲击、大国竞争等复杂局势，各国纷纷将科技创新置于国家战略的核心，科技智库架起了科技创新知识与政府决策之间的桥梁，为国家创新战略制定提供了强有力的支撑。《英国皇家学会 2022—2027 战略规划》明确指出，将制定重大决策咨询工作方案，加深对新技术和创新模式所带来影响的理解，为政府科技政策制定提供丰富的依据（Royal Society，2022a）。2021—2022 年，英国皇家学会对英国研发与创新体系、研发人才与文化战略等提出建议，认为英国应从长远性和整体性角度考虑创新体系发展的优先事项和至少未来 10 年的发展机遇，采取连贯性的战略举措（Royal Society，2021a，2021b，2022b，2022c）。2021 年，德国国家科学院等机构举办科研峰会，为德国实施使命导向型创新政策以及新兴产业政策提出建议（Forschungsgipfel，2021）。

近年来，美国智库多关注大国科技竞争战略。美国白宫科技政策办公室每 4 年审查一次国家科技战略，侧重于保持经济竞争力和满足社会需求所必需的关键技术处于领先地位。成立于 2020 年的美国智库"中国战略组"，其使命就是"应对美中之间科技竞争的困难"，2021 年发布的《非对称竞争：应对中国科技竞争的战略》受到拜登政府的关注（China Strategy Group，2021）。卡内基国际和平基金会 Bateman（2022）发布的《美中技术脱钩：战略和政策框架》报告提出了美中技术脱钩的三种战略及具体的政策框架。

（2）负责任的创新

随着新兴技术、颠覆性技术的不断涌现，其治理难题也成为科技创新的挑战。目前，国际组织、咨询机构和智库都将科技创新与社会发展关系放在技术治理的首位，从负责任创新的视角围绕技术本身、社会责任、未来可持续性等治理问题展开研究。2022 年 9 月，世界卫生组织发布《负责任地使用生命科学的全球指导框架》，呼吁领导人和其他利益相关方减轻生物风险，并开展安全和治理双重用途研究（World Health Organization，2022）。这是首个全球性的技术和规范框架，不仅为制定减少生物风险和加强治理双重用途研究的国家框架和方法提供参考，而且有助于生命科学和相关技术在改善全球健康方面发挥安全、有益的作用。2022 年 11 月，美国白宫科技政策办公室发布《国家地月空间科技战略》，为推进美国政府在《美国太空优先事项框架》下开展负责任、以和平为目的和可持续的地月空间探索与利用提供了愿景，明确了最重要的科学和技术目标（OSTP，2022a）。经济合作与发展组织在《2023 年科学、技术和创新展望》报告中指出，要负责任地管理技术变革，减少与人工智能、合成生物学和神经技术等的相关风险，设计新兴技术标准要明确定义良好技术治理和负责任创新的普遍特征（OECD，2023）。该组织还启动全球技术论坛，以促进多方利益相关者在数字和新兴技术治理方面的合作。2023 年 4 月，美国战略与国际研究中心发布的《以 2023 年 G7 峰会为契机推进 AI 治理合作》报告指出，各国政府应根据其风险承受水平，规定各自负责任应用人工智能的门槛。

（3）新兴产业与未来产业

新兴产业和未来产业代表着新一轮科技革命和产业变革的方向，是引领产业升级发展和未来经济社会发展的重要力量，已成为当前大国博弈的焦点。各国科技咨询和专业化智库围绕数字经济、生命健康、新材料、量子科技等产业发展及政策措施等开展了广泛研究。2022 年，美国白宫科技政策办公室向国会提交未来产业发展报告，涉及先进计算、先进材料、制造和机器人技术、下一代通信技术、人工智能、电池技术、生物技术、网络安全、绿色产品/清洁技术、植物遗传学/农业技术、隐私增强技术、量子信息科学/量子计算、纳米技术以及半导体/微电子技术，并强调指出未来产业和技术不是静态的，而是随着时间的推移而变化的，具体反映了未来的产业潜力（OSTP，2022b）。日本科学技术振兴机构研究开发战略中心（JST-CRDS）每年监测量子科技、人工智能等新兴技术和产业的发展趋势，对比分析日本的基础和优劣势，支撑国家相关战略制定。世界经济论坛作为国际组织，近年来逐步从交流平台转向科技智库（缪其浩，2020），其中一个突出的特点是关注第四次工业革命。世界经济论坛于 2016 年专门成立了第四次工业革命中心，关注人工智能和机器学习、物联网、区块链、自动驾驶、未来领空等。该中心每年发布十大新兴技术和发展报告，其中 2023 年的十大新兴技术和产业包括生成式人工智能、人工智能辅助医疗、改善心理健康的元宇宙、可持续计算等（World Economic Forum，2023）。

第5篇

方法平台域

各国智库在发展过程中，采用了多种定性方法、定量方法和混合研究方法，构建了丰富的数据库、专家库和情报库，并研发了宏观决策支持系统等工具。这些创新方法和平台为智库在解决问题和支持决策方面提供了强大的支持和实践基础，在智库科学与工程的学科架构中可以称之为"方法平台域"。方法平台域致力于整合和创新学科方法、模型、技术平台和数据资源，为智库研究和决策提供支持。在智库科学与工程视角下，方法平台应基于智库研究问题导向，服务信息的挖掘、知识的发现、趋势的研判、方案的优化，保障智库研究的专业化、科学化。

　　智库科学与工程中的方法平台域已成为智库研究和决策的关键支撑之一。本篇聚焦数据、方法、模型、技术系统等，一方面介绍智库研究中传统的方法模型和平台，旨在守正创新，进一步明确和提升方法模型在智库研究中的作用；另一方面在数据信息爆炸式增长和人工智能算法不断演进的背景下，围绕"人工智能驱动的智库"梳理方法平台域的新需求、新特征、新趋势，以期进一步激发方法平台在智库研究中的巨大潜力，为智库研究提供科学方法和技术支持、提供决策支持、整合数据资源、提高研究效率和质量，促进智库研究范式向数据密集型和智能驱动型转变，推动智库发展迈上智能化新台阶。

第11章 数据与方法模型

数据与方法模型是智库科学与工程学科的核心研究领域之一。随着数字时代的到来，数据的产生和积累呈现出前所未有的规模和速度，这些数据承载着政策、经济、社会等各系统运行的状态信息，对智库研究具有重要的价值和意义。为了更好地获取和利用数据，产出高质量的决策咨询成果，国际知名智库均特别重视研究方法模型的创新和应用，以方法模型创新推动数据价值提升。经过数十年的发展，国外智库针对不同类型的问题，已经发展出非常丰富的研究方法模型，且仍在不断创新中。本章将围绕智库研究中的数据与主要方法模型，以智库双螺旋法的 DIIS 过程融合法为主线展开介绍，以期在继承和用好智库方法的同时，更好地解决智库研究中面临的问题。

11.1 智库研究中的数据与方法模型概述

数据是作为推理、讨论或计算基础的事实信息。在智库研究中，数据反映了对经济、社会、自然系统运行状态的客观描述，是决策制定和政策咨询的基础，通过对数据的收集、整理、处理和解释，研究人员能够从中发现模式、关系和见解，提供循证的决策支持。智库研究方法模型是协助智库研究人员收集和分析数据、从中做出推论、提出政策建议的重要工具，有助于确保问题分析尽量客观、科学，使提出的解决方案尽可能产生预期的效果。在智库研究中，数据与方法模型紧密联系，不仅提升了智库研究问题、解决问题的能力，更提高了智库研究的科学性和专业性水平，对保障智库研究质量具有至关重要的作用。

数据是智库研究的基石，方法模型是智库研究的重要工具。数据与方法模型贯穿于智库研究全过程。为实现对数据的采集及其加工处理，智库双螺旋法的 DIIS 过程融合法贯穿智库研究全过程，为各阶段的方法模型搭建了一个较为完整的框架体系，DIIS 过程融合法分别指代智库研究的收集数据、揭示信息、综合研判、形成方案等环节，指引智库研究在各个环节更好地利用数据与方法模型，产出高质量的智库成果。

1）收集数据是 DIIS 过程融合法的首要环节，智库研究人员需要确定数据采集的目标和范围，在合适的方法工具支持下获取所需的数据。

2）揭示信息是对数据进行专业化的挖掘、整理、分析，形成客观的认知和知识的过程，涉及数据清洗、整理和加工等方法模型的选择。

3）综合研判是 DIIS 过程融合法的核心环节，旨在综合多个维度、多个领域的数据、信息和知识，形成更深层次的洞察和研判。

4）形成方案是 DIIS 过程融合法的最终环节，智库研究人员可以使用多属性决策法等方法，结合领域知识和专业经验，提出针对性强、可行性高的解决方案。

本章下文将首先介绍智库研究中的主要数据类型，进而以智库双螺旋法的 DIIS 过程融合法为主线，分别介绍智库研究各环节的典型方法模型，为读者开展智库研究的方法模型选择提供参考。

11.2　智库研究中的数据

智库研究的核心目标是为决策制定和政策咨询提供支持。数据的使用有助于智库研究人员更好地了解和把握经济、社会等各个领域的现状及变化趋势，揭示其中隐藏的规律和机理，制定科学、客观的建议和方案。智库研究的多领域、多学科交叉性，决定了智库研究中涉及的数据类型也多种多样，其中典型的数据主要包括以下几类。

11.2.1 统计数据

统计数据是最常见的智库研究数据类型，主要通过对特定地区的人口、经济、社会等领域进行数据收集、整理和统计得到。统计数据的来源包括国家统计机构、国际组织、调查研究机构等。统计数据的覆盖面非常广泛，涉及经济、社会、科技、自然等各个领域的数据，以及国家、地区等各层级的数据。客观性和准确性是统计数据最突出的特征，可以为智库研究提供可靠的数据支撑；同时，统计数据一般具有较好的持续性，使研究者能够追溯事物发展的演变历程，并通过分析研判长期的变化趋势，实现对研究问题历史域、现实域和未来域的贯通（潘教峰，2021）。

11.2.2 文献情报数据

基于智库科学与工程"学术为基"的基本原理，在智库研究科学导向下，智库研究人员首先需要对智库问题涉及的领域研究前沿、基本原理、方法工具有系统的认识，这就离不开文献情报数据的支撑。文献情报数据是指由图书、学术期刊、会议论文、报纸等出版物所提供的信息数据。智库获取文献情报数据的渠道包括学术数据库、在线期刊平台、数字图书馆等。文献情报数据具有突出的前沿性和时效性，反映了学术研究和科技进展的最新成果，能够帮助研究者了解最新的学术动态和研究前沿，是智库研究保障科学性的重要支撑。

11.2.3 政策数据

政策数据是指政府发布的各种政策文件，以及与政策制定和实施过程相关的资料，包括战略规划、行动方案、法规规章、指导意见、政府工作报告等。政策数据记录了政府指导和规范某个领域发展的内容和过程。政策数据的范围涵盖广泛，涉及经济政策、社会政策、环境政策、教育政策、健康政策、科技政策等多个领域。政策数据主要来源于各国政府的相关部门。政策数据是智库跟踪各国在各领域最新发展动态,掌握各领域发展趋势的重要基础,是智库科学与工程"理实融通"的内在要求。智库只有全面、系统、深入地掌握政策数据,才能在此基础上提出切实可行的决策建议。权威性是政策数据最突出的特征,政策数据通常由政府机构制定并发布,是决策和咨询的重要参考依据。

11.2.4 调研数据

调研数据是指通过实地考察、实验观察、案例分析、专家访谈等方式收集的数据,旨在通过主动获取和观察现场情况来了解特定问题、现象或群体,并进行详细记录和分析。2017年,习近平总书记在党的十九届一中全会上强调,"调查研究是谋事之基、成事之道,没有调查就没有发言权,没有调查就没有决策权"(习近平,2017)。在智库研究中,开展调研是智库获取一手资料的重要途径,通过直接记录被调研对象的意见、看法和经验,避免了信息的失真和扭曲,保障了智库研究数据的现实性和真实性。同时,在调研中,智库研究人员还可以对特定问题、现象展开深入了解,获取详细的背景信息,揭示问题的本质和细节,提高智库问题研究的透彻性。

11.2.5 社交媒体数据

社交媒体数据是指通过各种社交媒体平台生成的用户内容。这些数据包括用户发布的帖子、评论、分享、点赞、关注等互动行为,以及用户个人资料和社交关系等信息。社交媒体数据的收集方式多种多样。常见的社交媒体数据获取方法包括应用程序接口(API)获取数据、网络爬虫抓取数据等。即时性是社交媒体数据的突出特征,该类数据能反映用户的实时观点、情感和行为,帮助研究者及时对当前的社会事件、舆情和话题进行迅速监测和分析，为智库研究提供及时的信息支持。同时，得益于社交媒体平台拥有庞大的用户群体，社交媒体数据相较于传统数据还具有规模大的特征，为智库研究全面了解社会舆论和公众态度提供了重要的基础。需要注意的是，社交媒体数据存在涉及个人隐私的伦理风险，应在相关法律法规和伦理准则下进行规范性使用。

除了上述的几类数据之外，智库研究还涉及专利数据、地理信息数据、项目数据等多种类型的数据。在智库研究中，需要在问题导向下，获取合适的数据，并将各类数据融会贯通，开展证据导向、科学导向下的研究。

11.3 收集数据的方法模型

第11.2节介绍了智库研究中的主要数据类型，可以看到，智库研究中的数据类型多种多样，涵盖了广泛的信息。为了全面了解研究对象的现状和存在的问题，以及社会大众或特定群体对研究主题的观点和看法，智库需要利用相关方法和工具进行多渠道、多方面的数据收集。在智库研究中，常用的收集数据的方法模型包括问卷调查法、地平线扫描法和网络数据采集法等。

11.3.1 问卷调查法

问卷调查法是快速有效获取数据的一种研究方法，通过书面提出问题的方式，运用统一设计的问卷向选取的被调查对象了解情况或征询意见以搜集相关数据资料。

问卷调查法的运用，关键在于问卷编制和被调查对象的选择。一般而言，问卷通常由卷首语、调查问题、编码以及其他资料等四个部分组成，调查问题和回答方式构成问卷的主要部分，需根据研究主题和需要获取的信息开展有针对性的设计。此外，为了提高有效调查问卷的回收率，还需要在正式发布调查问卷之前进行试作答与小范围试调查，根据反馈情况反复改进调查问卷。选择被调查对象同样重要，首先要明确需要调查的群体范围；其次要确定调查问卷的发放数量，既要满足最低样本量要求，也要兼顾调查成本；最后是确定样本的选取方式，以有效反映调查群体的总体特征，常用的问卷发放方式有简单随机抽样、分层抽样、整群抽样、系统抽样和多级抽样等。

问卷调查法在智库研究中有非常广泛的应用场景，特别适合收集社会公众对某一现象或问题的主观感受，以及领域专家对某一特定问题给出专业判断的情况。例如，战略咨询院在"信息化领域前沿技术发展态势分析"研究中，采取问卷调查法，邀请信息化领域专家对给定信息技术清单中的每项技术进行研判，研判内容包括技术颗粒度、技术成熟度，以及技术前沿性、应用性和重要性等特征；基于问卷调查法研判汇总分析，对信息化领域前沿技术总体分布态势以及各个具体领域的分布态势进行了综合研究；最后提出了各领域需要重点关注的前沿技术，为我国更好参与国际科技竞争提供了重要科学依据，取得了非常好的效果。

11.3.2 地平线扫描法

地平线扫描法是一种有效的技术预见方法，可以系统、全面地梳理某项技术的发展现状，并预测其重点发展方向。广义上讲，该方法是对所研究对象的发展前景进行早期探测的方法，以发现关键重要趋势的早期迹象。作为一种结构化的证据收集方法，地平线扫描法通过对信息系统性的扫描，系统检查潜在威胁和机遇，以事件、模式和趋势等发展动态为形式，识别出系统演进趋势的弱信号，为政策制定提供研判基础。

地平线扫描法需根据具体问题进行设计，并不存在一个普适和通用的实施步骤。但一般而言，地平线扫描法基本包括以下主要步骤：①明确扫描目的，首先要考虑清楚扫描的目的和感知的方向；②描述扫描对象，将扫描需求集成到扫描字段的定义、检索和决策中；③界定扫描源，扫描目标指引检索方向，界定大致范围，逐步缩小检索范围，详细确定扫描主体；④选择扫描方法，根据扫描目的和对象不同，既有完全自动化的扫描，也有人力搜索的扫描，既有全国性大范围的扫描，也有针对特定目标的扫描；⑤筛选扫描结果，从范围广泛的扫描中找出影响较大的变革信号；⑥扫描结果展示应用，将定期扫描，如连续性扫描或年度扫描，与临时扫描结果进行分析展示，为需求方提供所需的信息内容和分析结果。

当前，数量众多的国家、组织及机构均开展了地平线扫描活动。例如，日本自1971年以来每五年开展一次地平线扫描活动；德国自1999年开始开展基于地平线扫描的大型前瞻性项目 RUTUR；美国国防部于2011年启动"技术监视/地平线扫描"（TW/HS）项目；英国2014年组建地平线扫描计划团队；2022年5月，北约科学和技术组织联合北约通信和信息局，正式启动"人工智能地平线扫描"战略倡议，以扫描人工智能领域的先进技术、未来十年的发展前景、人工智能与武装部队的相关性，以及潜在的投资渠道等。

11.3.3　网络数据采集法

随着信息化基础设施的不断完善和网络用户的大规模增长，互联网上的数据量以前所未有的速度激增，依靠传统人工采集和数据处理的方式，越来越难以满足人们对数据分析全面性和及时性的需求。大数据时代，网络数据采集法成为智库研究获取一手实时数据的重要手段。网络数据采集法主要利用爬虫软件和应用程序接口，对互联网中公开发布的海量数据或用户行为数据进行抓取，经过数据清洗和二次加工得到所需数据。

爬虫软件是网络数据采集最常用的一种方法。其根据所要抓取的数据目标，首先确定包含所需数据的互联网网页与相关链接，进而生成一个待爬取的统一资源定位器（URL）地址队列供爬虫批量访问抓取相应数据，然后通过模拟浏览器以抓包的方式将相应的数据抓取下来。应用程序接口是平台网站预先处理好供用户直接使用的接口程序，因此不再需要利用爬虫模拟访问网页、解析网页内容，而是利用该程序接口直接抓取结构化的数据，省去了繁杂的网址分析与网页解析的步骤。通过爬虫软件和应用程序接口获取数据后，须经过清洗、分拣后将数据保存至数据库或者文件中以供使用。

基于互联网的数据采集是大数据时代最有效的数据获取方式，可以在短时间内获取大量的分析数据，是其他数据收集方式所无法比拟的。首先，网络数据采集的时间成本、经费成本都远低于人工问卷调查或者通过自己安装仪器设备采集数据。其次，网络采集的数据量远超人工问卷调查法收集的数据，同时互联网上各种类型数据繁多，往往可以通过挖掘与分析将许多看似无关的碎片信息串联起来，从中揭示出很多预想不到的高价值信息。

11.4　揭示信息的方法模型

在数据收集工作完成之后，智库研究接下来的任务就是从已掌握的数据中去挖掘数据背后隐含的信息，包括关联信息、类型信息、结构信息、规律信息、特征信息等。通过信息揭示，可以更加深刻地认识到问题的本质，为综合研判与形成切实管用的解决方案奠定基础。常用的揭示信息的方法模型主要有主成分分析、聚类分析、因果推断等统计分析方法，以及面向大数据分析的文本挖掘和数据挖掘方法等。

11.4.1　主成分分析

主成分分析的基本思想就是在保留尽可能多的原始信息的前提下对原始变量进行降维，既要达到简化问题复杂性的目标，又要抓住问题的主要矛盾。一般情况下，在对某一问题进行研究时，通常要考虑尽可能多的指标以更全面准确地反映事物的特征及其发展规律。但随着考虑指标的增多，一方面会造成信息的大量堆叠增加冗余信息，使问题复杂性提升；另一方面，大量冗余信息的存在可能会掩盖事物的本质特征和内在规律。主成分分析通过对原始变量进行线性组合，选取其中的少数几个主成分变量来解释原始变量中包含的绝大多数信息，从而实现以较少变量表达较多信息量的目的。

如前所述，每个主成分均是由各个原始变量线性组合而来的，因此主成分保留了原始变量中包含的绝大多数信息，同时主成分的数目远少于原始变量的数目，且各主成分之间互不相关，代表了完全不同的信息含义，从而揭示出变量之间的内在关系。主成分分析建立在所涉及众多变量的相关性基础之上，因此需要通过对原始变量的协方差矩阵或相关矩阵内部结构关系进行研究。首先，根据原始变量的协方差矩阵或相关矩阵求解主成分；其次，求解协方差矩阵或相关矩阵的特征根及其对应的特征向量；再次，判断主成分之间是否存在明显的多重共线性；最后，得到主成分的表达式并结合主成分对研究问题进行后续深入研究。

主成分分析是处理统计数据的常用方法，尤其是对同一事物存在较多特征描述变量的情况下，智库研究中应用主成分分析进行数据处理的场景也较多。例如，战略咨询院在为国家相关部门开展地区艰苦程度评价的研究中，就采用了主成分分析方法，从众多相关性指标中遴选出少量的关键主变量，从而有效地降低了问题复杂度，科学评估了各县级行政单元的艰苦程度，有效服务了政策的制定。

11.4.2 聚类分析

聚类分析是基于样本多元属性特征，根据样本之间的相似程度，将其中联系密切的样本聚合为一个小的分类单位，将关系疏远的样本聚合为一个大的分类单位，直到所有样本都聚合完毕，形成一个由小到大的分类系统，使得同类对象的同质性最大，而类间对象的异质性最大，最后将整个分类系统画成一张分群图（或谱系图）。现实世界中，从自然科学到社会科学领域存在大量需要进行分类判别的研究，相比定性分类方法，基于统计学的聚类分析得到广泛应用。

聚类分析依据样品（或变量）之间的相似性度量，不仅要考虑各个类的特征，还要计算类与类之间的距离，常用的距离计算方法有最短距离法、最长距离法、类平均法、重心法、离差平方和法等。聚类分析方法大致可归纳为系统聚类法、K-均值聚类法、模糊聚类法和有序样品聚类法等。其中，系统聚类法是聚类分析中最常用的方法，其采用自下而上逐步合并的方式确定分类方案。系统聚类法首先计算样品两两之间的距离，并将每个样品构造成一个类；然后，合并距离最近的两类为一个新类，重新计算新类与当前其他各类的距离。通过重复上述步骤得到聚类图，由研究人员根据实际问题确定分类个数与各个类型。K-均值聚类法则是预先给定分类个数，通过构造 K 个核心种子形成 K 个初始类，再将每个样品聚集到与其距离最近的类中。K-均值聚类法首先将样品粗略分为 K 个初始类，然后分派样品至其最近均值的类中，随后重新计算接受新样品的类与失去样品的类的重心（均值），重复上述步骤直到各类的样本不再改变。

在智库研究中，聚类分析有助于理解研究对象的群集特征、属性和关系。通过将数据样本划分为不同的群集，聚类分析提供了对数据结构和内在模式的直观理解，从而支持问题的理解和决策制定。

11.4.3 因果推断

探究因果关系是科学工作的重要目的，也是智库开展政策研究、评估政策实施效果的重要手段。传统统计学方法多数情况下只能确定两个事件之间的相关关系，但"相关不是因果"。在因果关系研究方面，统计学家发明了一套"反事实框架"方法，在此基础上进一步发展出断点回归、工具变量、双重差分等方法，使得因果性研究大行其道，由此爆发了一场因果推断革命（高慧颖和周潮，2022）。

智库研究非常关心一项政策的实施效果，在进行政策评估时通常会遇到"某个观察结果是否由该项政策导致"的问题，因为该结果与该政策之间可能仅仅存在相关关系，而非因果关系。"反事实框架"虽然设定了"政策—结果"之间的各种可能情况，并由此来推断其中的因果关系，但现实世界中我们只能观察到一种"事实"，而反事实情况不可观察。为此，研究人员在该框架下提出了很多可行的工具方法，双重差分法便是其中最常用的有效工具之一。该方法的基本思路是将调查样本分为两组，一组是政策作用对象，即"作用组"，一组是非政策作用对象，即"对照组"。根据作用组和对照组在政策实施前后的相关信息，可以计算作用组在政策实施前后某个指标的变化量，同时计算对照组在政策实施前后同一指标的变化量，然后计算上述两个变化量的差值，两次差分的效应就是政策效应（钟钰和秦富，2012）。

目前，双重差分法在政策效果评估研究中得到了广泛应用，成为智库开展政策因果推断的重要方法工具。2021年，诺贝尔经济学奖授予了三位对因果关系分析方法做出杰出贡献的经济学家，以肯定他们将因果推断方法成功应用到经济学中的实践。

11.4.4 文本挖掘

在互联网高度发达的数字时代，非结构化数据的体量爆发式增长，互联网数据中心（IDC）报告显示，全球超过90%的现有数据是非结构化数据。对于智库而言，从海量战略政策、研究报告、新闻舆论等非结构化数据中提取信息，是数字化大潮下智库必须具备的能力。这首先就要求开展文本挖掘。

文本挖掘包括文本收集与预处理、特征提取与表示、文本分类与聚类、实体识别与关系抽取、情感分析与主题建模等步骤。首先进行文本收集与预处理，包括爬取网页、清洗数据等。然后进行特征提取与表示，如使用 TF-IDF 将文本转换为数值特征。接下来是文本分类与聚类，使用监督学习算法将文本划分为类别或进行聚类。实体识别与关系抽取用于提取命名实体和发现实体的关系。情感分析与主题建模分析文本中的情感倾向和主题。智库研究人员可根据实际需求，选择适合的步骤和方法来进行文本挖掘，以提取有价值的信息。

文本挖掘有助于智库研究人员处理和分析大量的文本数据，从中提取有用的信息和洞察，实现非结构化数据结构化管理和分析，进而支持决策和政策制定。在智库研究中，文本挖掘可应用于舆情监测、观点提取、文本分类等方面。李倩倩等（2022）通过采集新闻、自媒体等媒体信息，结合文本挖掘、复杂网络分析、因果分析等技术开展舆情治理研究，取得了积极效果。

11.4.5 数据挖掘

数据挖掘是指从海量的大数据中提取隐藏其中、事先未知但潜在有用的信息的过程，其目标是通过建立一个决策模型，实现基于历史数据进行行为预测的能力。数据挖掘涉及统计学、人工智能、模式识别、最优化、信息论、进化计算、可视化等不同的学科领域，同时具有大数据存储、索引和查询处理功能的数据库系统，以及具有处理海量数据集功能的高性能分布式并行计算技术在数据挖掘中也起到了重要的支撑作用。

数据挖掘是知识发现的重要手段，有助于将未加工的数据转化为有用的信息。数据挖掘的步骤主要包括数据收集和清理、数据集成、数据规约、数据变换、数据挖掘、模式评估和知识表示。在数据收集和清理阶段，根据分析对象确定需要的特征信息，选择适当的数据收集方法，并清理不完整、噪声和不一致的数据。数据集成将不同来源、格式、特点的数据组合为更大的数据集，以发现数据之间的关联关系。数据规约从大规模数据中提取与分析任务相关的数据，减少处理无关数据的时间。数据变换通过聚集、概化、规范化等操作将数据转换为适合挖掘的形式。数据挖掘使用合适的分析工具提取有用信息。模式评估通过验证和识别有价值的模式确保结果的正确性。知识表示使用可视化和知识表示技术对数据挖掘结果加以展示或存放在知识库中供其他应用程序使用。数据挖掘是一个反复循环的过程，每个步骤未达预期目标都需要回到前面的步骤重新调整执行。

在智库研究中，数据挖掘可以分析历史数据，识别出潜在的趋势和模式，从而预测未来的发展方向，这对制定政策、规划战略以及预测经济、社会等方面的变化具有重要意义。

11.5 综合研判的方法模型

智库问题通常具有很强的系统性、复杂性特征，可能涉及经济、社会、科技、生态、安全等多个领域，且不同子系统呈现非线性交互作用。此外，大多数决策不只追求一个目标，往往存在着若干个相互矛盾、相互制约的目标，需要多目标、多层次、多方案之间的权衡，这就需要对研究问题以及解决方案进行综合研判，考虑多个关键因素的影响以及不同政策情景的比较。在综合研判环节，通常采用政策模拟方法，将智库问题的各子问题纳入统一模型开展建模、计算、分析，以解决复杂的智库问题。常见的综合研判的方法模型主要有系统动力学模型、可计算一般均衡模型、自主体模拟模型、博弈论模型以及人工智能领域的深度学习方法等。

11.5.1 系统动力学模型

系统动力学是将系统科学理论与计算机仿真技术进行结合，对系统反馈结构与行为进行模拟仿真的方法。通过定性与定量相结合、系统综合推理研究处理复杂系统问题，其建模过程就是一个学习、调查、研究的过程。由于现实世界中各主体要素之间的相互联系日益加强，只有系统、全面地将整个系统作为一个反馈系统去分析其内部结构与行为模式，才能得出正确的结论。因此，系统动力学正越来越广泛地应用于经济、社会、环境等各个领域。

系统动力学的研究对象是多变量、高阶次、多回路和非线性的开放复杂系统，其在非平衡状态下运动、发展和进化。通过对系统的动力学机制进行剖析，在此基础上构建系统的因果关系反馈图，进而将其转换成存量流量图，以此建立系统动力学模型，进而利用仿真软件对系统动力学模型进行计算机模拟，来完成对真实系统的结构仿真以及系统优化。系统动力学模型不是对系统演化趋势的预测，而是给出不同政策干预情景下会导致系统如何演变，并从中得到一些政策启示。因此，系统动力学模型的目的不是建立一个与系统别无二致的仿真模型，而是让我们清晰地看出影响系统运行的核心变量以及重要的因果回路，同时帮助我们模拟系统的未来走向，站在更高维的视角去俯瞰问题所在的系统，进而发现本质、解决问题。

系统动力学最著名的应用案例是罗马俱乐部支持的世界模型研究任务，该任务形成的《增长的极限》研究报告，从人口、工业、污染、粮食生产和资源消耗等重要的全球性因素出发，建立了全球分析模型，描绘了一幅世界末日图景，在 20 世纪 70 年代产生了爆炸式影响。同一时期，麻省理工学院历时 11 年完成了一个方程数达 4000 个的全国系统动力学模型，将美国的社会经济问题作为一个整体加以研究，解开了很多长期困扰经济学家的疑团，如通货膨胀、失业等问题。

11.5.2　可计算一般均衡模型

可计算一般均衡（CGE）模型利用一系列方程来刻画经济系统中各经济主体的行为，包括生产行为、消费行为、政府采购与财政转移支付行为等，以及各种均衡关系，如收支平衡、供需平衡等，从而可以模拟政策冲击后经济系统达到新的平衡状态之后，相比没有政策冲击的原始平衡状态而言，各经济主体所受到的政策影响。CGE 模型的核心是经济系统，但由于经济系统与其他领域的高度相关性，CGE 模型正从单纯模拟经济政策不断延伸至更广泛的领域，如能源政策、环境政策、气候政策、金融政策、社会政策等。

CGE 政策模拟过程包括六个步骤：①确定 CGE 系统的整体架构和相互作用关系，考虑政策变量引入、政策作用传导机制、产业部门细化和经济系统之间的耦合关系；②构建 CGE 方程体系，包括产品供给、商品需求、要素需求、主体收入、价格体系、储蓄和均衡等方程；③准备初始均衡状态的数据，并进行配平和参数估计，利用投入产出数据和经济主体收支数据进行社会核算矩阵的配平，并估计和校准 CGE 方程体系中的参数；④设置政策情景，设计不同政策工具或工具组合，并设定代表性政策情景；⑤进行模型求解，将政策情景转化为 CGE 模型的政策变量输入，并求解 CGE 方程组；⑥进行政策影响分析，比较政策实施前后各变量的变动率，分析不同政策对经济主体的影响方向和程度，并基于政策传导路径分析影响的原因。

当前，CGE 模型由于可对政策进行事前定量模拟，对政策制定和决策具有很好的参考价值，因此在智库研究中已经得到广泛应用。欧盟在制定相关政策法案时，多数情况下均附有对该政策的定量评估，其中很多即是基于 CGE 模型构建的。例如，欧盟 2021 年提出碳边境调节机制（CBAM）时，利用其构建的 JRC-GEM-E3 可计算一般均衡模型评估了 CBAM 政策对环境、宏观经济以及相关主体的影响，据此对 CBAM 的成本收益进行评价以支撑该政策的制定。

11.5.3 自主体模拟模型

自主体模拟（agent-based simulation，ABS）是一种基于规则的非数值模拟方法，通过对若干具有自主性、社交性、反应性、主动性的微观自主体的行为规则进行建模，以模拟客观世界中个体之间以及个体与环境之间的交互作用，从而对高度复杂和不确定的现实世界进行仿真。自主体模拟可以通过设置不同类型自主体的属性，来充分反映微观个体的异质性，也可以通过对自主体特定行为规则的描述，以反映微观个体间交互的复杂性，颠覆了传统政策模拟方法通过确定性方程反映"代表性"个体关系的建模方式，因此更符合现实世界特征。

自主体模拟模型首先是对自主体进行识别，根据研究问题对现实世界进行抽象、简化，明确模型的边界，从原型世界中提取出模型涉及的各个自主体。其次是自主体交互方式的识别，即构建自主体之间以及自主体与环境之间的交互方式，在简单交互情景中，自主体可以将自身的某个属性特征值传递给其他自主体，而在复杂交互过程中，还可以考虑自主体之间的竞争和博弈关系，因此，交互方式是实现系统演化的重要途径。再次是模型实现，目前国际上已经存在很多 ABS 软件平台，为自主体模拟提供了通用类库、函数和开发环境，如 Swarm、Repast 等，可以借助这些平台对模型进行编程开发。最后经过模型验证调试，确保自主体模拟模型可以反映现实世界的本质特征，且模拟结果与现实观测结果之间具有较好的一致性，就可以进行模拟分析，利用经过验证的模拟系统开展情景分析。通过模拟某项政策实施后对微观个体行为产生的作用，以及在宏观上涌现的特征，分析不同政策的影响。

自主体模拟适用于对复杂不确定的微观行为进行模拟，近年来研究热点主要集中在环境政策、货币政策、技术扩散、交通活动与土地利用变化等领域，其在异质性主体建模、空间扩散过程、复杂行为交互、空间格局演变等方面具有突出的模拟能力。Deissenberg 等（2008）基于自主体模拟，构建了由大量自主的、有目的的主体在复杂经济环境中相互作用的欧盟经济模拟系统，并对劳动力政策展开模拟分析。

11.5.4 博弈论模型

博弈论模型主要用于分析多个个体进行决策博弈的过程，即某个个体决策时首先要考虑其他个体可能采用的策略，并基于其他参与者的决策对利益交互影响的考虑，实现每个博弈参与者各自利益最大化的过程，进而推演博弈达到均衡时的状态。通过博弈分析，就是要从博弈过程及博弈均衡状态中寻找于己有利的策略，或探寻通过个体博弈实现社会最优的外部条件与政策设计。博弈论在经济、军事、外交、国际关系等领域应用广泛，兵棋推演即博弈论模型的一个实例。

博弈论分析，首先要确定博弈类型，其对博弈过程的策略选择及最终均衡结果有重要影响，常见的类型划分有静态博弈与动态博弈、合作博弈与非合作博弈、完全信息博弈与不完全信息博弈、有限博弈与无限博弈等；然后要确定策略空间与收益，博弈问题通常涉及多个参与者，因此需要明确参与者的数量，同时考虑所有博弈参与者可能采取的所有策略，以及不同策略组合给各个参与者带来的收益或损失；最后进行博弈过程推演，在对应的博弈类型假设下，逐一推演每个博弈参与者在其他参与者采取相应策略后的最优决策，并最终求解出博弈问题的均衡解。

博弈论分析方法适用于研究有限个体的微观行为问题，其中的个体并非针对自然人，也可能是组织、地区乃至国家行为体。因此，该方法在地缘政治博弈、军事博弈以及国际贸易、气候变化等全球问题上的应用日益增多。例如，在全球应对气候变化与合作减排领域，国内外智库将博弈论思想引入经济－气候集成评估模型，进而模拟不同国家或国家集团的最优策略。

11.5.5 深度学习方法

深度学习是对一类神经网络模型的统称，这类神经网络模型由多层被称为神经元的简单信息处理程序组成。正是源于神经网络内部大量神经元之间的交互连接关系，其具有对复杂关系进行建模的能力。神经网络一般包含一个输入层、若干个隐层和一个输出层，其中隐层的数量决定了深度学习网络的"深度"。

一般而言，网络中同一层的神经元类型相同，每个神经元实现的功能是将多个输入映射为一个输出，其包含两阶段信息处理方法。信息处理的第一阶段计算神经元输入值的加权和；第二阶段将加权和输入一个激活函数，从而将加权和映射为神经元的最终输出值。常用的激活函数类型有阈值函数、对数概率函数、双曲正切函数以及线性整流函数等。深度学习方法就是利用深度学习网络中不同层的大量神经元不断进行信息处理与学习，最终使输出值与输出目标值不断逼近的过程。随着神经元数量的增多以及神经网络深度的增加，模型的参数也急剧增加，包括每个神经元对应不同输入的权重以及激活函数中的参数，因此深度学习就是对神经网络参数的训练过程，其标准训练过程为：首先将参数值初始化为随机值，然后根据网络在数据集上的表现逐步调整权重以使模型在数据上的精度更高。

在智库研究中，深度学习通过模型学习和数据挖掘，可用于智库文本分类、图像分析、知识图谱构建等研究，为决策和分析提供支持。以智库文本分类为例，面对海量智库文本，实现机器自动准确地分类，对提高智库工作效率具有重要意义。朱金箫和陈媛媛（2022）采用深度学习方法实现对智库文本的分析。潘教峰等（2023）基于在美国、日本、欧盟同时申请的具有较高科技含量和经济价值的世界三方同族专利，利用大数据分析和深度学习技术，发掘全球领先机构聚焦的技术方向并构建世界技术焦点数据库，绘制了揭示全球技术竞争态势的技术结构图谱。

11.6　形成方案的方法模型

基于 DIIS 过程融合法理论体系，智库研究经过收集数据、揭示信息、综合研判后，就进入最后的形成方案阶段。在该阶段，专家们要根据前三个阶段研究所形成的各种备选方案，针对研究问题提出系统解决思路及政策建议。在形成方案阶段，可以采用多属性决策法、专家评判法、模糊综合评价法等方法，从备选方案中选择综合评价最优或较优的方案。

11.6.1 多属性决策法

经过综合研判后形成的备选方案集，通常是满足基本要求的有效解决方案，虽然可以实现预期目标，但方案集中的备选方案可能会对经济、社会、环境、安全等方面产生不同程度的影响，因此需要从多个备选方案中选择一个正向收益最高或负面影响最小的方案。

多属性决策是指在考虑方案多个属性的情况下，选择最优备选方案或进行方案排序的决策问题，它是现代决策科学的一个重要组成部分，在工程、技术、经济、管理和军事等诸多领域中都有广泛的应用。多属性决策法适用于对多个备选政策方案进行综合评估，提出影响方案形成的各个相关属性，并根据决策者对各属性的不同偏好倾向，对不同属性分配相应的权重，最后充分权衡不同方案在不同维度的属性，如产业、经济、社会、就业、环境等方面的表现，根据各方案综合属性表现选取最优的方案。

11.6.2 专家评判法

专家评判法是出现较早且应用较广的一种评价方法。作为一种集专家意见于一体的多目标决策优选方法，专家评判法主要根据专家的经验和知识做出判断，经综合分析得出各备选方案的得分排序。按照不同的组织形式，可以将专家评判法分为专家个人判断法、专家会议法、前提分析法、德尔菲法和列名小组法等。

专家评判法的步骤主要包括：①根据评价对象选定评价指标；②对评价

指标进行定级，划分为不同的评价等级，确定各等级的分值；③专家根据指标评价等级对评价对象进行评价，给出各指标分值；④采用加法、乘法或加乘评分法计算各评价对象的综合得分，得到评价结果。

专家评判法具有在缺乏足够统计数据和原始资料的情况下做出定量估计的优点，因此得到了广泛使用。但是，由于专家评判法主要依靠专家的判断，因此专家的阅历经验以及知识丰富的广度和深度，决定了评价结果的准确度。一般而言，通常要求评判专家在相关领域具有较高的学术水平和丰富的实践经验。

11.6.3 模糊综合评价法

现实世界存在大量的不确定性问题与"亦此亦彼"的模糊现象，因此通常难以用"非此即彼"的绝对方式来描述客观现实。同样地，在对各种方案进行比选时，也往往面临评价标准存在模糊性、评价影响因素具有不确定性等一系列问题。模糊综合评价法就是为了解决这种不确定性的方法，其基于模糊数学理论，利用隶属度原理将定性评价转化为定量评价，从而对考虑多种因素制约的解决方案做出一个综合评价，适合各种非确定性问题的解决。

模糊综合评价法的一般步骤是：①构建模糊综合评价指标体系，确定评价指标体系中的各个指标，即评价因素；②确定具体指标的评价得分，即评价因素值；③计算评价值，以最优的评价因素值为基准，确定其评价值为1，其余评价因素根据其与最优评价因素值的差距确定相应的评价值；④确定隶属度函数，即评价值与评价因素值之间的函数关系；⑤构建隶属矩阵；⑥将隶属矩阵与指标权重向量合成，得到加权平均的综合评价值。最终根据备选方案集中各方案的综合评价结果，从中选择最优的方案。

第12章　智库技术系统

随着社会的发展和变革，政策制定和决策越来越需要科学化、精准化和智能化，这对智库研究提出了更高的要求。智库技术系统作为智库知识与信息技术深度融合的产物，是提高政策制定和科学决策精准性、及时性的有力工具。智库技术系统面向实际决策需求，将各种技术手段和方法有机地结合起来，形成了一个全面、完整、高效的技术支撑平台，辅助智库进行政策研究、分析和预测，为政府、研究人员和社会各界提供决策参考。本章将在讨论智库技术系统重要性和特征的基础上，介绍智库科学与工程范畴下智库技术系统的构建原则和架构逻辑，旨在深化对智库技术系统的认识和理解，以更好地把握智库技术系统的应用价值和发展趋势。

12.1　智库研究面临的挑战

智库作为提供政策建议和决策支持的重要机构，其主要任务是满足政府在求策问计方面的需求。因此，智库的研究内容主要围绕国家所关注的重大问题和战略决策需求展开，具有明显的需求导向和目标导向。然而，在当前风云变幻的国际形势下，智库研究正面临多重挑战。

智库研究面临多场景的挑战。由于智库涉及的问题范围广泛，涵盖经济、政治、社会、科技等多个领域，研究对象常存在于不同的场景之中。这就要求智库研究人员在进行研究时要全面考虑不同场景下的特点、条件和限制，并综合各种因素进行分析和研究。

智库研究面临高度不确定性的挑战。国际形势的不断变化和政策环境的不确定性，使得智库研究的结论和建议存在一定的风险和不确定性。研究人员需要在不确定性条件下进行决策和应对，采用不确定性分析法，提供关于不确定性影响的信息，以支持决策者在不确定环境下做出明智的选择。

智库研究面临高度复杂性的挑战。智库涉及的问题往往具有多层次、多维度的复杂性，需要跨学科的综合能力和深入洞察力来进行深入分析和提供准确的政策建议。研究人员需要善于处理各种复杂巨系统，深入分析系统内部和系统之间的相互作用关系，以便更好地理解和解决问题。

智库研究面临高度动态性的挑战。社会、政治和经济等领域都在不断变化和演变，新的问题和挑战也不断涌现。智库研究需要及时捕捉和理解这些变化，保持对动态情况的敏感性，并及时调整研究方向和策略。研究人员需要持续跟踪和监测相关领域的发展，以保持研究的前沿性和实用性。

在上述挑战之下，单纯依靠独立个体的研究在综合性、时效性等方面都已难以满足智库研究的需求，迫切需要以技术智库系统为依托，借助技术的力量，充分发挥数据对决策的支撑作用，汇聚多领域专家智慧，实现知识的涌现。

12.2　智库技术系统的重要性与特征

当前，在大数据、人工智能技术快速发展的背景下，技术与科技创新、知识发现的融合愈发紧密，新技术为科学研究提供了新思路、新方法、新工具，催生"人工智能驱动的科学研究"的科研新范式。这种新范式强调利用人工智能学习科学原理、创造科学模型来解决实际问题。在智库研究中，智库技术系统是大数据、人工智能与智库研究深入融合的工程实践，也是"人工智能驱动的智库"的重要实现途径。智库技术系统利用大数据和人工智能等技术，提升智库研究的效率和质量，加速研究过程和决策支持的交付速度，催化智库研究向数据驱动和智能驱动的新范式转变，是智库发展迈向新阶段的必然要求。

12.2.1 智库技术系统的重要性

在数字时代，智库技术系统在智库发展中扮演了多重重要角色，发挥重要作用。

1）智库技术系统是智库研究效率提升的基础设施。智库通常面临大量的研究工作，需要处理和分析大规模的数据和信息。智库技术系统为智库提供共享的基础设施，如提供模型、算法和数据库，以提高研究的效率和准确性。通过共享智库技术系统中的数据和资源，智库研究人员可以避免重复开发和重复投入，从而节省时间和资源专注于专业问题的研究。

2）智库技术系统是智库工作效能提升的新动力。依托人工智能技术，智库技术系统能更好地收集、整理和分析大规模的数据，快速处理海量结构化和非结构化数据，挖掘数据的模式、趋势和关联性，提供决策支持、预测趋势和政策影响评估。

3）智库技术系统是专家协同工作的平台载体。在高度复杂的智库问题研究和决策中，往往需要多领域、多学科专家的协作沟通，智库技术系统为多元化专家参与智库问题研究和决策提供虚拟环境，专家可通过手机、电脑、线下决策剧场等多种途径协同工作，碰撞思想，通过专家与专家之间、专家与智库技术系统之间的交互迭代，促进合作和交流，强化协同研究。

4）智库技术系统是智库研究人、机、物三元融合的枢纽。智库技术系统可以与物联网技术结合，利用物联网设备生成的大量数据来支持智库的研究和分析。通过机器学习和数据分析等技术，智库技术系统能深入理解和模拟现实物理世界的复杂系统的行为和演化规律，为决策提供深入洞察，并在与专家互动的迭代中使机器逐渐学习人类的意图与智能属性，从而实现人、机、物三元充分融合，产生更逼近人类决策模式、满足现实决策需求的解决方案。

从功能上看，智库技术系统支持智库全流程研究和应用需求。在智库问题识别阶段，智库技术系统可以通过大数据分析和数据挖掘技术，对经济社会、科学文献、技术专利等数据进行深入分析，识别潜在问题和需求。在智库问题研究阶段，智库技术系统可提供全面的资料信息，帮助研究人员建立对智库问题系统、全面的认知，避免偏颇，并通过数据处理和分析工具，揭示问题规律，洞察发展趋势。在智库决策支持阶段，基于分析和模型结果，智库技术系统在与专家充分交互的前提下，生成智库问题的推荐解决方案和报告文本，支持政策制定和实施。

12.2.2　智库技术系统的特征

在数据信息大爆炸的背景下，为有效满足智库研究和决策需求，借助大数据、人工智能技术的赋能，智库技术系统应满足以下五大特征，从而实现"人工智能驱动的智库"。

1）数据驱动。智库技术系统应尽可能囊括全面的科技发展相关数据，包括结构化和非结构化数据，实现一站式全面掌握全球各国科技发展状况，决策者无须通过多系统、多部门查询相关数据。

2）智能分析。结合人工智能和机器学习算法等新技术，智库技术系统应能够自动处理和解释数据，从中提取有意义的信息，并生成准确、洞察性的分析结果。同时，系统应具备模拟、预测和优化的功能，能够评估不同决策方案的影响和风险，并为决策者提供准确、全面的决策建议。

3）敏捷支持。智库技术系统应具备可根据不同的决策需要个性化自定义场景指标和分析报告的功能，为决策者提供"想即所得"的敏捷分析能力，满足即时决策需求。

4）友好交互。智库技术系统应提供丰富、直观的数据可视化功能，具备用户友好的界面设计和易于使用的功能，以便政府和智库研究人员能充分利用平台进行数据分析和决策制定。

5）以人为本。智库技术系统不应是简单的数据和方法的集成，更需要强调"以人为本"，以系统内嵌的模型反映国家的立场和价值观，将国家利益融入决策方案的设计。这要求智库技术系统充分掌握各国的经济、社会、文化、政治、科技等全方位数据，以及各国间博弈的态势，在特定情境下理解自身的立场并设计出相应的应对方案。

12.3 智库技术系统的构建原则与架构逻辑

12.3.1 智库技术系统的构建原则

智库技术系统作为智库工作的工程化实现和重要载体，智库科学与工程"学术为基、文理交叉、理实融通、咨政为本"的基本原理是系统构建的基本原则。

原则一"学术为基"。智库技术系统虽是工程化的实践，但其内部各模块的构建也应建立在学术研究的基础之上，注重通过理论研究和学术探索厘清各场景的内在机理，以科学模型、科学计算、科学知识，确保系统结果的科学性、严谨性和可靠性。

原则二"文理交叉"。智库问题是涉及多学科交叉、跨领域融合的复杂、综合的战略问题、策略问题、政策问题、管理问题、治理问题（《中国科学院院刊》编辑部，2022）。这就要求智库技术系统应该跨越文科和理科的界限，在数据、专家、知识、方法等多个层面促进不同学科领域之间的交叉合作，为智库研究和决策提供多元化的分析视角，使智库能够更好地理解和解决复杂的问题。

原则三"理实融通"。智库技术系统应该注重理论和实践的结合，及时、动态跟踪国内外经济社会科技发展态势和战略政策布局动态，充分采集各领域数据，并从中挖掘信息服务国家决策需要，将智库研究与热点问题、焦点问题决策的实际需求相结合，通过理论层面的政策影响分析指导实践的决策方案。

原则四"咨政为本"。智库技术系统的建设应以服务决策为目标，避免单纯的数据汇聚和技术堆砌。智库技术系统的输出应该以政策制定和实施为导向，综合集成专家知识和机器发现，在充分考虑不确定性的前提下，为政府和决策者提供科学、客观、及时的建议。

12.3.2　基于智库双螺旋法的智库技术系统架构逻辑

当前，虽然国内外智库已开发了以数据服务、知识服务、情报监测等为主要功能的智库研究支持系统，但总体来看，现有系统与智库问题研究的全过程融合仍不充分，未形成从数据到政策的贯通，难以为决策提供有效支撑。同时，以数据检索、信息获取为主的系统功能，难以实现专家知识与系统的有机结合，存在系统知识与专家知识割裂的问题。智库双螺旋法坚持"问题导向、证据导向、科学导向"，既是智库研究的思维方法、指导方法，也是操作方法，是对智库研究范式的探索。基于MIPS逻辑层次法和DIIS过程融合法的深度耦合，可以有效指导智库技术系统构建。

以智库双螺旋法为指导，智库技术系统具有场景驱动和数据驱动两条架构逻辑（图12-1）。

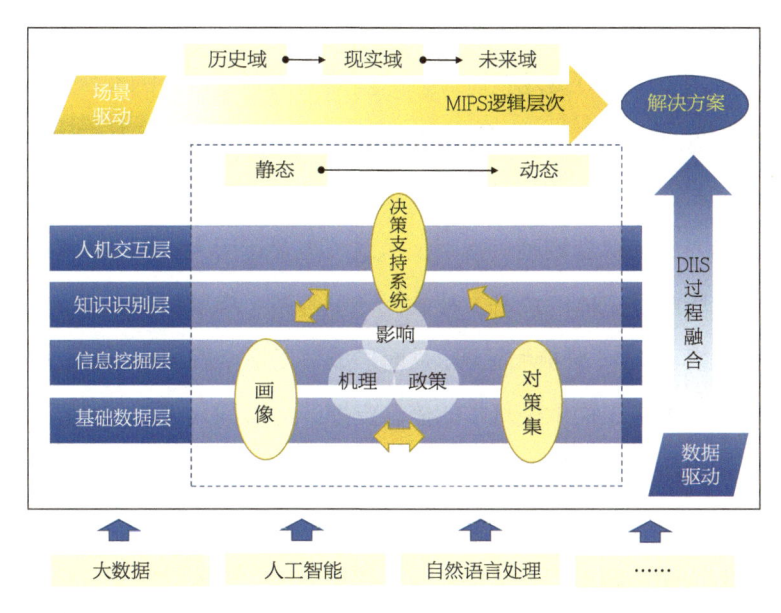

图12-1　智库技术系统的架构体系

12.3.2.1 场景驱动视角

场景驱动是指智库技术系统以智库决策问题为核心,根据具体的应用场景需求和机理来设计和构建系统,如大国科技博弈场景等。在智库研究中,场景驱动的视角强调将技术与具体决策场景相结合来建设智库技术系统,以满足智库工作的实际需求。

智库问题的本质涉及不同利益相关方之间的博弈,因此决策方案的提出是对博弈策略进行优化选择的过程。为了全面把握场景的现状,并确定可行的对策空间,在人工智能等技术的支持下,智库技术系统的构建应遵循场景画像、对策集构建和决策支持系统的构建逻辑,以实现从静态到动态、从历史到未来的贯通。总体来看,场景画像将为智库提供问题的全面认知和分析基础,对策集构建为智库提供多样化的政策选项,而决策支持系统则通过数据分析和预测等技术,为决策者提供在各个选项中做出较优决策的支持工具。这三个方面相互协作,帮助智库更好地理解问题、提供解决方案。

(1)场景画像

智库技术系统应开展场景画像,即全面刻画问题所处的现状。画像作为信息时代数据分析的产物,可全面细致地抽象对象的全貌,从而进一步挖掘表象数据背后的信息。在智库研究中,场景画像包括对利益相关方、决策背景、决策环境等方面的综合刻画。智库技术系统需要运用大数据、人工智能等手段,对场景所涉及主体的经济、社会、环境等各个维度进行全面、系统、精准的数据采集、整合、分析和呈现,从而形成对场景全貌和特征的立体、动态、多维度描述,为决策提供最基本的信息支撑。通过深入了解和分析场景的各个方面,智库技术系统能够获取全面的信息基础,从而为后续的决策制定提供坚实的基础。

画像的构建应满足四方面要求:一是全面性,国家数字画像应该全面反映主体的各个方面信息,提供关于主体的整体情况和各个细分领域的数据、指标和趋势。例如，在对我国科技竞争力的画像中，需要从国家科技发展环境、科技投入、科技产出、科技贡献等全维度展开综合刻画。二是可靠性，国家数字画像的数据和信息应该具有高度的可靠性和准确性。应基于科学的研究和权威的数据来源，经过严格的统计和验证，以确保其真实性和可信度。三是实时性，由于国家的状况和发展是动态变化的，场景下的画像的数据和信息也应得到及时更新，以反映最新的情况和趋势。四是可比性，国家数字画像的数据应该具有可比性，即不同时间段、不同地区和不同领域之间的数据应该是一致的、可比较的，以便进行横向和纵向的比较分析，揭示主体的变化和差距。

随着智库技术系统场景的不断丰富，最终将形成多场景、多层次、多维度一体化的画像体系。

（2）对策集构建

现代社会面临着越来越复杂的经济、社会、环境等问题，这些问题通常涉及多个因素和利益相关方。为了给决策者提供全面、系统的对策集合参考，提供多元的解决方案，在智库技术系统中，需要收集、整理和存储各种政策方案，提取对策关键要素形成数据库或知识库，即对策集。对策集可为政策制定者、研究人员和其他利益相关者提供方便获取和搜索各种政策方案和建议的资源，包含不同层级和不同领域的研究报告、政策白皮书、政策评估和政策经验等，以启发他们制定对策。基于对策集，智库技术系统可以利用人工智能等技术，进行数据挖掘、模式识别和预测分析，从而帮助智库研究人员确定可行的对策空间，为制定决策提供有力的依据。

在智库技术系统中，通过对场景中利益相关方的研究报告等资料采集，提取特定场景下的对策，并通过对策编码，可实现对策博弈的历史域、现实域、未来域的贯通。在历史域中，对策集可以基于过去的经验和数据，总结和分析各种策略的效果和结果。通过对历史数据的回顾和分析，智库技术系统可以识别出过去各种对策的成功案例和失败教训,并从中汲取经验教训。这样的历史经验可以为当前的决策提供有益的参考,帮助智库研究人员和决策者更好地评估不同策略的潜在结果。在现实域中,智库技术系统可以利用人工智能和数据分析技术,对现实环境中的各种因素进行综合考量,识别出可能的决策选项,并评估其潜在影响和风险。通过对策集的构建和优化,智库研究人员和决策者可以在面对复杂的现实挑战时做出明智的决策。在未来域中,通过利用大数据分析、机器学习和预测建模等技术,智库技术系统可以模拟不同决策策略在未来环境中的表现,预测潜在结果和趋势,以帮助智库研究人员和决策者制定战略和规划,应对未来可能出现的挑战和机遇。

未来,基于生成式人工智能,智库技术系统可利用机器学习算法来学习对策集中不同对策与问题之间的关系。系统可以分析历史数据、案例研究和专家意见,以建立模型来推断哪些对策可能在特定情况下是最有效的。基于对策集实现智能对策建议生成。

(3)决策支持系统

面对百年未有之大变局,智库决策支持需求呈现出时限短、涉及面宽、综合性强、政策性强等特点。决策者往往不仅需要了解场景下各主体的画像和可能的对策集,更需要实现多维度数据、对策集的综合集成,搭建场景决策支持系统,为开展深度的情景分析、政策模拟提供技术支持。以 MIPS 逻辑层次法为指导,决策支持系统的构建注重机理分析、影响分析、政策分析。

机理分析是场景决策支持的核心。机理分析是认识事物本体及规律的过程(潘教峰,2020)。通过机理分析有助于把握决策背后的关键因素和驱动力,揭示系统内各要素之间的作用规律,从而指导决策支持系统中场景决策模拟模型的构建。

影响分析是场景决策支持的基础。影响分析主要用于厘清事物本体和外部的相互关系,分析事物对其他方面产生的影响(潘教峰,2020)。通过影响分析，有助于建立场景问题与经济社会各部分的联系，为从综合性、系统性视角开展场景对策的模拟奠定基础。

政策分析是智库技术系统优化解决方案的重要途径。政策分析主要是探讨对事物进行人为干预或政策调节后产生的政策效果（潘教峰，2020），是对未来的前瞻和研判。政策分析涉及智库双螺旋法的情景分析、不确定性分析、循环迭代、客观分析与主观判断的结合等关键问题（潘教峰等，2022b）。①情景分析。基于专家对场景未来演化路径的参数设置，包括基准情况、乐观情景、悲观情景等。决策技术系统可针对不同情景开展效果模拟评估，从而在多个情景中识别具有可行性、有效性的解决方案。②不确定性分析。多数情况下，智库问题需要对未来进行前瞻研判。由于外部经济社会技术发展的不确定性，智库决策的不确定性也始终存在，因此，为最大限度地提高决策的可靠性和完备性，在政策分析环节应开展充分的不确定性分析，通过场景敏感参数的调节，识别不同解决方案的不确定性程度及其作用范围。③循环迭代。循环迭代是提高政策分析可靠性、可信性的重要途径。一方面，当在政策分析中发现政策分析结果与实际偏差较大时，需要对决策支持模型进行校正；另一方面，当情景解决方案难以满足决策需求时，需要对情景循环迭代，直至搜索到较优的解决方案。④客观分析与主观判断结合。当前，虽然信息技术高度发达，但技术并不能替代人的决策，在为场景提供决策支持的过程中，仍要坚持客观分析与主观判断的深度融合，在客观资料分析的基础上融合专家智慧，融会贯通形成高质量的解决方案。

12.3.2.2 数据驱动视角

数据驱动是以智库双螺旋法的DIIS过程融合法为指导，以数据为对象，围绕数据采集、加工、利用进行设计和开发，以实现更加准确和高效的数据分析和决策支持。在数据驱动视角下，智库技术系统的构建包括以下几个层次。

（1）基础数据层

基础数据是智库技术系统开展决策支持的根本所在，其主要功能是存储、管理和维护智库技术系统中涉及的画像、对策集所需的数据，以及决策支持的模拟数据，为系统提供数据支持。智库技术系统的数据可分为四种类型：一是有关国家经济社会发展的基础数据，如国家人口、地形、地貌、交通道路等。这类数据具有较高的稳定性，一般不会发生年际大幅度变动。二是智库技术系统所承载的各场景所需的主题数据，如在开展流行病政策分析时需要具备流行病期间人口流动数据。这类数据具有较强的领域性和问题导向性，需要根据决策需求动态扩充。三是智库情报数据，针对智库研究需求和决策辅助需求，智库技术系统往往需要采集海量的数据，例如各国各机构与公共政策相关的战略政策、研究报告、新闻舆论等实时动态情报，为把握各国政策动态奠定基础。时效性强是这类数据的突出特征，以应对以周计、以天计的决策需求。四是智库技术系统的模拟仿真数据，在各场景下，为从多个情景中综合搜索得到较优的解决方案，智库技术系统往往需要保存大量模型相关的结果数据、过程数据、参数数据等，支持场景未来演变趋势的可视化呈现和决策。

（2）信息挖掘层

数据是对客观事物进行记录的载体，信息则是数据经过加工后反映的客观世界的具体表现。信息论的创始人香农认为，信息是确定性的增加。为进一步从海量数据中建立对客观世界的认识，信息挖掘成为智库技术系统的核心功能之一，其目的是从海量的数据中挖掘出有价值的信息。信息挖掘层应用统计分析、机器学习、数据挖掘等技术，对基础数据进行分析和建模，发现数据中的模式、趋势和关联。通过探索数据背后的隐性知识，为智库研究提供有价值的信息。一般而言，智库技术系统的信息挖掘涉及三类方法的使用，包括：①数据分析方法，如聚类分析、分类分析、关联规则挖掘、时间序列等，主要用于处理结构化数据的相关性、趋势性；②自然语言处理方法，如情感分析、文本分类、关键词提取等，主要用于挖掘非结构化数据背后的情感、热点等特征；③网络分析方法，如社交网络分析、复杂网络分析等，主要用于寻找复杂网络背后的结构特征和交互作用。

（3）知识识别层

知识是对客观事物规律的了解、认知和理解。在信息获取的基础上，结合一定场景，可将信息转化为对现实行动和决策的指导，并可进一步借助知识图谱、网络分析等技术实现单一知识与其他知识的关联，从而为决策者提供更加深入的分析和预测。例如，在针对某一热点事件的分析中，基础数据层围绕该事件抓取大量非结构化网页数据，信息挖掘层从中提取关于事件时间、地点、人物的重要信息，知识识别层则可进一步构建事件随时间的态势演化、事件关键人物的关系网络等，为决策提供更加丰富、深入的决策支撑。

（4）人机交互层

人机交互层是决策者、专家与智库技术系统用户"对话"的窗口，也是实现专家间开展智库决策的协作平台。通过专家与机器、专家与专家的交互融合，完成决策辅助。①从专家与机器的交互看，智库技术系统可提供多种形式的决策辅助，包括：可视化决策辅助，即通过图表向用户呈现决策结果，使用户能直观获取核心信息，提高决策效率；智库报告决策辅助，即基于技术系统的数据分析，自动生成一定主题下的咨询报告，为用户提供全面的、体系化的信息；随着数字技术的发展，未来的智能问答和虚拟助手也将成为智库技术系统决策辅助的重要形式，虚拟助手可通过自然语言处理和机器学习技术，回答决策者的问题，提供相关信息和建议，实现与系统的交互和沟通。②从专家与专家的交互看，在数字时代，面对个体决策、群体决策、分布式决策，智库技术系统的交互决策也可通过手机软件、决策剧场、基于 Web 的系统等多种形式实现。手机软件的优势是打破时间、空间限制，实现实时决策支持；决策剧场的优势是实现决策相关方在同一个空间中进行协同决策，决策群体实现充分沟通和讨论，提供更多、更全面的决策方案；基于 Web 的系统的优点则是实现远程协作决策，提高决策效率（吴静等，2021）。5G、云计算、增强现实（AR）、虚拟现实（VR）等技术的发展，为构建沉浸式、交互式、可视化的决策体验提供了可能。知识图谱、网络结构、统计图表等多种形式，使研究结果更加直观，易于决策。

12.4　智库技术系统的发展趋势

在人工智能、大数据和多模态数据处理技术快速发展普及，并推动科研范式向数据密集型"科学智能"转变的背景下，未来"人工智能驱动的智库"将与智库研究进一步深化融合，智库技术系统展现以下几方面发展趋势。一是数据分析和预测能力将进一步提高。通过机器学习和数据挖掘技术，人工智能可以帮助智库分析大量的数据，处理复杂的信息并识别趋势，从而提供更准确的预测和洞察，为决策制定者提供有力的支持。二是自动化报告和摘要生成能力将进一步提升。人工智能将在智库技术系统中自动处理大量的文本和信息，并生成摘要、报告和分析，减轻智库研究人员的负担，大大提高智库研究人员的工作效率，使智库研究人员将更多精力投入到需要专业化知识和创新性的工作中去。三是决策支持和政策建议能力将进一步增强。通过使用大数据和算法，人工智能可以从大量的数据中学习和发现事物发展的客观规律和模式，帮助决策者更好地理解和预测政策效果、识别风险和机会，快速搜索更合适的解决方案，从而帮助决策者做出明智的选择，提高解决方案的可行性。

第6篇

知识传播域

智库兼具知识生产和知识传播的双重功能，因此，智库的交流、合作、传播也是重要的工作内容。一方面，智库通过有效的交流和传播，扩散其知识产品，发挥重要影响力。另一方面，专家的咨询和交流也是形成智库产品的重要方式。在知识传播的过程中，还能够形成智库共同体，有利于人才培养和传承，形成特定的学科文化。

智库科学与工程的知识传播域是建立智库成果供需双方沟通网络，促进智库研究成果转化与扩散，推动智库人才培养的关键场域。本章聚焦的知识传播域包含智库共同体、智库交流与传播、智库人才培养等内容。智库共同体是本篇凝练提出的新概念，体现了智库学者、智库研究机构、智库组织等的共同价值追求和利益取向。智库交流与传播有多样化的载体，包括智库期刊、智库出版物、智库报告、智库品牌会议等。智库科学与工程学科建设的最终目标是开展建制化的人才培养，通过薪火相传实现最高意义上的知识传播和传承。

第13章　智库共同体

共同体的概念源自西方国家，现代科学技术的进步以及现代大学的兴起促使了共同体的形成。在古希腊和古罗马时代，师生之间因为好奇心和共同的研究兴趣而聚集在一起，这可以看作是共同体的雏形。随后，进入中世纪时期，学术活动逐渐自发起来，欧洲出现了许多大学。17—18 世纪，自然科学逐渐独立于哲学，相关研究者在大学之外建立了大量的无形学院和科技社团，以便于具有共同科学研究兴趣的学者们相互交流。19 世纪后，学术研究逐渐职业化、体制化，现代大学普遍将从事科学或学术研究视为教师的职业要求，积极鼓励和引导学生参与学术活动，这使共同体得以繁荣，并逐渐形成了真正意义上的共同体概念（罗贵榕，2016）。

目前，随着智库研究逐渐从专业化、科学化走向学科化，并形成智库科学与工程的学科体系，智库共同体将发挥重要作用。本章首先介绍智库共同体的内涵和功能，之后分析专业化智库、科技社团、智库联盟等不同类型智库共同体的职能，最后总结智库共同体促进智库科学与工程学科发展的探索实践。

13.1　智库共同体的内涵和功能

智库共同体是涵盖多个智库组织的协作网络或联盟。智库共同体通过联动智库单位、领域专家、决策者、媒体、公众等多方资源，搭建各方参与和合作的平台，进行协同研究、资源整合，推动跨机构、跨学科的交流合作，从而产生更具深度和广度的研究成果，服务于经济社会发展。智库共同体是对智库活动组织形式的探索和创新。智库共同体通过有效整合不同智库组织的智力资源、平台资源、信息资源等，提升智库战略咨询能力和实践能力。

智库共同体可以促进智库间的合作与交流，推动问题的解决和合作的发展。同时，智库共同体也可以在全球层面上建立联系，参与全球性议题的研究和解决方案的制定，推动全球治理和可持续发展的实现。智库共同体成员通常有一种智库研究的归属感和共同体意识，他们在某种程度上分享着共同的利益、目标和价值观。智库共同体的形成可以增强社会凝聚力和形成社会支持网络，使成员之间有更密切的互动和合作。智库共同体也有助于智库研究人员的学术认同和身份建构。

13.1.1 智库共同体推动智库研究范式的创新

20世纪，托马斯·库恩提出了"范式"理论。范式是探究科学发展规律的重要概念之一，它作为科学共同体的精神定向（mental sets）工具、理论、方法、范例和规制，代表了共同体成员具有的共同信念、价值观、科学框架、研究方法等（宋超和杨瑶，2023）。范式是共同体共同遵循的价值观念，共同遵守的研究方式，共同建构的思维体系，学科的产生和发展是研究范式的逐渐形成和变革的过程。范式是科学理论及科学研究框架的核心，只有形成智库研究的范式，智库共同体之间才有凝聚力，才能推动智库研究的深入和拓展智库研究的边界范畴。智库研究范式的形成和演化又取决于智库共同体研究实践的深度和广度。智库共同体在研究过程中确立的智库研究领域、研究本体、研究方法、研究应用等不断丰富和完善范式的内涵。

13.1.2 智库共同体催化智库学科的产生和发展

新的学科往往在经历了概念提出、理论引进、系统著作撰述等过程后，必然通过建立一系列的共同体，使学科形成正规的学校课程体系。随着知识社会的发展，专业化的知识生产推动学科分类越来越细致化。当知识分化到一定程度时，就形成了不同的知识门类，这些门类即构成了学科制度（崔延强和权培培，2019）。学科也被认为是由一群学者依赖于一定学术物质基础，围绕知识进行的创造、传递、融合与应用的活动所组成的组织系统，是一个实际存在的具有组织形态的学术组织系统（宣勇，2002）。智库共同体的产生将促进智库科学与工程这一学科体系的发展，研究者们相互交流、切磋各自的智库研究工作，催化了智库知识的社会化、集体化、细致化发展的过程。

13.2　智库共同体的类型和职能

智库共同体是具有共同价值追求和利益取向的学术研究群体，它们共同研究智库问题，遵守共同的研究规范。智库共同体可以通过为政府和决策机构提供独立、科学的政策建议，发挥智库在政策制定和决策过程中的作用，提高政策影响力，反过来增强智库共同体的地位和影响力，进而推动学科的建设和发展。智库共同体可以通过组织学术会议、研讨会和讲座等活动，为学者们提供交流与合作的平台，促进学者之间的互动与合作，推动智库学科化发展；智库共同体可以建立共享资源的机制，例如共享研究成果、数据、文献和工具等，避免重复劳动，提高研究效率，为学术界提供更多的参考和支持；智库共同体可以开展培训计划，培养年轻学者的研究能力，通过提供学术导师、研究项目和实践机会等支持，培养出更多有潜力的智库学科人才；智库共同体可以制定学科评价与认证的标准，建立起科学的评价体系，提高学科建设的质量和水平，为智库工作者们提供明确的发展目标；智库共同体可以促进国际的学术交流与合作，分享各自的研究经验与成果，拓宽学术视野，提高智库学科的国际竞争力。下面介绍智库共同体的不同类型，并对其职能进行总结。

13.2.1　专业化智库

智库问题具有学科交叉性等特点，是典型的交叉汇聚问题，因此，需要专业的智库来专门开展智库问题研究。根据《全球智库报告2020》，2020年全球智库数量达到11 175家。亚洲成为智库数量最多的区域，共计3389家

（30.3%）。欧洲和北美洲智库数量分别为2932家（26.2%）和2397家（21.4%）。中国有1413家智库，数量仅次于美国，位居全球第二。

专业化智库聚焦重大经济、社会、安全、科技治理问题，通过高质量的咨询报告向政府提供政策建议与服务，通过公开发布的研究报告向社会公众提供知识与信息。以美国兰德公司为例，专业化智库通过和政府、军队、企业、社会组织等各方建立合作机制，争取各方的支持和协作。2022年，兰德公司收入为34 900万美元，经费来源主要为美国卫生和公共服务部、美国国防部长办公室和其他国家安全机构、美国空军、美国国家安全局、美国陆军等（表13-1）。兰德公司在国际安全与国防、公共政策与社会问题、科学与技术创新、健康与社会行为等方面开展前沿性的学科研究。同时，兰德公司积极建立与政府、企业等机构的合作机制，争取各方的支持和协作，为智库研究和学科发展提供了充足的经费和资源支持。2022年，兰德公司新增出版物865份，包括报告、期刊文献等，下载量达790万次。

表13-1　兰德公司2022年收入情况

经费来源	经费数额/万美元	占总额比例/%
美国卫生和公共服务部	6840	19.6
美国国防部长办公室和其他国家安全机构	6450	18.5
美国空军	4670	13.4
美国国家安全局	4600	13.2
美国陆军	3590	10.3
其他联邦政府机关	1790	5.1
基金会	1760	5.0
非美国政府机构和国际非政府组织	1300	3.7
慈善捐款	1270	3.6
其他非营利组织	940	2.7
州与地方政府机关	850	2.4
私营部门	470	1.3
其他	240	0.7
大学	130	0.4

长期以来，智库研究都是从实际的复杂问题出发，综合运用多学科知识和方法，并且随着智库研究面临的问题日趋复杂，智库研究所涉及的学科领域不断扩大（裴瑞敏等，2022）。从专业化智库学者教育背景构成来看，多元化的学科背景特点鲜明地体现了智库研究的会聚特征。以美国兰德公司为例，截至2022年底，兰德公司拥有1880名员工，这些人具有多元化的专业、教育和文化背景的优势。兰德公司中近半数的研究人员（850人）持有一个或多个博士学位，另有34%的研究人员拥有一个或多个硕士学位，并且学科门类涵盖广泛（图13-1）。

图13-1　兰德公司拥有博士学位研究人员的学科背景情况

13.2.2　科技社团

科技社团是以科技工作者为主体自愿组成的具有非政府性、非营利性组织属性的科学共同体，其成员多来自科研机构、高等院校、政策研究机构、企业，是国家科技创新体系的有机组成部分。纵观世界发达国家，非政府科技组织在各国创新体系中发挥了倡导科技规范、引领学术研究、参与政策制定、维护科学价值、协调多方利益、开展科技外交等重要作用。

科技社团的体制和机制相对更加灵活，具有普通高等院校、政策研究机构或部门不具备的比较优势。科技社团是由各领域的专家、学者和专业人士自愿组成的共同体，以解决科技领域的问题和推动创新为目标。这些社团拥有相对严密的组织架构，同时在智库研究目标、宗旨使命和行动方式等方面保持一定的自由度。为了支持其咨政活动，科技社团采取了多种经费筹集方式。一方面，社团个人或会员单位通过缴纳会费来自筹经费。另一方面，它们还通过申请各类科研咨询课题、为政府提供研究服务、接受社会公益资金捐助以及与各类机构和组织展开联合研究等方式来获取经费。这种多样化的经费来源确保了科技社团的稳定运作和持续发展，为其提供了实现其使命的资金支持。

科技社团发挥科技专业优势，不断增强全球治理的影响。科技社团在全球治理多主体中代表着公共利益，凭借其专业知识和研究能力，提供全球治理方案。例如，国际科学理事会推进实施联合国《变革我们的世界：2030年可持续发展议程》。国际地质科学联盟与联合国教育、科学及文化组织共同实施"国际地球科学伙伴关系计划"，旨在面向地质界建立一个全球性的知识中心，促进自然资源的可持续利用，加强地质灾害风险防控。国际地质科学联盟还推进实施"国际岩石圈计划""同位素与年代学计划""国际地球科学伙伴关系计划""法医地质学""未来资源计划"等。

科技社团搭建高水平研究平台，持续加强学术引领作用。科技社团主办高水平学术期刊、发起或策划规模化和常态化学术活动，凝聚共同体。例如，美国科学促进会主办了《科学》期刊，该期刊是世界上发行量最大的具有同行评议的综合科学刊物。国际数学联盟自1897年起，每四年举办一届国际数学家大会，素有"数学界的奥运会"之称。学术会议通常采用轮换制度，使科技组织的影响力能够扩展到不同的国家。

科技社团承担社会公共责任，以科学技术促进国家发展。科技社团发挥科技网络优势，协调多领域专家，承担国家发展战略使命。20世纪80年代，美国科学促进会承担了著名"2061计划"，组织数百名科学家、数学家、工程师等历时多年，出版《面向全体美国人的科学》《科学素养的基准》《科学教育改革的蓝本》《科学素养的导航图》《科学素养的设计》等，这成为美国开启科学教育战略化进程的奠基性工作，改革了美国从幼儿园到高中的科学教育。科技社团创新管理机制，为政府科学决策提供"外脑"。美国布鲁金斯学会采用智库的"旋转门"机制，为美国联邦政府提供专业研究观点，对政府决策、公共舆论和公众认知产生了重要影响。布鲁金斯学会还在科技与经济融合方面发挥着推动作用，尤其是在影响政府经济决策的制定和实施层面。除此之外，布鲁金斯学会向政府输送专业人才和发表专业研究观点，在塑造政策和促进科技与经济融合方面扮演着关键角色。

13.2.3 智库联盟

智库联盟是由多个智库组织或研究机构组成的合作联盟。智库联盟的成员机构通常拥有不同的专业背景、领域专长和研究方向，但它们关注一些共同的议题和问题。通过联盟的形式，专业化智库可以加强合作交流和资源共享，共同开展研究项目、组织学术活动和推动政策影响。智库联盟的目标是通过合作与共享，提高研究的质量和影响力，推动学术交流和合作，促进知识产出和政策影响。通过联合行动，智库联盟可以更好地应对复杂的社会、经济和政治问题，为社会发展和决策提供有价值的研究成果和政策建议。智库联盟的形式和组织结构可以有所不同，有些是国内的地区性联盟，有些是国际性的跨国联盟。它们可以通过定期会议、研讨会、合作项目和共同发表的研究报告等方式来加强成员机构之间的合作和交流。

智库联盟凝聚智库研究共识，服务于命运共同体建设。2018年联合国气候变化大会召开之际，全球能源互联网发展合作组织与《联合国气候变化框架公约》秘书处共同举办了相关主题活动，发布了《全球能源互联网促进〈巴黎协定〉实施行动计划》，并成立了全球能源互联网智库联盟。全球五大洲13个国家共28家知名机构，成为首批联盟成员。该联盟通过联合政府、组织、机构等形成相关的议案和提案，写入《巴黎协定》实施细则，携手应对气候变化这一全人类共同面临的巨大挑战。

智库联盟整合优势智力资源，引领成员开展精准研究。例如，"一带一路"倡议提出后，中共中央对外联络部牵头组建了"一带一路"智库合作联盟，旨在通过优势资源对接、统筹研究，发挥智库国家队的引领作用。该联盟已经与德国杜伊斯堡市共同举办了"一带一路"合作国际会议，同捷克外交部下属机构共同举办了合作会议，和柬埔寨就澜沧江－湄公河合作机制举办了论坛。联盟秘书处依托紧靠中央决策的信息优势，及时、准确地把握"一带一路"建设进程中急需解决的问题和瓶颈，快速向智库成员提供政策指导和课题引导，促进智库研究和政府决策需求有效衔接。

智库联盟提升协同创新能力，形成推动区域发展合力。智库联盟可以深化多边交流，推动科技增效赋能，服务区域合作。例如，截至2023年5月，中关村全球高端智库联盟汇聚了11个国家59家高端智库，为《北京市促进科技成果转化条例》的实施、"十四五"时期北京国际科技创新中心建设规划等提供决策咨询。不同智库通过多学科、多领域的合作，为区域发展开展科学评估，推进智库研究方法、政策分析工具和技术手段创新的应用落地。

13.3 智库共同体促进智库科学与工程学科发展的探索实践

智库成为国家治理体系中不可或缺的组成部分，是国家治理能力的重要体现。在推进国家治理体系、治理能力现代化的进程中，高端智库作为建制化、专业化的咨询研究组织，不仅是国家软实力的重要组成部分，更是国家决策科学化、规范化的一项重要制度安排。国家高端智库试点是中国特色新型智库建设的示范性工程。战略咨询院作为首批国家高端智库建设试点单位，高度重视智库研究专业化建设，重视科学化、高质量发展，重视人才培养，重视方法创新、工具创新，在促进智库学科化建设方面开展了有益的路径探索。

13.3.1 践行智库研究范式，建立学科框架核心

根据库恩的范式理论，一个研究领域确立和成熟的标志是范式的形成与相应共同体的形成，而成熟的范式是一套包含了理论、原则、价值和方法的体系，既能够为研究者提供认识问题的有效方法，也能够为研究者指引探索未来研究的方向。目前，国际和国内的智库研究领域已经出现了一些成熟的智库研究方法，如德尔菲法、技术预见方法等。然而，智库研究范式还未成形，具有系统性的方法体系依然缺乏，基于共识性范式的共同体尚未形成，这必然限制智库研究的科学化和专业化程度，进而影响其咨政建言的能力水平和影响力。

当前，国际和国内智库都在创新智库研究方法，但关于智库理论和方法的研究还缺乏系统性和整体性，以往的许多理论研究和方法大都是嵌入在其他学科之中，未形成专门针对智库问题的智库研究方法体系。智库研究需要坚持科学导向，从"软科学"走向"硬科学"（王鑫等，2021），需要形成智库研究范式和系统的理论与方法。在智库研究日益走向科学化和学科化的探索中，潘教峰（2020）研究、探索并提出的智库双螺旋法，成为智库研究的思维方法、操作方法和指导方法，为解决高度综合复杂的智库问题提供了一种创新性的综合方法工具体系（裴瑞敏等，2022）。

智库 DIIS 过程融合法理论方法实践于 2007 年，形成于 2017 年，智库双螺旋法形成于 2020 年，智库双螺旋法的"四层模型"形成于 2021 年。当前，智库双螺旋法已经在多个高校、学术机构中广泛应用。以关键词"智库双螺旋法""DIIS""MIPS"检索中国知网关于智库双螺旋法的相关研究，可以看出，近年来基于智库双螺旋法开展智库研究的学术论文呈现增长态势，逐渐成为智库共同体共同遵循的研究范式（图 13-2）。智库研究学者运用智库

双螺旋法全程指导国家发展战略、发展规划、创新驱动、全球治理、国家治理、社会治理、预测预见等方面的智库研究。智库双螺旋法为开展战略咨询研究提供了系统思维方法，这套方法立足于研究问题的基本逻辑和决策需求，促进学术研究和智库研究的交叉融合，提升了智库研究逻辑架构的科学化、专业化水平，破除了从学术研究向智库研究转变的认知壁垒，发挥了思维指导、过程指导、操作指导、组织指导作用。

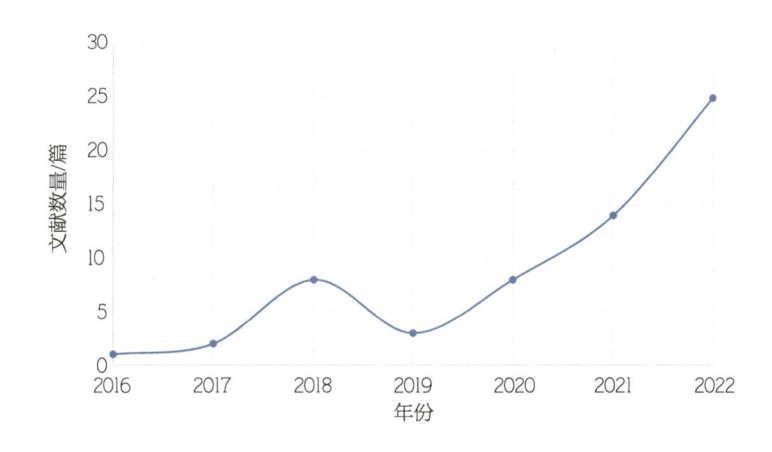

图13-2　中国知网关于智库双螺旋法研究范式的论文数量

13.3.2　搭建智库成果载体，锚定学科发展方向

学科建设的目标是产生和传播知识，而在这个过程中，涉及对知识成果的筛选和评估，这应由共同体来完成。学术期刊浩如烟海，刊载在期刊上的学术论文的数量更是呈指数型增长。如何更准确地找到智库研究相关期刊，如何更有效地识别智库研究的前沿热点问题是智库界面临的重要问题。

为促进我国智库研究的科学化发展和智库共同体的形成，展示智库研究多学科、多领域、交叉融合的特征，战略咨询院、爱思唯尔出版集团、《中国学术期刊（光盘版）》电子杂志社有限公司联合开展了《智库期刊群（1.0版）》遴选工作。基于刊物多项信息，匹配智库双螺旋法理论与实践研究范畴关键词，通过相似度定量计算和专家定性研讨，本着自愿加入，好中选优、优中选精的原则，遴选出一批英文期刊和中文期刊入选《智库期刊群（1.0版）》。入选期刊可被认为是智库研究的代表性期刊。《智库期刊群（1.0版）》以期刊遴选为切入点，寻智库学术之根，筑智库科学之基，从而推动共同体的发展，智库双螺旋法为此提供了依据和牵引。

13.3.3 推动人才联盟建设，加强专业人才供给

当今世界正经历百年未有之大变局，新一轮科技革命和产业变革加速演进、全球气候变化加剧，世界经济社会发展面临巨大的不确定性，人类处在新的历史十字路口，对高水平智库的需求持续增长，高质量智库人才的建制化培养成为亟待解决的问题。然而，智库人才培养仍面临着专业化人才缺乏、学科体系亟待优化、国际化程度不足等问题，需要专业化智库和人才培养机构联合起来，共同分享思想、实践探索、总结经验，最终形成智库人才培养的有效模式。

2022年9月，战略咨询院发起成立"智库人才培养联盟"的倡议。"智库人才培养联盟"旨在持续完善智库人才的建制化培养体系和培养模式，培育和丰富智库科学相关的新兴交叉学科，推动智库科学与工程交叉学科建设，建设跨单位、跨领域、跨学科的智库导师队伍，提升我国智库人才培养的质量与水平，为中国特色新型智库建设提供强有力的人才保障。通过"智库人才培养联盟"，联盟单位可以分享思想、实践探索、总结经验，形成符合国家战略需求的有效的智库人才培养模式；可以联合开展智库人才培养与学科建设理论和方法研究，探索智库人才培养的有效方式和路径；可以开展智库科学与工程学科建设与培育，建立学科知识体系、课程体系和教材体系，培育智库科学相关的新兴交叉学科，推动智库科学与工程学科体系化发展。

第14章　智库传播与交流

智库交流的目的通常有讨论对策建议、达成专家共识、交流研究方法、传播智库研究成果、深化对国内外形势和各领域问题的认识、促进智库之间的合作和联动等。智库传播是智库建立影响力的重要环节，通过传播智库思想、观点、价值观和研究成果，获得更为广泛的认同，从而树立智库的品牌形象并提升智库知名度，影响决策层。一般的学术传播受众大多为同领域的专家学者，而智库传播不仅限于从事决策的政府部门等决策层，还影响其他的利益相关者和广泛的社会群体。

14.1　智库传播

传播学是研究社会信息系统及其运行规律的一门学科，它主要关注人类的传播行为、传播的发生过程以及传播过程中人与社会的关系等内容。拉斯韦尔（H. Lasswell）在《社会传播的结构与功能》一文中认为，任何一个传播过程，都可分解为传播主体（who）、传播内容（says what）、传播媒介（in which channel）、传播对象（to whom）、传播效果（with what effect）五个要素或环节。在智库的建设和发展中，传播是一项重要的评价指标。一些权威的智库评估项目，如美国宾夕法尼亚大学的"智库与公民社会计划"，已将全媒体传播能力作为评价智库建设发展水平的重要标准。欧美智库普遍高度重视传播，如美国布鲁金斯学会就拥有一支经验丰富、结构合理的智库传播队伍，英国皇家国际事务研究所（查塔姆研究所）专门设置传播部门，建立相关制度，强化与媒体的联系。

14.1.1 智库传播主体

智库传播的主体可以分为以下几类。

1）专业化智库：专业化智库是智库传播的重要主体，它们是由一群专家学者组成的研究机构，致力于研究各种社会问题和政策，为政府、企业、学术界和公众提供咨询和建议。

2）媒体：媒体是智库传播的另一个重要主体，它们通过报道专业化智库的研究成果和观点，将相关信息传递给公众。

3）政府：政府也是智库传播的主体之一，它们可以通过使用专业化智库的研究成果和建议，制定更加科学、合理的政策。使用的过程也可以视为传播的过程。

4）学术界：学术界也是智库传播的主体之一，它们可以通过专业化智库的研究成果，为自己的研究提供参考和借鉴。

总之，智库传播的主体涵盖了专业化智库、媒体、政府和学术界等多个方面，它们共同构成了智库传播的生态系统。

14.1.2 智库传播内容及质量控制

智库这种专业机构的产出是"思想产品"，而这些思想产品要实现其价值，达到影响决策的目的，就需要精准和有效地传播给目标受众——决策层及社会公众。传播内容是智库传播的根基，否则就如空中楼阁。为提高智库传播内容的质量，可从选题策划、质量控制部门、流程管理和智库研究人员四个方面考虑。

1）选题策划是智库研究的第一步，选题要"准"和"精"。智库的选题应集中于党中央、国务院关注的和社会大众关切的重大战略与前瞻性问题，以及改革发展中的难点、热点和突发性应急性问题等。从智库传播的实践来看，针对性强的智库选题，一般来自以下途径：一是决策部门直接下达的选题；二是智库与决策部门定期沟通了解的需求；三是智库与参政议政党派和团体建立务虚机制，寻找选题；四是根据国情，从领导人重要讲话，以及中共中央办公厅、国务院办公厅和其他部委的发文中发现问题；五是自主选择具有战略意义和长期影响的问题。此外，跟踪主流媒体，也可从中发现公众感兴趣或者关切的话题。

2）从体制保障看，在智库设立专门的质量控制部门是智库成果质量的重要保障，该部门负责对选题、内容的政治性和学术性、数据可靠性以及格式等进行审核。

3）从过程管理看，制定严格而顺畅的智库产品流程管理制度，建立严格的选题策划、审稿、话语体系转换、印制、呈送和发布流程，可保证智库成果的质量。

4）从智库研究人员看，高素质、复合型智库研究人员是传播内容质量的人员保障，智库研究人员既要有扎实的学科基础，又需要具备对现实和未来发展的洞察力，只有高水平的学术研究才能支撑高质量的智库决策咨询研究。

14.1.3　智库传播渠道

智库如果没有好的传播渠道，就难以将智库成果精准送达决策者或社会公众。直达、通畅、多样的传播渠道以及"人脉"渠道，对于智库传播如同"生命线"。随着信息技术的发展，新媒体、融媒体在向社会公众的传播中发挥着越来越重要的作用，传播渠道呈现立体化、网络化的趋势，正在形成传播网络。

1）直达的传播渠道，缩短传播路径，以加快传播速度。可通过共建平台、共办论坛等方式，使智库成果搭上传播者与受众之间的"直通车"。在共建平台方面，智库与决策及宏观管理部门建立直接联系对接机制，建立多层次、体系化服务决策的智库平台，减少智库传播的中间环节。在共办论坛方面，智库与决策部门或主流媒体通过常态化的研讨机制,邀请相关领域的专家,举办闭门会或公开论坛,对事关经济社会发展的重大议题开展深入研讨,提出及时、科学、可操作的政策建议。

2）通畅的传播渠道,可以在专家资源和智库活动方面做出保障。在专家资源上,一是智库需要建立广泛的人脉资源,充分发挥各领域专家在智库传播上的优势,保持传播渠道的通畅;二是充分发挥政府官员、领域专家、智库专家、企业家和媒体人在传播方面的影响力,打造专家品牌,影响"有影响力的人"。通过举办多种类型的智库活动,扩大智库的社会联系网络,避免传播渠道出现堵点。

3）多样的传播渠道,可以丰富和扩大智库传播的效果。可通过专报内参、学术期刊、传统媒体、新媒体等多种传播渠道,发出智库声音。专报内参是智库的核心产品,对接决策部门,是重要的智库传播渠道,主要发挥决策影响力的作用。通过智库主办的学术期刊,可以将智库研究中涉及的科学问题加以凝练和总结,形成学术成果,主要发挥学术影响力的作用。传统媒体与海内外公众联系密切,主要发挥社会影响力和国际影响力的作用。通过媒体渠道的传播,可以掌握话语权,从而更好地发挥智库的社会责任,推动政策的制定和推行。新媒体尤其是智库微信平台,正在发挥越来越重要的作用,直接体现了智库的舆论影响力和成果传播力,是当前智库传播的重要渠道。

4）重要的"人脉"渠道。不同智库的专家之间的联系、智库专家与其他领域专家之间的联系,以及智库专家与智库成果需求方（主要是决策者）之间的联系,都是非常重要的传播渠道（在此将其称作"人脉"渠道）。智库界的"人脉"渠道对获得第一手信息、消除信息的不对称作用很大。"智库人物"是指那些能够充分代表智库水平、有影响力的知名专家学者,他们中有的通过"旋转门"机制从政府决策部门到智库工作,有熟络、可信的政府人脉关系,能够把高质量的智库成果送到最合适的决策者手里。他们也懂得在合适的场合，以合适的表达方式讲出最适合受众的话，这是智库传播的一项重要能力。

14.1.4 智库传播效果

特定的智库产品传播给受众以后，就传播效果而言，主要有两个度量维度，即速度维度和强度维度（朱涛和薛俊波，2021），如果受众在短时间内迅速做出强烈正向反应，则说明传播效果好。从速度维度看，主要体现在受众对传播内容的反应时间。时间越短、反应越快，则传播效果越好。当受众为决策者时，速度维度主要表现为智库传播的内容是否能够很快得到实质性指示并形成有效工作计划或安排；当受众为社会公众时，速度维度则体现为智库传播者是否能够及时解读重要公共政策、研判重大问题的发展趋势，实现引导舆论的效果。从强度维度看，主要体现在智库传播的影响力和影响时间上。影响力越大、影响时间越长，则传播效果越好。影响力可以从决策影响力、学术影响力、社会影响力和国际影响力四个方面来评估。此外，更好的传播效果体现为受众主动传播的引导力大，能增强受众主动传播的意识，引发受众再传播，会形成现有传播渠道之外的链式反应和爆发性增长。智库传播的过程并非被动和单向的，部分受众还会主动对接收到的智库产品进行加工和再传播。决策者或社会公众在接收到智库产品后，也会将其传播效果反馈给智库，影响智库研究的方向，从而形成一个循环过程和闭环结构。

智库传播效果具体表现在以下四个方面。

1）智库的决策影响力。智库的决策影响力是指智库在政策制定、社会发展等领域中发挥的影响力量。通过智库传播，智库的研究成果和政策建议对决策者和公众的决策行为产生影响，从而影响社会和经济的发展方向。智库的决策影响力往往被认为是衡量智库影响力的重要指标之一。

2）智库的学术影响力。智库的学术影响力通常是根据其研究成果在学术界的影响程度来评估的，包括引起学术界的关注、被广泛引用和应用于实践等。另外，"智库人物"的涌现一定程度上可以增强智库研究的学术影响力，例如在学术界担任重要职务、获得学术奖项等。

3）智库的社会影响力。智库的研究成果和政策建议可以直接或间接地影响到企业、媒体及公众。例如，一些著名的智库，如美国的兰德公司和布鲁金斯学会，它们的研究成果和政策建议经常被媒体报道，引发公众的讨论和关注。此外，一些智库还会与企业合作，为它们提供咨询服务，推动企业发展。

4）智库的国际影响力。智库还需要通过多种形式向全球传播其思想、观点、立场和研究成果，以获得在国际重大议题决策中的话语权，对全球治理决策施加影响。例如，国际会议是国际智力资源汇聚的重要平台，是智库扩大国际影响力的重要途径。在国际会议上，智库可以通过主动承办国际会议，策划议题，邀请国内外学术专家、管理专家和媒体参会，发布重要研究成果等方式，在全球范围内传播研究成果、思想和见解，进而影响国际重大议题的决策，提升智库的国际影响力。

与此同时，人工智能技术的发展也使智库能够较低成本地实现针对不同受众制作不同语言版本的传播内容，有效地提高和扩大智库的传播效率和影响范围，有助于促进国际合作与交流。

14.2 智库交流的方式、成果与特征

14.2.1 智库交流的方式

智库交流的常见方式主要有以下五种。

1）学术会议：智库可以组织或参加学术会议，与其他研究人员和学者分享研究成果和见解，以及讨论最新的研究进展。为了确保参会人员自由发言

和讨论，有时会采用闭门会的方式。

2）报告发布：通过发布涵盖不同主题和领域的智库研究报告，便于研究人员和政策制定者分享研究成果和见解。

3）研究合作：智库通过与其他研究或学术机构建立合作关系，共同开展项目研究，促进知识共享和交流。

4）媒体交流：通过报刊、互联网等媒体，与其他研究人员和政策制定者进行交流和分享研究成果。

5）在线论坛：智库可以在其网站上创建在线论坛，与其他研究人员和社会公众进行交流和讨论。

14.2.2 智库交流的成果与特征

智库成果可以分为四类：一是数据、知识型产品；二是信息、实证或调研型的产品；三是思想观点类的产品；四是解决方案类的产品。从目前情况看，比较深刻的思想观点类产品还比较少，针对重大决策问题的系统性解决方案较为欠缺。智库真正的价值应该是创造思想、指导实践，检验智库产品的"金标准"应该是能够提供智库问题的系统解决方案。因此，用于智库交流的成果，不一定是依托独立的、完整的、体系化的成果进行交流，智库双螺旋法中的DIIS过程融合法、MIPS逻辑层次法的任何一个部分的研究成果都可以交流，形成的解决方案也可以交流，甚至立场、观点也是重要的交流成果，这是不同属性的成果。智库交流有以下三个特征。

（1）智库交流主体的多元化

智库以公共政策为研究对象，以影响政府决策为研究目标，以公共利益为研究导向，以社会责任为研究准则，除智库自身外，政府、机构、媒体、公众等都可以成为智库交流的参与主体。政府是政策的决策者和执行者；机构（包括企业及非营利机构等）是政策的利益相关者，在政策制定过程中通过自身或者其代表积极参与并影响政策；媒体在政策实施过程中反映社会热点和公众关注的问题，并发挥舆论监督的作用；公众是政策的作用客体之一，通过舆论、媒体或者其代表，参与并影响决策，因此都可以成为智库交流的主体。

（2）智库交流可形成更多样化、更综合性的研究成果

一般学术交流的载体是完整、独立的学术论文，阐述从理论到实验再到应用的结果。智库交流通过综合体现形成的共识、存在的问题、达成的妥协和让步，构成智库成果，并且在交流基础上综合集成系统化的解决方案。智库交流形成的成果往往凝聚更多样背景的专家意见和多元利益主体的诉求，相对个体学者所发布的决策研究成果，具有更高的综合性和实用性。

（3）智库交流是智库研究过程中发现和验证的重要环节

智库交流在智库研究中的作用，就像实验研究在自然科学研究中的作用一样重要，实验研究是科学家发现规律、验证假设的重要手段，而智库交流是智库研究人员发现问题、验证观点的重要环节。实验研究是一种受控制的研究方法，一般做法是研究者预先提出一种因果关系假设，通过实验操作来验证该假设。而智库交流也可以成为智库研究中受控制的研究方法，比如通过预先设立议题、设置议程、遴选专家等，设计智库交流要考虑的内容，通过交流碰撞思想，发现问题或达成共识。

14.3 智库期刊、智库出版物、智库报告与智库品牌会议

科学出版物的主要职能是传达所获知识的信息。一个充分的交流系统原则上应包括以下三个方面：对详细叙述研究过程的论文做有限量的发行，对综述性或摘要的论文做广泛的发行，对详述某个特定领域的最新进展的报告或专著予以经常性地出版。智库的科学出版物主要包括智库期刊、智库出版物与智库报告。

14.3.1 智库期刊

期刊作为传播知识、进行交流的载体，对促进社会变革、推动人类进步起着重要的先导作用。智库期刊是展现智库成果的载体，它不同于一般的学术期刊，而是以现实问题和社会需求为导向，以政策思想研究为主体，以学术情怀观照现实问题，以理论阐述和实证分析进行对策应用性研究，是智库学术影响力的重要体现。同时，智库期刊也不同于内参专报，其受众面更广，广泛面向决策部门、专家学者、社会公众，直接或间接地影响政策举措。

智库期刊与智库学术期刊的内涵有一定差别。智库期刊是展现智库成果的载体，面向社会公众和智库界，传播智库的研究成果和对策建议。而智库学术期刊是智库研究成果的重要传播平台，涉及智库研究的一般规律、智库理论与方法、决策与优化、系统工程等研究领域，反映最新的研究成果，促进学术交流。我国当前明确提出定位于智库期刊的刊物较少，但国内多数高端智库都有智库期刊性质的出版物。例如，中国科学院主办的《中国科学院院刊》定位于"国家科学思想库核心媒体"；中国国际经济交流中心主办的《全球化》以"高端智库刊物"自称。这些期刊是国内比较早的明确定位为"智库期刊"的公开出版物。2016年，中国社会科学院财经战略研究院和社会科学文献出版社主办的《财经智库》、中国科学院文献情报中心和南京大学主办的《智库理论与实践》问世，成为全国首批以智库命名的智库类期刊。

智库期刊由智库或研究机构出版，其内容主要涉及智库对社会、政治、经济、科技等领域的研究。常见的智库期刊，除卡内基国际和平基金会主导的《外交政策》（*Foreign Policy*）、美国外交关系协会的《外交》（*Foreign Affairs*）、美国战略与国际问题研究中心的《华盛顿季刊》（*The Washington Quarterly*）、英国皇家国际事务研究所的《国际事务》（*International Affairs*）、加拿大国际事务研究所的《国际杂志》（*International Journal*），以及中国现代国际关系研究院的《现代国际关系（英文版）》

（*Contemporary International Relations*）、国务院发展研究中心的《管理世界》等智库学术期刊之外，还有很多期刊是智库研究成果的呈现，比如布鲁金斯学会的《布鲁金斯评论》（*Brookings Review*）、兰德公司的《兰德评论》（*RAND Review*）、《兰德经济学杂志》（*The RAND Journal of Economics*），美国企业研究所的《美国企业》（*The American Enterprise*），英国伦敦国际战略研究所的《生存》（*Survival*）、《战略调查》（*Strategic Survey*），加拿大弗雷泽研究所的《弗雷泽论坛》（*Fraser Forum*）等。

期刊是主要学术成果的载体和平台，通过智库期刊集群建设，可以建立智库学术共同体，能够推动智库研究的专业化、科学化和学科化发展。2021年，战略咨询院、爱思唯尔出版集团、《中国学术期刊（光盘版）》电子杂志社有限公司（中国知网）联合开展了《智库期刊群（1.0版）》遴选工作。利用智库双螺旋法产生的关键词集，匹配期刊数据库，通过相似度定量计算和专家定性研讨，本着自愿加入，好中选优、优中选精的原则，遴选出66种英文期刊和62种中文期刊入选《智库期刊群（1.0版）》。入选期刊可被认为是智库研究的代表性期刊。

14.3.2 智库出版物

以书籍形式推出智库成果，一般需要花费较长的时间和精力，属于智库的长线产品，可望提升智库长期的、宏观的影响力，这种形式产生的社会影响力将更为深远。例如，布鲁金斯学会每年定期出版《布鲁金斯经济活动论文集》（*Brookings Papers on Economic Activity*），向政府决策者、公众和新闻媒体介绍最新的研究成果。伦敦国际战略研究所有"战略思想库"之称，是从事安全和战略研究的权威国际研究机构之一，其年度出版物《战略调查》在世界范围内受到关注。美国传统基金会出版的"政策研究丛书"（Policy Agenda），则是由一批学者和富有经验的专业研究人员撰写的对当前重大问题进行深入分析的出版物。美国国家科学院于 2005 年出版的一份长达 600 页的报告《站在风暴之上》(*Rising above the Gathering Storm*)，阐述了世界各国在科技创新领域的最新进展，并提出振兴美国科学的若干建议，该报告在美国科学界和政策界达成了一定的共识，带来了很大的影响。

14.3.3 智库报告

智库产品以知识和信息的产生、传递、利用为目标，将现代信息技术用于提高知识和信息的产生、加工、储存、流通、利用的效率，使信息系统支撑智库研究。在智库产品中，智库报告是智库分析态势、整合资源、诊断数据、预测风险、反馈信息、提供咨询的核心产品。智库报告是智库最重要的产品，而发布智库报告也是智库经常采用的一种传播形式。比如，兰德公司公开发表的研究报告和论文已超过 1.3 万篇。相对于学术著作从写作到出版的较长周期，智库报告形式相对灵活，能够提升智库的影响力和话语权。法国国际关系研究所出版的年度报告 *RAMSES*（*Le Rapport annuel mondial sur le système économique et les stratégies*）发行量每年达到 1 万份，在全世界都具有一定的影响，成为很多国际问题研究者观察世界格局走向的重要参考。

智库的功能在于影响宏观决策、引领创新方向、创新理论方法，通过高质量的咨询报告向政府提供政策建议与服务，通过公开发布的研究报告向社会公众提供知识与信息，通过理论方法的研究向学术界和决策界提供创新的工具和视角。从历史域、现实域和未来域的视角来看，智库报告通过系统总结、揭示影响、研判趋势等，发挥引领创新方向的重要作用。

14.3.4 智库品牌会议

专业化智库通过举办会议的方式，分享研究成果、见解和思想，讨论最新的研究进展。例如，兰德公司、卡内基国际和平基金会、布鲁金斯学会、信息技术与创新基金会等知名国际智库都会通过举办会议的方式分享研究成果。大多数智库会议聚焦该智库的特色研究方向，以研究领域进行划分、以领域热点问题为主题、由领域团队组织。其中，兰德公司有固定的品牌论坛，如统计研讨会论坛、行为金融论坛等。以兰德公司的统计系列研讨会为例，该会议由兰德统计团队定期举办线下研讨会，向所有兰德公司员工和公众开放。主题内容包括分析和研判美国国内发布的统计数据，或者应用统计学方法分析国内各类行业、社会问题。举办频次为每年5—6次。

通过检索专门的会议数据库，如会议论文引文索引（Conference Proceedings Citation Index，CPCI），能够获得国际著名会议、座谈会、研讨会及其他各种学术会议中发表的文献。其中，根据会议主办单位、会议主题、重要的一次性会议和连续届次会议、主办机构等信息，可以检索到300多篇与智库研究相关的论文（检索时间为2023年6月）。

2020—2022年，战略咨询院、智库专业委员会连续举办三届智库理论方法研讨会。在首届智库理论方法暨DIIS研讨会上，全国哲学社会科学工作办公室评价，"智库DIIS理论方法对指导智库研究、推动智库建设都具有重要意义，很好提升了中国智库的国际影响力和话语权"。在第二届智库理论方法暨双螺旋法研讨会上，全国哲学社会科学工作办公室评价，"国家高端智库要加强重大理论和现实问题研究，探索建设中国特色新型智库理论体系和话语体系。战略咨询院在长期智库建设实践的基础上，原创性地提出了智库研究的双螺旋法，充分体现了智库研究作为交叉科学、复杂科学、系统科学的特点，是近年来学界关于智库理论、智库方法和智库范式的重要研究成果"。2022年9月举行的第三届智库建设理论研讨会，以"主论坛—专题论坛—闭门会"的多元模式举办，100多位专家学者作报告，线上和线下参会人数累计达到260余万人次。会议发布最新智库研究成果——《智库双螺旋法理论》

《智库双螺旋法应用》,为推进智库建设从专业化到科学化再到学科化提供理论基础、方法论指引和实践指导。

从全球视野看,智库所考虑的问题、提出的解决方案,应当对促进世界发展有价值和意义,能够聚集全球智慧。国际化是智库本身所具有的特征,每个智库都应该有广泛的国际链接。如何解决人类共同面临的重大挑战和问题,构建人类命运共同体,更加迫切需要智库发挥桥梁和纽带作用。因此,围绕世界发展、人类文明进步等国际性议题的跨学科跨领域论坛,常常会出现智库的身影。比如,以促进国际经济交流合作为宗旨的达沃斯"世界经济论坛"、中国面向全球科技创新交流合作的平台"中关村论坛"、中国国际进口博览会"虹桥国际经济论坛"等,都有智库专家积极参与。

第15章　智库人才培养

智库是服务国家治理体系与治理能力现代化的重要机构，伴随大国博弈持续深化，国际环境愈发错综复杂，亟须专业化智库人才开展跨学科、跨领域重大战略和政策问题研究，提高决策咨询的科学性、系统性、针对性。智库人才已成为政府部门、智库单位、社会机构的急切需求。

智库人才队伍建设是我国新型智库发展的关键，智库人才队伍建设的前提是识别智库人才。当前对于智库人才的内涵特征没有明确的界定，对于智库人才的分类、智库人才的知识体系、智库人才的能力等缺乏清晰的认识，难以形成智库人才的培养、引进、使用、评价等制度体系。智库人才的内涵和特征研究是识别智库人才、建设智库队伍和提高智库质量的基本问题。本章对国内外智库人才的内涵和特征的相关研究进行综述，分析智库人才的培养路径，阐述智库人才传承与学科文化建设，为智库人才的深入研究提供借鉴。

15.1　智库人才的内涵和特征

15.1.1　智库人才的界定识别

智库是连接"知识与决策"的媒介，为各方决策提供智力资源的支持，其中，人才是智库发展的核心竞争力。当前对于智库人才的识别主要是从服务机构和研究内容两个角度开展的。①从服务机构角度来看，智库人才即在智库组织工作的人。周立（2016）认为，智库人才是指在各类决策咨询机构中从事决策咨询工作的高端人才，以及在决策咨询机构中从事提供咨询和智力支持的高端人才。王萌和任福君（2021）认为，智库人才是指保证智库正常运转的各种人才，不仅包括研究人员，还包括管理人才、研究支持人才等。②从研究内容角度来看，智库人才是开展专业政策研究的人。一些学者提出智库人才是在智库中为政策决策提供服务并提供智库产品的创新型人才，为经济社会发展建言献策、提供智力支撑。郭周明等采用"智库专家"概念，提出智库专家是在智库开展决策咨询工作、采用科学方法开展政策研究并提出对策建议的人。张辉菲等（2018）认为，智库人才的概念比政策人才的内涵更广，智库研究不仅涉及政策领域，还涉及经济、国家安全等其他相关领域，智库人才不仅要在某一领域有深厚的专业知识，还要有广阔的研究视野。

15.1.2 智库人才的分类方式

当前关于智库人才的分类方式包括按研究领域分类、按职能定位分类、按机构性质分类以及按人才队伍梯度分类。

（1）研究领域分类

研究领域分类基于智库人才的专业背景和研究方向，侧重智库人才的专业能力。例如，兰德公司将智库人才按照研究领域分为科学与技术、能源与环境、健康与护理、基础建设与运输、国际事务、法律和商业、公共安全、国家安全、人口老龄化、恐怖主义与国土安全等类型。伦敦国际战略研究所将智库人才按照研究领域分为两个体系：一是将其研究领域分为冲突、全球政策、国防、环境和气候变化、地缘经济、恐怖主义和安全等类型；二是对智库人才擅长研究的地域进行划分，分为美洲、欧洲、亚太、非洲、中东、俄罗斯等。按照专业领域，山东省委人才工作领导小组办公室将智库人才分为经济建设领域、政治建设领域、文化建设领域、社会建设领域、生态文明建设领域和党的建设领域等类型。

（2）职能定位分类

职能定位分类从智库运行的角度，侧重智库整体能力的提升。新加坡东南亚研究所将智库人才分为高级研究员或研究员、支撑人员、客座研究员、访问学者等类型。Barros 和 Taylor（2020）以巴西重要智库为例，论述了管理和组织人才对智库发展的重要性。按照职能定位，智库人才可分为三类：高端顾问、智库专家和复合型人才。高端顾问是政府卸任高官或有影响力的专家学者，通过出版著作和参政议政等形式影响决策。智库专家具备专业知识、研究和创新能力，能独立主导大型项目。复合型人才在非营利机构中具备综合素质，擅长运营管理、项目策划和组织。王辉耀和苗绿（2017）认为，智库的"人才清单"主要由具备战略前瞻眼光的领军人才、拥有参政议政渠道的高端智囊人才、有一定学术影响力的独立研究型人才和懂管理善沟通的新型综合人才组成。邱丹逸和袁永（2019）将智库人才分为管理、研究、辅助三大类别。周湘智（2015）将智库人才分为掌舵人才、研究人才与行政辅助人才。

（3）机构性质分类

机构性质分类侧重智库人才所属机构性质，体现了智库人才管理体系的特征。国家高端智库试点将智库分为综合类智库、专业类智库、企业智库和社会智库。庆海涛和李刚（2017）采用南京大学中国智库研究与评价中心的分类标准，将智库人才分为党政部门智库专家、党校行政学院智库专家、中国社会科学院智库专家、社会智库专家、高校智库专家、科研院所智库专家、军队智库专家、企业智库专家和传媒智库专家九类；叶京和陈梦玫（2020）将智库人才分为党政部门、中国社会科学院、党校行政学院、高校、军队、科研院所、企业等七类人才。

（4）人才队伍梯度分类

人才队伍梯度既体现了智库人才队伍的整体水平和持续发展潜力，也体现了智库人才的成长和职业发展路径。例如，日本国际问题研究所、日本野村综合研究所将智库人才分为研究员、副主任研究员、主任研究员、理事等梯度。美国智库的精英人才主要分为高端智囊、独立研究型、新型综合性人才等梯度。

国内智库及学者主要按照学术职称和在智库研究中的作用对智库人才进行梯度划分。按照学术职称，国内智库人才队伍梯度主要分为研究员、副研究员、助理研究员、教授、副教授、助理教授，或按照其他职称系列划分为高级经济师、经济师等。按照在智库研究中的作用，智库人才有战略科学家、智库领军人才、智库拔尖人才和智库专业人才等类型。杨文慧等（2018）认为，智库人才分为核心研究人才、通用组织人才和常规辅助人才。核心研究人才是学术带头人和课题主持人，通用组织人才在课题中辅助核心研究人才，常规辅助人才完成分派任务。这三类人才的重要程度和不可替代性逐渐降低，形成梯队。

15.1.3　智库人才的能力素养

与专业研究人才不同，智库人才需要更多的综合能力、丰富的实践经验、全球视野和独特见解。综合来看，国内学者认为，智库人才素养包括：跨学科知识、较强的研究能力、丰富的实践经验、良好的团队合作能力、战略眼光和全球视野，以及较强的政治素质。

一是以专业领域方向为基础的知识体系，对更广范围内的学科体系形成辐射的能力。智库人才应具有过硬的专业素质，他们应具备深厚的学术背景和扎实的研究能力，能够独立进行分析和创新思考，具备良好的社会及科技变迁洞察力。以经济类智库为例，以理论经济学、应用经济学、数字经济等一级学科的专业知识能力为主导，以建模和量化分析、案例分析等为手段，对更广范围内的学科体系形成辐射。约翰·霍普金斯大学保罗·尼采高级国际问题研究院以国际关系、区域问题等研究为中心，设立了各种形式的研究项目和研究平台，从政府、公众以及国际组织等不同角度开展决策研究。

二是智库人才需具有系统分析社会经济复杂问题的能力，实现对复杂问题的整体认识。智库的研究对象和最终产出决定了智库人才的知识体系具有跨学科、跨领域的问题场域，要以复杂问题为导向，发展跨学科概念体系和整合性理论框架，将研究问题降维分解，形成有机联系的子问题集。以科技类智库为例，科技领域问题不仅是单纯的科技问题，还会涉及政治、文化、教育等诸多方面。周城雄等（2021）基于我国一级学科目录，认为智库人才需具有复合型特征，科技智库人才由于科学技术与经济社会的复杂互动，需具有更为多元的复合知识背景。

三是智库人才需要具备良好的政治素养，准确把握国家发展战略和政策。智库研究以国家战略需求为导向，建构政府治理和政策体系，除了专业学科知识体系，智库人才还需要政策理论、政策实践以及政策形势分析方法的训练和培养，对国家政策的准确把握也体现为具备学术话语和政策话语转化的能力。对国家战略的把握需要有全球的视野，毛建茹和伊影秋（2019）通过分析全球知名的大学智库开展的人才培养项目，提出了提升全球领导者的战略视野的重要性。

四是智库人才需要有协作交流的能力，实现协同攻关。复杂的智库研究活动需要团队协作，智库研究成果的质量不只是个人能力的体现，更是一个集体协作的结果。智库研究要聚焦主题，汇聚一批专家学者集聚智慧，这就要求智库研究人才掌握项目运作的统筹组织与协调能力。严鼎程（2021）提出，智库研究离不开同行合作与交流，研究者面对不同的合作团队成员，要秉持尊重、信任、包容、团结的精神。

15.2 智库人才培养的国际实践和学科建设

15.2.1 智库人才培养的国际实践

智库人才培养需要建立广泛的学科基础和完善的课程体系。兰德研究生院高度重视学生掌握交叉学科研究方法的能力以及核心基础课体系建设，加强统计学、政策分析、经济学、社会科学、研究设计等多学科课程教学。通过必修课和选修课的设置，为研究生在交叉学科领域打下坚实的学术基础。此外，兰德研究生院鼓励博士生将不同学科的研究方法引入政策领域，以促进跨学科的创新和研究成果。兰德研究生院非常注重培养博士生在研究方法和分析工具方面的掌握能力，并特别强调经济学分析、定量研究和社会与行为科学研究方法的学习。在必修课程模块中，兰德研究生院设置了专门关于研究方法的基础课程。

智库人才的培养从国家重大战略需求问题出发，构建多领域、多任务、多场景下的学历式、培训式、实践式等多元融合的培养方式。智库人才培养需要理论联系实际，方式不能是单一的，更不能是一成不变的。斯坦福大学提出了"斯坦福2025计划"，其中一个重要举措是把"先知识后能力"转变为"先能力后知识"，改变传统大学中按照知识来划分不同院系归属的方法，按照学生的不同能力重新建构院系。富兰克林·欧林工程学院强调问题导向的培养，把学生放到企业或者其他实际的问题环境中通过解决实际问题和跨学科的培养开展教育。密涅瓦大学也强调沉浸式的全球化体验，学生在校期间会到不同的国家解决一些实际的问题。兰德研究生院制定了相关政策，对博士生参加科研训练提出了具体要求。根据这些要求，第一学年的在职培训时间为65天，第二学年的在职培训时间为135天，第三至第五学年的在职培训时间为135—155天。通过基于任务式的学习和科研项目的训练，其理论基础和科研能力得到了显著提高，能够胜任复杂的智库研究工作。

国外智库建立了成熟的"旋转门"机制，用以进行人才的交流、培养和使用。布鲁金斯学会的很多学者在历届政府组织中担任过要职，他们在学会进行研究时可以结合过去的政府工作实践，并能够考虑到政府决策的实际需求和不足之处，做出的有针对性研究结论更具有实际意义和社会价值，同时也保证了思想研究与政治实践之间转换的可能性。具有政府部门工作经验的官员也被卡内基和平基金会所吸引，担任研究员等，对公共政策和世界各领域经济社会方面的现象进行评论和发声。日本智库采取双向派出制度，即政府、大学、企业、研究所向智库派出研究员，或推荐智库专家到行业各类机构任职和调研。同时，高校可以聘任和借用各领域具有实践经验的专家参与研究，促进实践与理论人才的互动和经验分享，形成高校智库与政府、企业之间的"旋转门"。

15.2.2 智库学科建设与智库人才培养

中国特色新型智库已从专业化起步，到科学化发展，正走向学科化建设。智库研究是高度专业化的创新活动，需要专业化的机构、平台、网络、团队、方法。智库朝着高端、创新的目标迈进，必然离不开学科化发展。智库科学与工程概念的提出是国家高端智库建设事业的产物，也是学科交叉发展的要求，更是实践经验的凝练。

智库学科赋能，形成智库特色新学科生长点。围绕决策科学化过程，将"智库"元素融入到已有优势学科，每个学科方向形成智库特色的新学科生长点，促进学科交叉融合。例如，在研究解决中国式现代化建设过程中面临的经济、社会、科技治理等领域重大决策与管理问题过程中，不断丰富和完善已有"哲学 – 政治学 – 经济学"的内涵，构建具有科技战略咨询特色的"哲学 – 政治学 – 经济学 – 智库"课程，引导学生深入学习智库研究基本范式和相关研究方法，围绕智库关键科学问题展开学术和实践研究，做到智库决策任务引领下的实践育人。

发挥智库学科功能，形成智库人才培养的逻辑框架。围绕智库人才培养的目标，构建了如图 15-1 所示的"一轴两翼四融合"的逻辑框架。

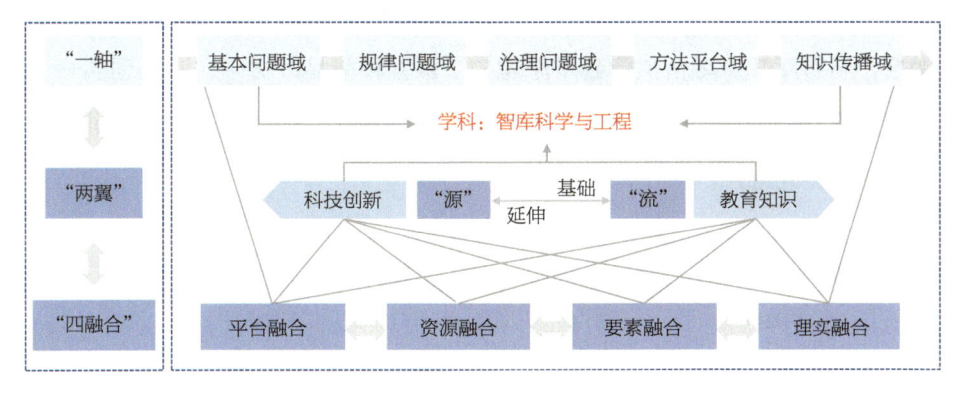

图15-1　智库人才培养的"一轴两翼四融合"的逻辑框架图

（1）"一轴"

智库科学与工程学科体系的五层逻辑体系：一是基本问题域，包括概念、内涵、范式、理论、方法论的构建；二是规律问题域，包括智库研究的关键科学、技术、工程问题；三是治理问题域，包括重大经济、社会、科技治理问题及其形成的领域分支；四是方法平台域，包括方法、模型、技术平台，数据资源的整合创新，宏观决策支持系统；五是知识传播域，包括智库共同体、期刊载体、建制化人才培养体系的形成。

（2）"两翼"

科技创新"源"是教育知识"流"的基础，反之，教育知识"流"是科技创新"源"的延伸，通过智库科学与工程学科建设将二者共同拓展、有效衔接。科教一体化平台连接国内外的教育、科技、人才和创新等资源，对接各类相关要素、组织、机构，跨界、跨域，互联、互通，构建战略科技人才培养、智库科学与工程学科和决策咨询研究任务的多层次、多主体协同的大网络。

（3）"四融合"

智库人才培养路径包括：一是平台——机构之间的融合，体现在专业化智库与高水平大学"任务+知识"的融合建设；二是资源——师资队伍的融合，利用"旋转门"机制引入决策部门人员担任导师；三是要素——课程教材的融合，将智库知识融合贯穿到"思想力"课程和精品教材中；四是理实——学习和实践的融合，智库人才培养需要以问题导向，实现学历式、培训式、实践式的多元融合。

15.3 智库人才传承与学科文化建设

15.3.1 智库学科研究方法的发展

我国当前正在推动各层次的智库建设，智库学科研究方法在实践中不断发展完善，其中华罗庚做出了巨大贡献。华罗庚早期从事数学研究，在数论、多复变函数论、代数等领域都有独到的贡献，并进入了国际主流，成就为国际同行所敬佩。运用数论解决密码问题是华罗庚第一次遇到现实问题可以通过数学方法解决的情况。在华罗庚决定转向应用研究后，他从杜邦公司的关键路径法中得到灵感，统筹法应运而生。华罗庚选择先在"点"上实验，再在"面"上推广的模式，成立试点小组，组织师生参与，在北京电子管厂进行了为期半年的试点，而优选法也在随后的西南三线的铁路建设的试点中酝酿而成。从智库视角看，"双法"贯穿于智库研究问题的大、中、小方面。优选法解决生产一线的优化问题，有助于小规模智库问题的解决；统筹法解决的是完整工程中的工序排列和组合问题，目标是为构建一个组织中建设问题的最佳规划路径，有助于中规模智库问题的解决；而经济数学模型直接面对国民经济投入产出模型，是大规模智库问题。从数学家角度找解决方案，首先考虑的是可计算性，解决封闭问题。

华罗庚的"双法"从系统的、综合的角度积极探索中国应用数学服务于智库研究的方法论创新。华罗庚不畏困难，不顾年迈体弱，勇于创新，带领推广"双法"小分队到工矿企业，与工程技术人员和广大工人一道，开展试点工作，取得了丰硕的成果；在 20 世纪 80 年代初期，从为企业解决问题转为为国家层面的决策提供咨询，完成一系列国家重大项目，为国家经济建设做出了卓著的贡献。

当前，我国智库领域正积极迈向建制化发展，但华罗庚当年提出来的诸多方法依然可以作为生产特殊智库产品的方法和手段，当年那些思路今天依然不过时。智库研究人员正在当年前辈们智库研究的基础上积极探索和实践，例如，潘教峰等（2022b）在智库研究方法论方面提出"智库双螺旋法"，它具有系统性视角、融合性思维和科学化方法，其创新和发展进一步拓展了智库研究方法的边界。通过将外循环和内循环相结合，该方法能够更加全面地分析问题，并通过不断迭代与融合研究，实现对问题本质的深刻理解。

15.3.2　智库学科文化建设对学生培养的作用

学科文化是指学科在发展过程中所形成的学科价值取向、知识体系、研究方法以及学科意识与规范的总和（辛继湘，2020）。不同学科具有各自独特的价值和功能，但无论学科的类型和其独特功能如何，其教育性始终处于首位。

智库学科文化建设对人才培养具有价值引导作用。智库学科文化培养学生具有为国家经济社会发展服务的使命感和责任感。学生在智库学科文化的熏陶下，深刻认识到自身研究和实践的价值与意义，意识到自己可以通过学科专业知识和技能为国家的经济社会发展做出贡献。这种价值观的培养将激励学生投身到国家重大需求和挑战的解决中，积极参与到国家发展的各个层面和领域。智库学科文化注重实践导向和问题解决能力的培养，强调将学科知识应用于实际问题的解决，并注重培养学生的实践能力和创新思维。学生在智库学科文化的引导下，通过参与实际项目和实践活动，培养了解决问题的能力，弘扬了创新精神，丰富了实践经验。此外，智库学科文化鼓励学生的团队合作和跨学科交流。智库往往由跨学科的专家组成，学生在智库学科文化的熏陶下，与来自不同背景和专业的人合作，共同解决复杂问题。这培养了学生的团队合作能力、沟通能力。

智库学科文化建设对培育学生智库思维具有推动作用。智库学科文化建设鼓励多学科交叉融合的思维模式。智库工作通常需要涉及多个学科领域，因此学生需要具备跨学科思维的能力。智库学科文化培养学生具备综合、系统性思考问题的能力，帮助他们从不同学科角度审视问题，融合各种观点和方法，形成全面而有效的解决方案。智库学科文化建设还注重学生创新和前瞻性思维的培养。同时，智库学科文化建设也注重培养学生的学术研究能力。学生通过学习学科文化中的研究方法和数据分析技术，提高研究的科学性和可信度。他们将掌握有效的数据收集、整理和分析方法，能够运用定量和定性分析工具，为政策决策提供有力的依据。

第7篇

应用与展望

智库科学与工程是由"智库科学"与"智库工程"复合而成的。前者以自然科学、人文社会科学为基础，后者则是"智库科学"在智库问题研究中的工程化实现的，如何更好地体现实践性是智库科学与工程的应有之义。从新型智库的制度安排来看，智库成为国家治理体系的重要组成部分，这要求智库更有目的、更有意识地在整个决策体系中发挥自己的功能、作用和价值。从功能实现来看，智库与决策部门的对接渠道更加畅通，对接机制更加完善，直接服务内容更加丰富，这对智库提供更加专业性、前瞻性、综合性的咨询建议提出了更高要求。从研究内涵来看，高端智库建设要求更加注重与现实问题和决策需求的对接，不但要提供具有前瞻性、针对性、储备性、战略性的建议，还要有新观点、新思想，最终能够提供一套系统的，具有实践性、可操作性的解决方案，切实解决实际问题。

党的二十大以来，在中国式现代化的牵引下，如何站在促进人类历史发展的高度，统筹中华民族伟大复兴战略全局，围绕关乎人类前途命运重大问题提出重要思想、重大理念，是智库科学与工程中国学派的时代责任。各界应共同推动我国智库专业化、科学化、学科化发展，在智库研究中出思想、出方案、出人才，形成源于中国的智库理论、智库思想、智库学派，建构中国智库的自主知识体系。

第16章 智库科学与工程应用

智库科学与工程的理论、原理和方法都来源于实践经验的凝练。长期以来，国内外专业化智库、智库研究工作中包含和运用了丰富的理论和方法，也体现了诸多共性特征和规律性，形成的智库产品产生了重要的政策影响和社会经济效益，对这些规律性认识的总结梳理是对智库科学与工程知识体系、学科内涵、方法原理的检验。本章基于对国内外具有代表性的智库研究实践的深入分析，解析其中蕴含的智库科学与工程理论方法等，一方面为未来的智库实践提供经验参考，另一方面验证智库科学与工程框架、规律性认识的合理性。

16.1 实践中的智库科学与工程

智库科学与工程来源于实践经验的总结，其宗旨在于回归实践，指导未来智库研究的科学化和规范化。据美国宾夕法尼亚大学《全球智库报告2020》，当今全球智库达到11 175家，这些智库是否能够生存发展，并持续产生影响，取决于其能否产出影响决策的智库产品。国内外高水平智库在长期实践中，已然形成了智库工作的规律性总结和共性特征，也根据智库自身性质、服务对象和研究的问题领域的不同，形成了特有的组织运行特点和针对具体研究任务的理论、方法与规范体系。这些经验性、规律性和特征性总结成为智库得以长期发展、影响力持续提升的基石，是智库科学与工程框架的基础。

智库研究实践中体现文理交叉、融合创新的智库科学原理。国外著名智库均重视跨越学科藩篱、融合创新来提高智库产品的质量和影响力。以英国顶尖高校智库苏塞克斯大学发展研究院（IDS）为例，其一大特色是通过学科交叉支撑智库研究，设置了如数字技术集群等研究集群支撑跨学科研究；在融合创新方面，通过医学、人类学和社会科学的结合，IDS 围绕公共卫生应对措施、沟通和信息传递、病毒传播的社会动力等开展国际圆桌会议和智库研究（倪好和周谷平，2023）。

智库研究过程体现智库双螺旋法"问题导向、证据导向、科学导向"的内在要求。国外智库通常根据一定的规范和程序、遵循一定的范式开展智库研究，其中体现了智库双螺旋法的核心要素，如对某一政策的综合性研究，体现"问题导向、证据导向、科学导向"的内在要求。例如，美国传统基金会对税收政策、外交政策的关注，卡内基国际和平基金会对中国问题的研究等，均聚焦相对固定的研究领域和问题，在长期数据收集和分析基础上，开展深入的逻辑分析，从而形成强大的公信力和影响力（李志军和王群光，2023）。IDS 在对各类应用政策咨询研究的评价中强调证据导向，曾发起了"知识、证据和学习促进发展计划"（倪好和周谷平，2023），旨在为英国外交、联邦和发展办公室等政府部门提供知识、证据和学习服务。美国智库研究成果的一大特征即证据导向，一是依托大量数据作为证据的基础，二是依托专家隐性知识进行分析，遵循智力融合与加工—证据选择与验证—证据评价的原则，通过融入专家咨询意见、专家经验等隐性知识，经过证据分析处理环节，最终确定此来源是否为有效证据。在国内，以战略咨询院为代表的智库，在智库工作实践中以"问题导向、证据导向、科学导向"的内在要求为指导推动智库研究的科学化和专业化，并充分挖掘智库双螺旋法的应用潜力，产出丰硕的成果，已出版"智库双螺旋法应用"系列专著。

智库实践中构建了面向问题的多模态数据库。完善的战略研究支撑环境，是支撑国内外知名智库开展高水平战略研究的坚实基础。丰富的开源政策分析数据库与工具是众多知名智库的必备资料。例如，兰德公司建设了多学科、多领域的在线数据库，为项目研究提供事实和数据支撑，并通过智库成果的开放获取平台，极大程度地提高了科学研究的透明度、可持续性与协作性。又如，瑞典专门开展安全问题研究的学术机构斯德哥尔摩国际和平研究所（SIPRI），也在多年的研究基础上建立了许多大型数据库，如国际关系与安全趋势数据库、军事开支数据库等（张燕，2018）。

智库研究实践中形成并综合运用了智库科学与工程的方法模型体系。综合运用各种方法模型开展数据和政策分析，是国内外知名智库开展高水平战略研究的强力支撑，创新的战略研究方法手段，是其构建优势特色和形成影响的名片。在系统预测方面，各领域的预测模型，包括科技领域的产业技术路线图等在重大智库研究任务中得到应用，产生了高质量和有影响力的智库成果。在战略分析方面，如SWOT分析等结构化分析、德尔菲调查、探索性分析等得到广泛应用。在优化决策方面，平衡计分卡、桌面推演、决策树、不确定性决策等成为一流智库战略研究的常用工具集（吴集等，2022）。情景分析为智库研究提出面向未来的解决问题方案提供了有力支撑，如美国斯坦福研究院（SRI）提出了"六步情景分析法"，兰德公司在20世纪40年代运用情景分析的思想描述了核武器可能被使用的各种方法。战略咨询院开展的"支持未来社会发展远景洞察研究"，在地平线扫描分析的基础上，提出未来社会发展愿景的若干情景，支撑相关技术的未来部署。

智库在实践中形成了工程化研究流程。严格的智库工程过程管理，是构成高水平智库的关键要素。国际著名智库麦肯锡咨询公司，在其大量案例研究的基础上总结出的用于商业机遇分析等的"七步分析法"，得到了广泛的应用，并取得了许多成功案例。"七步分析法"包括：明确问题、分解问题、排定优先级、制订工作计划、分析问题、综合分析、阐明观点。这一过程包含了智库科学与工程中物理、事理、人理的基本内涵，充分体现了智库工程中从问题解析、任务组织、基于分析的任务实施到形成解决方案的全流程。

美国著名经济智库彼得森国际经济研究所（PIIE），形成了从选题设置、研究方案设计、审查机制到成果评价的智库工程流程，并包含了全流程的质量把控，还以高水平的管理为研究过程的组织提供保障，进而保证研究的专业化和规范化（宋鹭和安怡宁，2021）。

16.2 高水平的大规模智库工程的组织："中国至2050年科技发展路线图"研究

应对能源、农业、空天海洋开发等长远发展问题，需要面向未来中国的发展、人类的发展，开展前瞻的战略研究，思考世界科技发展大势和现代化建设对科技的新需求。为此，中国科学院2007年组织了"中国至2050年科技发展路线图"，目的是探索我国现代化建设对重要科技领域的战略需求，并制定重要领域科技发展路线图，为我国科技创新的长期发展提供战略指导。

路线图研究涉及能源、人口健康、生态与环境、信息、先进材料、国家与公共安全等18个重要领域，横跨科技创新、产业经济、生态环境、社会发展、国家安全等诸多领域，集中了300多位高水平科技、管理和情报专家，历时一年多完成，是一次典型的大规模智库问题研究实践。研究过程的组织实施充分体现了智库工程的要素和内容，各领域的研究中充分采用了科技路线图的科学规划方法，是智库科学与工程理论和方法的一次良好实践。

研究过程的组织实施充分体现了工程化视角。一是建立战略研究的组织体系。课题组成立了由科技管理者和战略科学家构成的战略总体组，以及负责报告的研究与撰写的总报告起草组，并确立具体负责路线图研究的组织与协调的主管部门。二是通过工程化的全过程管理保障战略研究工作的顺利开展。由主管部门具体负责，包括组织研究队伍、制定节点目标、提出任务要求、组织集中研讨、进行独立评议、参与研究工作等，保障研究工作顺利推进的同时，促进了基于沟通交流的跨领域融合。三是组织多层次战略研究队伍。研究队伍汇集了战略科技专家、一线中青年专家、情报专家和管理专家，形成了各自领域和专题的研究组。研究人员组织方面，由具有战略眼光、强烈的责任心和组织协调能力的战略科学家作为研究组负责人，把握研究方向。针对具体研究方向，选择一线高水平科技专家作为骨干，保障研究工作基于最前沿的研究基础。各研究组均配备文献情报专家，采用数据挖掘与分析等战略情报工具，提高研究效率和系统性。参加研究的科技管理专家着重开展国家战略需求和可操作性研究。四是建立评议机制加强质量控制。为保证各领域战略研究的科学性和高水平，同时促进领域间的协调，主管部门组织了战略研究评议工作，对研究报告质量、创新性和存在的问题进行综合评议，并提出建设性意见和建议，经过循环迭代保障了研究的高质量。

　　研究的内容和方法显示了融合创新的过程和要素。在研究实施的过程中，一方面，结合管理学科、系统学科等统筹分析，对我国的科技发展趋势、现代化建设需求进行研判，最终确定我国科技发展的战略目标和重点领域，体现跨领域的融合。另一方面，在研究过程中，各领域分别成立相应的领域研究组，采取横向和纵向结合的方式开展研究，体现学科融合。在横向方面，各领域研究组协调或组织开展跨领域、跨研究组的交叉研讨，保证相关领域的有机融合。在纵向方面，各领域研究组根据具体领域内容分成若干研究小组，通过集中研讨、分小组研究、综合集成等方式，组织本组专家深入研究，同时吸收相关领域专家的意见（潘教峰等，2019b）。具体包括五个层次的交流研讨机制。一是18个领域研究的集中交流研讨，明确研究的必要性和重要性，相互交流、相互促进、寻求共识。二是专题研讨，由战略总体组组织相关研究组的战略科技专家，围绕我国八大经济社会基础和战略体系的构建，刻画了至2050年依靠科技支撑我国现代化进程的宏观图景、八大经济社会基础和战略体系的特征与目标，提炼出影响我国现代化进程的22个战略性科技问题。三是研究组层面的交流研讨，在各领域研究组形成的若干研究小组中,通过集中研讨、小组研究、综合集成等形式推动研究的持续深入。四是相关研究组之间,以自发组织和协调组织等方式,组织跨领域、跨研究组的交叉研讨,保证相关领域的研究相互协调。五是在研究组层面召开领域发展战略研讨会等,吸纳国内外专家的意见。多层次的交流研讨,在保障研究顺利实施的同时,高效支撑跨领域、跨界的融合创新,进而保证了研究的高质量(中国科学院,2009)。

基于历史域、现实域和未来域的系统分析,形成智库特色的科技路线图方法。基于路线图制定与一般规划和技术预见的差异性,需预见分析满足未来发展需求的科学和技术,以及实现目标所需的路径,还需分析在环境变化的情境下的研究需求、科技发展方向、创新轨迹等。为此,每个领域的研究从历史域的发展规律,现实域的环境变化、科技发展方向,以及未来域的研究需求和技术演进等,开展系统分析。在此基础上,借鉴主要国家科技路线图制定的发展和流程,同时吸收我国在科技战略规划的实践经验,在研究实践中形成了制定重要领域科技路线图的系统方法(中国科学院,2009)。

该项研究基于战略需求分析,提出了若干核心科学问题和关键技术问题,从中国国情出发设计了相应的科技发展路线图,形成18个领域至2050年科技发展路线图的战略研究报告。研究成果得到国内外广泛关注,并持续影响中国各领域的科技战略规划和布局。

16.3 理实融通开展智库研究:"基础研究十年行动方案"研究

基础研究是整个科学体系的源头,是国家创新体系的重要组成部分,关乎原始创新能力的提升,决定2035年进入创新型国家前列的进程和2050年成为世界科技强国目标的实现。2020年中央经济工作会议和《中华人民共和国国民经济和社会发展第十四个五年规划和2035年远景目标纲要》都提出"制定实施基础研究十年行动方案"的任务要求。中国科学院作为国家高端科技智库和我国基础研究的核心力量，有责任就我国基础研究发展问题提供咨询建议。中国科学院党组对此高度重视，于2021年初设立重大咨询项目，由时任中国科学院副院长的高鸿钧院士牵头，战略咨询院院长潘教峰研究员具体负责，充分发挥中国科学院在基础研究方面的学科优势和引领作用，组织200余名院士专家，开展关于"制定基础研究十年行动方案"的若干建议研究，为国家有关部门制定该方案提供了科学有效的支撑。

基础研究问题是高度复杂交叉的问题，涉及多个学科方向和领域布局，分别具有不同的学科基础、研究规律和知识体系。制定"基础研究十年行动方案"需要开展跨学科、跨领域研究，是一项典型的大规模、有组织的智库工程。课题组从认识论、方法论、实践论的角度系统认识、科学把握、有效组织了这项大规模智库问题研究，避免了经验式、零散式、随机式、静态、偏学术性和学科单一等智库研究中容易出现的问题。首先，从认识论角度，在整体上认识和把握了智库研究问题。设立总体组和数学、物理、化学、生物、地学五个专题组，五个专题组分别由袁亚湘院士、王恩哥院士、丁奎岭院士、康乐院士和朱日祥院士牵头，在专题研究基础上进行交叉融合研究。其次，从方法论角度，在研究环节和研究逻辑上明确了研究过程及内涵。总体组根据"基础研究十年行动方案"定位，提出遴选关键核心领域方向和重点科学问题应遵循的基本原则和标准，各专题组广泛收集各学科基础研究的相关数据，结合学科领域专家的智慧进行综合研判，从4个方面共遴选出145个建议重点布局的关键核心领域方向，提出三类75个可能取得突破的重大科学问题。最后，从实践论角度，在操作层面提出了解决重大现实问题的思路建议。结合问题特征采用定量分析与定性研判相结合、专家访谈和集中研讨相结合的方式，多次迭代，最大程度凝聚共识，提出要着力解决能力建设问题和更好回应经济社会发展对经济社会的需求，需重点关注"增强原始创新能力、占领基础科学国际制高点，强化基础研究对经济社会的支撑作用，大力发展技术科学，创新科学研究方法手段和着力破解长期影响基础研究发展的根本问题"五大任务。

课题组始终坚持"问题导向、证据导向、科学导向"原则。以凝练重大问题为切入点，聚焦科研选题、人才、投入等长期制约基础研究发展的问题，以及能力建设、技术科学等与新发展要求不相适应的问题，结合问题特征和问题解析进行综合研究，充分体现了智库研究的问题导向。以实证研究为基础，客观分析全球基础研究呈现的融合汇聚、目标牵引、开放合作总体趋势，系统梳理各国加强基础研究前瞻部署抢占未来科技制高点的新特点，基于客观事实、科学证据和数据支撑，审慎提出"我国基础研究取得长足进步，正在从量的积累的平台期进入质的跃升的转折期"重要判断，充分体现了智库研究的证据导向。以科学方法为支撑，将科学性贯穿在研究过程和研究逻辑中，综合运用政策模拟、案例分析、不确定性分析法等，明确关键核心领域方向遴选要遵循"突出重点和可实现性、重大科学问题牵引、促进原创能力的提升、发挥带动促进作用"四个原则，布局要着眼"满足国家急迫需求、解决国家长远需求、解决学科发展面临的基础前沿问题、对人类知识进步做出重大原创贡献"四个目标，为各专题凝练关键核心领域方向及遴选重大科学问题提供了科学依据，充分体现了智库研究的科学导向。

研究贯通了历史域、现实域、未来域，通过系统分析提出解决方案。从历史域视角，回顾总结基础研究发展的规律，把握经济社会发展对科技需求的变化趋势，厘清不同时期基础研究的内涵，为认识、理解、研判基础研究当前和未来10年发展趋势夯实了基础。从现实域视角，全面分析了美、英、日、法、德、俄等科技强国的基础研究定位、战略布局、政策方向，从科学引文索引（SCI）论文数量排名、重大科学成果涌现态势、基础研究的代表人物数量增多、源头支撑作用显现等方面系统总结了我国基础研究发展现状，明确了基础研究定位和现实需求。从未来域视角，着眼推动转折期的实现，有力支撑引领科技自立自强，科学研判了实现基础研究质的跃升的 10 年目标，包括在部分领域方向引领全球科技发展，开展一批原创性和开拓性的研究，加强学科间交叉融汇、基础研究与应用研究的融通渗透。在此基础上，为实现基础研究未来 10 年发展目标，提出六大举措和 16 条建议。

综上所述，整个研究的思维过程、组织过程、操作过程都体现了智库科学与工程的特征和内涵，基于理论方法的引领，科学有效的组织和规范高效的执行，真正实现了跨学科、跨领域，综合性、系统性的研究，提高了研究质量，产生了重要政策影响，有力地推动了我国"基础研究十年行动方案"的制定，为未来 10 年我国基础研究的系统部署和安排提供了科学支撑。

16.4　问题导向、证据导向凝聚智库研究重点：水利工程评估

第三方评估是由行政机构直接委托独立于政策制定者与执行者之外的机构或团体，对国家重大政策制定、政策措施落实成效等进行专门评估。评估既要发挥第三方作为中立机构的客观性、中立性，又要求评估机构具备相关领域知识、掌握科学有效的评估方法。2014 年，国务院首次在督查工作中引入第三方评估。中国科学院作为第三方评估机构对重大水利工程建设和农村人口饮水安全的政策措施落实情况开展评估。国务院是政策制定者，作为需求方需要专业机构对工程建设、保障民生的政策措施落实情况和实施效果进行监督和评价；中国科学院具有高端智库属性，作为供给方有责任、有能力为政府决策咨询提供支撑。

中国科学院在评估中充分发挥国家高端科技智库作用，将评估工作作为智库研究问题精心谋划、科学组织，圆满完成第三方评估任务，有效支撑国家宏观决策。结合智库科学与工程学科的系统理论，回顾总结重大水利工程建设和农村人口饮水安全第三方评估工作，可以发现该评估任务属于典型的

大规模智库研究问题。

聚焦智库双螺旋法的"十个关键问题"开展研究。从"十个关键问题"来看，该评估工作涉及自然科学、社会科学等学科，具有高度专业化的特征，属于跨学科、跨领域的多维度复杂问题，把研究问题分解为项目组织领导情况、项目审批资金落实和使用管理情况、项目建设和运行管理情况、项目成效与受益者的满意情况等子问题进行研究。在研究过程中开展了对未来域的情景分析，考虑工程建设完成后对百姓生活的实际影响、当下解决的饮水安全问题可否持续等问题。研究过程具有不确定性因素，比如，农户在访谈时能否不受外界因素干扰，是否有能力或者有意愿如实反映相关情况，所选择的样本是否具有普遍性和代表性，专家的主观研判过程也受到自身认知的局限。在评估结论给出之前，进行了政策模拟，考虑了不同评估结果对未来政策制定和实施的影响。在评估过程中，以农村人口饮水安全评估为例，评估组在每天结束实地访谈调研后，都会集中研讨，根据工作开展情况和已有结果调整修改后续调研方案，不断循环迭代。评估的组织与分析过程与DIIS过程融合法、MIPS逻辑层次法环节基本吻合。专家组由不同领域、不同类型的专家组成，充分融合，并发挥各自专长。基于大量的客观数据，进行缜密的主观研判，进而得出评估结论。在产品质量管理阶段，对于承担国务院重大评估任务，从方案制定、成立工作组织，到问卷设计、实地调研、专家研判，再到最后的报告起草和在国务院常务会议上作报告，中国科学院高度重视、严控质量，确保研究结果客观真实。在当时，人机结合的支持系统尚未发展成熟，在评估过程中未被采用。

评估任务充分体现了"问题导向、证据导向、科学导向"。在问题导向方面，该任务需要研究和解决的问题十分明确，即重大水利工程建设和农村人口饮水安全相关政策的落实情况，属于典型的政策问题；所涉及的领域包括水利水电工程、水文水资源、环境健康、农业农村、管理科学与工程等；专家研判和评估过程需要相关领域专家、政策专家和管理专家的共同参与；利益攸关方清晰明确，相关人民群众是政策的受益者。在证据导向方面，重大水利工程建设评估选定8个省市，从6类172项重大水利工程中抽取了8个重大水利工程和5个小型农田水利工程（简称"小农水"）重点县实地获取一手真实调研数据；农村人口饮水安全评估在山东、江西、甘肃和贵州4省分别选择两年内均有项目、投资金额较大的3个县共计12个县作为调研对象了解实际情况。评估组设计了一套细致、翔实的访谈提纲和问卷调查表，重大水利工程建设评估包括5类359个问题，农村人口饮水安全评估包括8类440个问题。评估专家基于以上大量的定量数据和客观事实做出判断，评估过程遵循证据导向。科学导向主要体现在进行科学的组织和采用科学的方法。科学设计评估方案，针对涉及政策落实的多个环节，制定了资料调研、座谈访谈与实地考察相结合的评估工作实施方案。制定了一系列工作规范，编制了详细的调研手册，组织全体人员培训。评估组采用定性分析法（主要是专家会议法、德尔菲法）、技术经济分析方法、运筹学方法（数据包络分析、排队论）、数理统计方法、模糊评价方法（主成分分析、聚类分析）等评估方法。

该评估任务虽然完成于智库科学与工程理论方法系统提出之前，但是从任务组织和研究过程来看，所采用的科学方法和过程完全遵循和符合智库科学与工程学科的相关内容。一方面，说明了智库科学与工程不是凭空产生的，它有理可循，源于实践，是在智库研究基础上的总结、提炼和升华；另一方面，印证了智库科学与工程是科学可靠的、行之有效的，能够指导实践。近些年来，政府部门委托的第三方评估工作逐步推广，逐渐成为一项制度性安排，第三方评估正在从专业化向科学化方向发展，未来或将走向学科化，进入"理论探索—应用实践—理论创新—实践深化"的长期迭代过程。

16.5 证据导向解析决策问题：支撑欧盟产业战略制定的战略研究

2020年3月，欧盟委员会发布新欧洲产业战略一揽子计划，旨在指导欧洲产业实现绿色和数字化双重转型，提升欧盟产业全球竞争力和技术战略自主性。在大国战略竞争加剧及新冠疫情导致全球供应链中断的背景下，2021年5月欧盟对产业战略进行了更新，发布《欧洲新产业战略》，重申了2020年3月发布的欧盟产业战略所确定的优先事项，同时回应从危机中汲取的教训，以促进经济复苏并增强欧盟的战略自主权。《欧洲新产业战略》包括三个重点方向：增强单一市场弹性、应对对外技术依赖，以及加速绿色和数字化双重转型。在应对对外技术依赖方面，基于国际科技竞争的背景，欧盟开展了深入的产品和先进技术领域对外依赖情况分析，基于此开展的战略研究成为新产业战略制定的主要依据。

分析欧盟高度依赖进口的产品和产业领域，提供产品战略依赖研判的证据基础。欧盟认为，贸易和投资的开放性是欧盟经济增长和韧性的力量和源泉，新冠疫情和国际科技竞争加剧的背景下，需要分析欧盟技术和产业的对外战略依赖情况，作为未来产业布局的依据。为此，欧盟委员会通过收集数据、揭示信息、综合研判，理清了存在战略依赖的主要产品和领域。首先，基于贸易数据，对于欧盟进口的5200种产品，依据供应商集中度、产品进口的相对重要性及被欧盟内部生产替代的可能性，筛选出欧盟高度依赖进口的敏感生态系统中的产品137种；其次，分析揭示这些产品的领域分布等特征，这些产品的进口总值占欧盟商品进口总值的6%，主要涉及原材料等能源密集型产业和医药健康领域的产品，以及支持绿色和数字化转型的其他产品，这些产品的一半依赖从中国进口；再次，通过综合分析研判存在战略依赖的核心产品和领域，在上述137种产品中，基于世界出口集中度和价格差异性等指标识别出因多样化不足和欧盟生产替代潜力较小而会受制于人的34

种产品，这些产品的进口总值占欧盟商品进口总值的0.6%，其中22种产品属原材料和中间产品（如原料药、铁合金），12种属于最终产品，如涡轮增压器。

对比分析欧盟重要技术领域的地位和对外依赖程度，提供技术战略依赖的证据基础。该项研究通过系统的指标分析开展了重要技术领域的国际比较。重点分析领域包括：先进材料、先进制造、人工智能、大数据、云技术、工业生物技术、物联网、微纳电子（包括半导体）、交通信息技术、纳米技术、光子学、机器人技术和网络安全。分析指标如：总体表现指标，来源于欧盟产业先进技术项目中的统计，包括关键技术领域在技术创新、初创企业和技能方面的综合表现排名；以及专利申请份额、价值链中的收入占比、高技术企业研发支出占国家制造业研发支出的比重、为欧盟提供合同制造企业数量、优先用于某技术的公共研发支出占GDP的比重、优先用于某技术的企业研发支出占企业总研发支出的比重、供应链中各环节各地区所占份额等。分析显示，与全球竞争对手相比，欧盟处于弱势和存在挑战的技术领域包括人工智能、大数据、云技术、网络安全、工业生物技术、机器人技术和微纳电子等；欧盟在先进制造领域保持着技术领导地位，欧洲企业提供的先进制造设备成为全球生产线的关键推动力等。

挖掘六大领域战略依赖的原因和影响。深入分析的六大战略领域，包括贸易数据分析识别的四个高度依赖进口的领域，即原材料、电池、活性药物成分、氢，以及技术领域对外依赖度分析识别的欧盟较全球竞争对手有所落后的两个领域，即半导体、云技术和边缘技术。每个领域都基于定性定量的综合分析，提出该领域欧盟发展状况及存在的不足、战略依赖的原因、可能影响，以及应采取的政策响应措施。

提出减少欧盟战略依赖的政策措施。上述研究形成《欧盟战略依赖与能力报告》，作为新产业战略的支撑报告之一。报告基于综合分析提出相关政策建议，包括：采取措施支持行业解决战略依赖性；与利益攸关方合作，提出提升欧盟在全球价值链中地位的措施，促进国际供应链多样化；通过产业联盟建立开放平台，吸引私人投资，建立新的商业伙伴关系和商业模式；通过连续发布《欧盟战略依赖和能力报告》持续监测战略依赖性等。以上分析和建议为新产业战略的制定提供了有力支撑。

第17章　面向未来的智库科学与工程

国家治理体系和治理能力的现代化建设，与党和国家事业的兴旺发达、国家长治久安，以及人民幸福安康密切相关。智库作为政策思想的发源地和集散地，在国家治理体系和全球治理中具有重要作用，已经受到各国政府的重视，对内承担着政府决策科学研判和民主化、科学化的职责，对外则是国家软实力和国际话语权的重要抓手。在外部社会需求和内在知识驱动的共同推动下，智库建设正在从专业化、科学化逐渐走向学科化，智库科学与工程的学科体系正在形成。

17.1　学科发展态势

学科确立的基本要素可以大致分为知识层面和组织体制层面两个方面，前者以问题域和理论范式为代表，后者则以适合学科发展的社会环境和共同体为代表（王孜丹等，2019）。对于快速发展的智库科学与工程来说，其发展态势以及不足和挑战等可以从社会环境与需求、智库共同体建设、智库理论与方法三个方面来阐述。

17.1.1　社会环境与需求

当前，智库科学与工程学科发展的社会条件已经基本形成，具体表现为形成了适合学科发展的社会环境以及出现了较为丰富的社会需求。随着党的十八届三中全会国家治理体系的提出，我们逐步迈入公共治理时代，共建共治共享成为社会发展的要求，智库的社会职能由此进一步加强，实现从智囊向智库的根本性改变，这也是智库科学与工程能够成为独立学科的重要前提条件之一。在公共治理的实践过程中，智库通过专业知识和创新思想为多元的利益相关者提供交流、协商平台，协调不同利益相关者之间的分歧和冲突，搭建起政府、企业界、科技界、社会组织以及社会公众之间的沟通桥梁，实现不同利益相关者之间的互信、合作，从而有效提升国家治理能力和水平。

学科发展与产业需求、行业需要密切相关。当产业不断进步和升级时，行业逐渐衍生出基础层面的需求，从而为特定学科的发展提供充足的空间。在公共治理的框架下，日趋复杂的公共治理问题提出了丰富的研究问题和需求。例如，当今世界，科学技术的发展日新月异。信息技术、生命科学、纳米技术、认知科学的交叉融合，正孕育着新的重大科学突破，带来新的技术革命和催生新的产业群。科学技术和经济社会发展加速渗透融合，成为提高生产力、推动产业变革、改变社会生活方式、影响国家民族命运的决定性力量。就科技治理而言，准确研判整体科技发展态势和各学科发展趋势是制定合理的科技政策、谋划具有前瞻性的科技战略的前提条件。科技智库通过汇聚专家智慧，开展政策模拟，打通从学术研究、政策研究、智库研究到决策咨询的链条，能够为科技认知力提供思想源泉和方案集合（潘教峰，2022b）。同时这也正是公共治理和公共决策的需要，中央已经把高端智库建设作为国家治理体系和治理能力现代化的一项制度性安排。随着高端智库建设试点工作的深入展开，进一步注重提升研究质量、推动内容创新、产生原创思想、解决中国问题，已经形成了有效的制度安排。目前，整体上的制度供给能够支撑和满足智库高质量发展的需求（《中国科学院院刊》编辑部，2022）。尽管如此，当前智库社会需求主要来源于政府，缺少多样化的社会需求，对学科发挥发展的推动作用并不均衡，也没有形成相应的思想市场及产业，这一定程度上制约了学科的可持续发展。

17.1.2　智库共同体建设

当前,智库科学与工程学科发展的组织条件已经初步具备,具体表现在智库共同体的框架已经形成,智库科学与工程的学科组织已初步成型。学科既是一种科学知识分类,也是一种学科规训。而学科规训是社会控制系统与知识系统的结合,通过学术训练或熏陶,构建专门化的知识群体、学术组织。因此,学科发展离不开相应的知识生产应用、学术交流、人才培养等相关学术活动。从实践来看,在国家治理体系建设的推动下,以高端智库试点为代表的中国特色新型智库建设如火如荼。这些新型智库的大部分从业人员分布在高校、科研院所及直属于决策部门的研究型机构,具有良好的学术传统和学术意识,尤其是高校中从事智库研究的学者通常以学科建设、人才培养、学术研究为主业,在此基础上发挥一部分的咨政作用和功能。也应看到,目前,很多学术单位,如高校、科研院所、期刊社,仅仅将智库作为其中的一个组成部分,是原有学科在智库相关研究方向上的延伸,缺乏智库组织的专属性和独立性。

随着智库研究的不断深入,智库共同体出现了横向的组织建设行为,品牌性的学术交流会议、专门学会和专业性的学术刊物开始出现。例如,战略咨询院举办的智库理论方法研讨会,发布的《智库期刊群(1.0版)》;中国发展战略学研究会设有智库专业委员会;中国科学技术协会所属全国学会将学术、科普、智库作为核心工作,并设有专门机构。在这些工作的基础上,智库研究能够建立相应的学术网络和学术组织,使之为智库的理论和实践研究服务。

17.1.3　智库理论与方法

智库科学与工程的学科属性具有实践导向、跨学科、系统性的内涵。在实践的推动下,会逐渐产生对理论方法的需求,这推动智库从专业化、科学化向学科化的转变，特别是推动以智库双螺旋法为代表的智库理论与方法的极大发展，形成了智库科学与工程的三个主要研究范式，即数学化、系统化、综合性。在相关研究范式的框架下，推动了经济领域、社会领域、科技领域治理问题的有效解决。例如，智库双螺旋法将科学性深刻贯穿于智库研究的各个方面。智库双螺旋法强调智库研究从问题出发，把循证作为根本依据，采用科学的研究方法和技术工具（付丽丽，2021）。智库双螺旋法强调从整体的角度解析复杂问题，对问题的系统把握既考虑不同层次、不同领域的机理、交互、反馈和影响，也依赖于解析论方法，将细分的研究部分有效融合，提出系统性的解决方案。

从本质上来看，智库科学与工程作为一门学科体现了独特的知识生产路径和方式。当前一些学者围绕智库知识生产的特点展开讨论（王卓君和余敏江，2016；裴瑞敏等，2022；王龙和王娟，2022）。综合来看，智库知识生产的内在逻辑体现了决策、学术、社会三种导向的知识生产的连接及融合。决策导向的知识生产和社会导向的知识生产分别服务于政府部门的政策制定和社会大众的实际需求，具有显著的实践性特征。学术导向的知识生产来源于学术体系，反映多种学科的交叉融合，综合理解自然以及人类社会的客观发展规律，具有显著的理论性特征。当然，从智库研究的内容来看，智库的实践明显领先于相关理论建构。或许这也预示着智库科学与工程今后的发展方向和重点。当智库理论和方法很好地指导智库实践时，智库科学与工程也会成为一门成熟的学科。

17.2 学科发展展望

2016年5月，习近平总书记在哲学社会科学工作座谈会上对智库建设提出了具体要求，"智库建设要把重点放在提高研究质量、推动内容创新上。要加强决策部门同智库的信息共享和互动交流，把党政部门政策研究同智库对策研究紧密结合起来,引导和推动智库建设健康发展、更好发挥作用"(习近平,2016)。随着国家实力的不断增强,中国与国际社会的互动日益加深,中国智库的实践活动对理论的需求也显著增强。2021年5月,习近平总书记在中共中央政治局第三十次集体学习时指出,"要加快构建中国话语和中国叙事体系,用中国理论阐释中国实践,用中国实践升华中国理论,打造融通中外的新概念、新范畴、新表述,更加充分、更加鲜明地展现中国故事及其背后的思想力量和精神力量"(田鹏颖,2021)。

当前中央对智库建设提出了高要求及高需求,这对智库科学与工程学科的发展不仅具有重大现实意义,还具有极强的理论创新价值,对智库科学与工程学科未来发展的优先领域和重点方向具有极强的指导意义。

从实践来看,无论是研究质量提高还是内容创新,都需要智库科学与工程学科确立新的研究视角,通过技术方法创新,克服公共治理问题固有的复杂性、不确定性、交叉性等特征所带来的障碍,有效解决现实问题,形成公共治理的中国学术话语体系和解决方案,为中国的国家战略需求和现实发展做出更大的贡献。

从理论来说,智库科学与工程需要坚持"问题导向、证据导向、科学导向",通过采用跨学科、系统性的思维和方法,强化文理交叉、理实融通,把握智库研究的规律性问题,提高现有解决问题的实际能力,形成新的科学问题和学科增长点,不断丰富智库科学与工程的知识体系,将智库科学与工程的发展深深根植于祖国大地之中。

智库科学与工程需要关注国家治理中的一些关键问题,覆盖宏观、中观、微观各层面。在建设中国式现代化过程中,需要提出具有智库特色的理论,形成中国智库学派。①宏观层面:中国智库发展与中国政治体制关系。在宏观层面主要是解决中国特色的问题。当前智库的基础理论来源于西方,以西方智库为标杆,基于此提出的针对中国发展的对策建议常常面临"水土不服"

的局面。一个国家的智库发展离不开它的政治土壤和宏观决策机制，中国智库发展与中国政治体制关系也成为中国智库发展必须面对的一个重要问题。同时，也需要将智库置于转型期中国政策决策体系和政策过程变迁的宏观体制背景，努力探索中国特色政策决策体系和政策对中国智库发展与参与模式的影响机理和路径（朱旭峰，2014）。②中观层面：决策、学术、社会三种导向的知识生产之间的关系。在中观层面主要是解决有效性的问题。智库知识生产是决策、学术、社会三种导向的知识生产的连接及融合，三者之间不是简单的叠加，而是一种有机融合，是从公共政策研究向智库研究深化的关键。与此同时，这些关系问题对科学技术发展也具有重要的指导作用，比如，如何更好地"把论文写在祖国的大地上"、在前沿技术治理中如何有效推进公众参与科技政策，等等。③微观层面：智库内部治理与发展环境。在微观层面主要是解决资源配置中的效率问题。智库作为决策咨询过程中的行动者，其内部治理问题影响着智库是否能更有效率地整合不同资源，进而实现其应有的社会功能。智库内部治理与发展环境包括三个方面的研究议题：一是组织治理结构，治理的特征不仅仅要反映单位的性质（如事业单位等）和要求，而且要体现智库作为一种独立机构的内涵；二是智库投入 – 产出相关的经营问题，以及智库人才、经费、信息等相关资源优化配置；三是发展环境，涉及智库产业发展政策、思想市场的形成等相关内容。这些研究议题对实现智库自身持续、有序、高效、创新发展具有重要的意义。

参 考 文 献

北京大学全球健康研究院. 2021. 2020年全球智库评价报告出炉. https://www.ghd. pku.edu.cn/xwzx/e8e230fc6a62411c8b673d2c77309a84.html[2023-08-15].

曹永国. 2018. 何谓学科：一个整体性的考量. 苏州大学学报（教育科学版），6（4）：43-51.

陈光金. 2021-10-15. 把握中国社会结构百年现代化变迁. 中国社会科学报，第12版.

陈鹏. 2020. 全面建成小康社会背景下的中国社会结构变迁. 行政管理改革，（2）：44-51.

陈杨, 石嘉婧, 高文群, 等. 2023. 中国绿色经济发展效率的动态演进及差异化研究. 统计与决策, 39（11）：94-99.

炊国亮, 杨娅. 2018. 我国社会治理领域智库分析. 智库理论与实践, 3（2）：9-20.

崔延强, 权培培. 2019. 大学学科的现代性问题及其超越. 华东师范大学学报（教育科学版），37（2）：73-80.

崔育宝, 李金龙, 张淑林. 2022. 交叉学科建设：内涵论析、实施困境与推进策略. 中国高教研究，（4）：16-22.

董向慧, 贾杨. 2022-12-22. 面向总体国家安全观的舆情智库建设. 中国社会科学报, 第A02版.

杜鹏, 沈华, 张凤. 2021. 对科学研究的新认识. 中国科学院院刊, 36（12）：1413-1418.

杜元清. 2018. 地平线扫描的概念及案例研究. 情报学进展, 12：154-191.

弗洛里斯·科恩. 2020. 世界的重新创造. 张卜天译. 北京：商务印书馆.

付丽丽. 2021-09-29. 智库科学发展需有共识性理论方法. 科技日报, 第2版.

高慧颖, 周潮. 2022. 宏观经济研究七大趋势对做好经济政策研究的启示. 甘肃金融, 527（2）：8-11.

格里斯. 2011. 研究方法的第一本书. 孙冰洁, 王亮译. 大连：东北财经大学出版社.

龚维斌. 2020. 当代中国社会风险的产生、演变及其特点——以抗击新冠肺炎疫情为例. 中国特色社会主义研究，（1）：17-25.

胡潇文. 2017. 西方智库理论研究现状评析. 学术论坛, 40（2）：48-55.

黄建洪. 2021. 绿色发展理念：绿色经济社会治理的新范式. 北京师范大学学报（社会科学版），（4）：48-57.

黄小勇. 2013. 决策科学化民主化的冲突、困境及操作策略. 政治学研究，（4）：3-12.

吉尔德·德兰逖. 2005. 社会科学：超越建构论和实在论. 张茂元译. 长春：吉林人民出版社.

贾西津. 2007. 民办思想库：角色、发展及其管理. 学会，（7）：7-11.

蒋培. 2023-02-15. 探索社会建设的绿色发展路径. 中国社会科学报, 第5版.

荆克迪, 刘宜卓, 安虎森. 2022. 中国绿色治理的基本理论阐释、内涵界定与多维面向. 改革与战略, 38（3）：119-129.

孔繁斌, 向玉琼. 2019. 新中国成立70年来政策议程设置的嬗变：政治逻辑及其阐释. 行政论坛，（5）：5-12，2.

李成勋. 2009. 经济发展战略学. 北京：知识产权出版社.

李红专. 2004. 当代西方社会理论的实践论转向——吉登斯结构化理论的深度审视. 哲学动态, 4（11）：7-13.

李路路, 陆玲玲. 2023. 迈向共同富裕的社会不平等研究. 社会建设, 10（1）：3-15.

李倩倩, 刘怡君, 马宁, 等. 2022. 基于智库双螺旋法的舆情治理与智库研究. 中国科学院院刊, 37（6）：773-782.

李志才. 1998. 方法论全书（Ⅱ）：应用逻辑学方法. 南京：南京大学出版社.

李志军, 王群光. 2023. 如何在公共政策评估中更好发挥智库的作用：中国实践、国际经验与政策建议. 智库理论与实践, 8（3）：29-36.

刘理晖. 2018. 社会治理现代化与新型智库研究范式. 智库理论与实践，3（6）：32-37.

刘鹏. 2012. 实在论与社会建构论之争视域下的拉图尔——论拉图尔的建构主义实在论. 学海，（1）：143-148.

刘嗣明，郭晶. 1993. 发展战略学的沿革及现状. 江汉论坛，（7）：28-32.

刘西忠. 2018-07-12. 融媒体时代智库成果如何社会化传播. 光明日报，第11版.

刘西忠. 2022. 贯通融合自然科学与社会科学：新型智库高质量发展必由之路——兼论智库科学的构建. 中国科学院院刊，37（2）：168-176.

刘怡君，蒋文静. 2017. 社会转型期我国新兴舆情风险及对策研究. 智库理论与实践，2（6）：82-88, 92.

鲁新，方鹏骞. 2016. 全球健康治理. 北京：人民卫生出版社.

罗贵榕. 2016. 学术共同体视野下的高校学科建设研究——兼谈马克思主义理论学科建设. 黑龙江高教研究，（2）：10-14.

罗兹. 2020. 理解治理：政策网络、治理、反思与问责. 丁煌，丁方达译. 北京：中国人民大学出版社.

吕青. 2022. 国家高端智库建设的参与者和实践者：中国科学院科技战略咨询研究院的转型发展与未来愿景——专访潘教峰院长. 智库理论与实践，7（5）：150-153.

迈克尔·吉本斯，卡米耶·利摩日，黑尔佳·诺沃提尼，等. 2011. 知识生产的新模式：当代社会科学与研究的动力学. 陈洪捷，沈文钦，等译. 北京：北京大学出版社.

毛建茹，伊影秋. 2019. 国外大学智库人才培养的经验与启示. 高教探索，（10）：51-58.

毛泽东. 1991. 毛泽东选集. 第二卷. 北京：人民出版社.

梅宏. 2022. 大数据与数字经济. 求是，（2）：28-34.

孟磊. 2019. 论美国智库的功能和运行机制. 外语研究，36（6）：52-57.

缪其浩. 2020. 从洞察到谋略：国外科技智库研究. 上海：上海科学技术文献出版社.

倪好，周谷平. 2023. 与学科协同发展：英国高校智库建设经验及启示——以苏塞克斯大学发展研究院为例. 河北师范大学学报（教育科学版），25（2）：57-62.

牛文元. 2015. 社会治理结构的层阶优化三定则. 中国科学院院刊, 30（1）: 61-70.

潘教峰. 2020. 智库研究的双螺旋结构. 中国科学院院刊, 35（7）: 907-916.

潘教峰. 2021-09-28. 以智库双螺旋法为范式，推动智库科学化发展. 中国科学报, 第4版.

潘教峰. 2022. 智库双螺旋法理论. 北京: 科学出版社.

潘教峰. 2022-12-22a. 强化科技战略咨询需要科技智库全面创新. 中国科学报, 第1版.

潘教峰. 2022-12-30b. 推动科技战略咨询制度化建设. 科技日报, 第5版.

潘教峰. 2022c. 中国创新战略与政策研究2022. 北京: 科学出版社.

潘教峰, 等. 2019a. 智库DIIS理论方法. 北京: 科学出版社.

潘教峰, 范唯唯, 冷伏海, 等. 2023. 《2022技术聚焦》——20个高影响力专利技术焦点分析解读. 中国科学院院刊, 38（1）: 167-177.

潘教峰, 鲁晓. 2018. 关于智库研究逻辑体系的系统思考. 中国科学院院刊, 33（10）: 1093-1103.

潘教峰, 鲁晓, 刘慧晖. 2022. 智库双螺旋法的"十个关键问题". 中国科学院院刊, 37（2）: 141-152.

潘教峰, 杨国梁, 刘慧晖. 2017. 智库DIIS理论方法. 中国管理科学, 25: 1-14.

潘教峰, 杨国梁, 刘慧晖. 2018a. 科技评估DIIS方法. 中国科学院院刊, 33（1）: 68-75.

潘教峰, 杨国梁, 刘慧晖. 2018b. 智库DIIS三维理论模型. 中国科学院院刊, 33（12）: 1366-1373.

潘教峰, 杨国梁, 刘慧晖. 2019b. 多规模智库问题DIIS理论方法. 中国科学院院刊, 34（7）: 785-796.

潘教峰, 张凤. 2016. 以科技发展战略研究引领未来创新发展方向. 中国科学院院刊, 31（8）: 922-928.

潘教峰, 张凤, 鲁晓. 2021. 促进智库研究的"六个转变". 中国科学院院刊, 36（10）: 1226-1234.

裴瑞敏，杨国梁，潘教峰. 2022. 智库型组织的发展逻辑：内涵功能、演进动力与研究特征. 科研管理，43（10）：1-11.

钱学森，许国志，王寿云. 2011. 组织管理的技术——系统工程. 上海理工大学学报，33（6）：520-525.

庆海涛，李刚. 2017. 智库专家评价指标体系研究. 图书馆论坛，37（10）：22-28.

邱丹逸，袁永. 2019. 我国科技决策智库人才队伍建设研究. 科技管理研究，39（21）：46-52.

任建国，初航，吕大炜. 2021. 国家自然科学基金地质学学科布局及展望. 科学通报，66（2）：162-168.

汝信，陆学艺，李培林. 2003. 2003年：中国社会形势分析与预测. 北京：社会科学文献出版社.

盛昭瀚，霍红，陈晓田，等. 2021. 笃步前行 创新不止——我国管理科学与工程学科70年回顾、反思与展望. 管理世界，37（2）：185-202，213，13.

史云贵，刘晓燕. 2019. 绿色治理：概念内涵、研究现状与未来展望. 兰州大学学报（社会科学版），47（3）：1-11.

司学敏. 2023. "结构—功能"框架下的智库研究综述. 决策科学，5（1）：26-35.

宋超，杨瑶. 2023. 库恩范式结构特点的系统哲学解读. 系统科学学报，31（3）：16-22.

宋鹭，安怡宁. 2021. 世界顶级智库如何开展和保障高质量研究——以彼得森国际经济研究所为例. 智库理论与实践，6（1）：77-83.

宋杨. 2023. 健康经济的内涵、范畴及展望. 新经济，（4）：129-135.

田鹏颖. 2021-06-07. 加快构建中国话语和中国叙事体系. 光明日报，第2版.

托马斯·库恩. 2022. 科学革命的结构. 张卜天译. 北京：北京大学出版社.

万劲波. 2023. 提升科技战略研究与战略咨询的预见力和洞见力. 创新科技，23（3）：28-34.

万劲波，谢光锋，林慧，等. 2017. 典型国家科技创新决策与咨询制度比较研究. 中国科学院院刊, 32（6）: 601-611.

王保华, 程南昌, 赵莹. 2020. 中国高等教育舆情报告（2019）. 北京: 中国传媒大学出版社.

王秉, 黄庆文, 游波, 等. 2021. 安全情报学方法论研究. 中国安全科学学报, 31（7）: 9-14.

王栋. 2022-08-04. 不断增强社会智库的影响力. 中国社会科学报, 第2版.

王红兵, 刘怡君, 宋大伟. 2022. 运用智库双螺旋法构建绿色GDP评价体系. 中国科学院院刊, 37（6）: 783-793.

王辉耀, 苗绿. 2017. 大国背后的"第四力量". 北京: 中信出版集团.

王珂, 郑军卫. 2021. 国内典型智库平台研究方法的比较分析. 科技促进发展, 17（6）: 1091-1097.

王龙, 王娟. 2022. 智库的知识生产与高质量发展策略研究. 智库理论与实践, 7（6）: 26-36.

王萌, 任福君. 2021. 我国智库人才相关研究进展与展望. 今日科苑,（11）: 37-45.

王平辉, 裴红斌, 赵俊舟, 等. 2022. 网络社会现代治理的挑战与对策. 中国科学院院刊, 37（12）: 1686-1694.

王文君. 2023. 西班牙批准国家科学创新转移与合作计划. http://www.casisd.cn/zkcg/ydkb/kjzcyzxkb/2023/zczxkb202303/202304/t20230427_6746677.html.[2023-05-20].

王鑫, 张慧琴, 孙昌璞. 2021. 从智库研究到智库科学. 中国科学院院刊, 36（7）: 797-806.

王卓君, 余敏江. 2015-10-09. 新型智库知识生产的社会建构. 中国社会科学报, 第819期.

王卓君, 余敏江. 2016. 政府决策与新型智库知识生产的良性互动——基于社会建构主义视角的研究. 政治学研究,（6）: 105-114, 128.

王孜丹, 赵超, 张理茜, 等. 2019. 优化自然科学基金学科布局的改革逻辑与路径选择. 中国科学基金, 33（5）: 440-445.

吴集, 梁江海, 刘书雷. 2022. 新型智库推动战略研究方法手段创新与运用的探索思考. 智库理论与实践, 7 (2): 56-62.

吴静, 张凤. 2022. 智库视角下国外数字经济发展趋势及对策研究. 科研管理, 43 (8): 32-39.

吴静, 张凤, 刘峰, 等. 2021. 基于新一代信息技术支撑智能化宏观决策的方法与实践. 数据与计算发展前沿, 3 (2): 4-15.

吴志才, 苏杨. 2023-01-14. 以绿色文化涵育绿色低碳生活方式. 光明日报, 第9版.

习近平. 2016-05-19. 在哲学社会科学工作座谈会上的讲话. 人民日报, 第2版.

习近平. 2017. 习近平在党的十九届一中全会上的讲话. http://jhsjk.people.cn/article/29738076 [2023-06-05].

习近平. 2021a. 论把握新发展阶段、贯彻新发展理念、构建新发展格局. 北京: 中央文献出版社.

习近平. 2021-05-29b. 在中国科学院第二十次院士大会、中国工程院第十五次院士大会、中国科协第十次全国代表大会上的讲话. 人民日报, 第2版.

习近平. 2022-10-26. 高举中国特色社会主义伟大旗帜为全面建设社会主义现代化国家而团结奋斗——在中国共产党第二十次全国代表大会上的报告. 人民日报, 第1版.

辛继湘. 2020. 教科书研究的文化逻辑. 教育科学, 36 (4): 10-15.

新华社. 2013. 中国共产党第十八届中央委员会第三次全体会议公报. https://www.gov.cn/hudong/2015-06/09/content_2875841.htm [2023-07-15].

新华社. 2019. 中国共产党第十九届中央委员会第四次全体会议公报. https://www.gov.cn/xinwen/2019-10/31/content_5447245.htm [2023-07-15].

徐伟宣. 2006. 华罗庚与优选法统筹法. 高等数学研究, 9 (6): 63-64.

宣勇. 2002. 基于学科的大学管理模式选择. 中国高教研究, (4): 43-44.

严鼎程. 2021. 加强智库研究型人才队伍建设. 中国人才, (6): 51-53.

杨文慧, 李宏, 孔媛. 2018. 国外智库研究人才组织与流动模式研究. 智库理论与实践,

3（4）：25-32.

叶京，陈梦玫．2020.新型智库发展趋势下智库人才队伍建设的对策研究．社科纵横，35（9）：119-123.

于景元．2001.钱学森的现代科学技术体系与综合集成方法论．中国工程科学，（11）：10-18.

于景元，涂元季．2002.从定性到定量综合集成方法——案例研究．系统工程理论与实践，（5）：1-7，42.

于铁军．2022.霸权的护持：冷战时期美国的国家安全研究．国际政治研究，43（5）：9-38，5.

詹姆斯·N. 罗西瑙．2001.没有政府的治理．张胜军，刘小林，等译．南昌：江西人民出版社.

张辉菲，刘佐菁，陈敏，等．2018.关于我国智库人才创新管理与培养的研究．科技管理研究，38（4）：140-148.

张胜旺，方锡金．1994.经济发展战略学．北京：国防大学出版社.

张燕．2018.国外知名智库知识信息资源建设经验及对我国的启示．图书情报导刊，3（4）：32-35.

张志强，苏娜．2017.国际一流智库的研究方法创新．中国科学院院刊，32（12）：1371-1378.

赵鼎新．2006.社会与政治运动讲义．北京：社会科学文献出版社.

赵紫阳．1987.沿着有中国特色的社会主义道路前进——在中国共产党第十三次全国代表大会上的报告．https：//fuwu.12371.cn/2012/09/25/ARTI1348562562473415.shtml[2023-07-31].

郑会霞．2019.新时代社会治理面临的新挑战与应对之策．中州学刊，（7）：68-74.

中国经济网．2013.中共中央关于全面深化改革若干重大问题的决定．http：//www.ce.cn/xwzx/gnsz/szyw/201311/18/t20131118_1767104.shtml[2023-07-31].

中国科学院. 2009. 科技革命与中国的现代化：关于中国面向 2050 年科技发展战略的思考. 北京：科学出版社.

《中国科学院院刊》编辑部. 2022. 智库科学与工程：新型高端智库建设从专业化、科学化走向学科化——潘教峰研究员访谈. 中国科学院院刊，37（9）：1328-1334.

中国信息通信研究院. 2022. 全球数字经济白皮书（2022 年）. http://www.caict.ac.cn/kxyj/qwfb/bps/202212/P020221207397428021671.pdf[2023-04-15].

钟钰，秦富. 2012. 我国价格支持政策对粮食生产的影响研究. 当代经济科学，34（3）：119-123，128.

周城雄，刘卓军，洪志生. 2021. 基于DIIS理论的科技智库人才复合型知识需求分析——以基础研究政策分析为例. 科技促进发展，17（6）：1044-1051.

周红云. 2014. 从社会管理走向社会治理：概念、逻辑、原则与路径. 团结，（1）：28-32.

周立. 2016. 新型智库建设的人才支撑探析. 领导科学，（32）：52-53.

周湘智. 2015. 智库建设急需高端人才. 理论学习，（3）：31-32.

朱金箫，陈媛媛. 2022. 基于深度学习的智库文本分类研究. 情报杂志，41（8）：179-184.

朱涛，薛俊波. 2021. 基于传导动力学方程的智库传播模型及其应用. 智库理论与实践，6（1）：22-27，64.

朱旭峰. 2014. 构建中国特色新型智库研究的理论框架. 中国行政管理，（5）：29-33.

Australian Academy of Science. 2021. Advancing data-intensive research in Australia. https://www.science.org.au/news-and-events/news-and-media-releases/report-advancing-data-intensive-research-australia[2023-05-22].

Barbe A, Hunt W. 2022. Preserving the chokepoints: reducing the risks of offshoring among U. S. semiconductor manufacturing equipment firms. https://cset.georgetown.edu/publication/preserving-the-chokepoints/[2023-05-22].

Barros A, Taylor S. 2020. Think tanks, business and civil society: the ethics of promoting pro-corporate ideologies. Journal of Business Ethics, 162（3）: 505-517.

Bateman J. 2022. U. S. -China technological "decoupling": a strategy and policy framework. https: //carnegieendowment. org/2022/04/25/u.s.-china-technological-decoupling-strategy-and-policy-framework-pub-86897[2023-04-13].

Bedford J, Farrar J, Ihekweazu C, et al. 2019. A new twenty-first century science for effective epidemic response. Nature, 575（7781）: 130-136.

BMBF. 2022. Stark-watzinger: BMBF gibt startschuss für die deutsche agentur für transfer und innovation. https: //www. bmbf. de/bmbf/shareddocs/pressemitteilungen/de/2022/04/110422-DATI. html[2023-05-22].

Brookings. 2023. Audible reckoning: how top political podcasters spread unsubstantiated and false claims. https: //www. brookings. edu/articles/audible-reckoning-how-top-political-podcasters-spread-unsubstantiated-and-false-claims/[2023-07-14].

China Strategy Group. 2021. Asymmetric competition: a strategy for China. https: //www. axios. com/scoop-former-google-ceo-and-others-call-for-us-china-tech-bifurcation-46fa8ca1-a677-4257-8b22-5e7fe1b7e442. html[2023-05-22].

Climate Interactive. 2022. En-ROADS. https: //www. climateinteractive. org/category/en-roads/[2023-05-20].

Deissenberg C, van der Hoog S, Dawid H. 2008. EURACE: a massively parallel agent-based model of the European economy. Applied Mathematics and Computation, 204（2）: 541-552.

European Commission. 2023. Regional economic analysis and modelling. https: //joint-research-centre. ec. europa. eu/scientific-activities-z/regional-economicanalysis-and-modelling_en[2023-05-20].

Fernando R, Liu W F, McKibbin W J. 2022. Why climate policy scenarios are important, how to use them, and what has been learned. https://www.brookings.edu/articles/why-climate-policy-scenarios-are-important-how-to-use-them-and-what-has-been-learned/[2023-05-20].

Fisher G. 1973. The nature of uncertainty. https://www.rand.org/pubs/papers/P5133.html[2023-05-20].

Forschungsgipfel. 2021. Mit forschung aus der krise. https://www.bundesregierung.de/breg-de/suche/forschungsgipfel-1915366[2023-05-19].

Future Today Institute. 2021. 2021 Tech trends report. https://www.niso.org/niso-io/2021/04/2021-tech-trends-report-released-future-today-institute[2023-06-13].

Galway L A. 2007. Evaluating uncertainty in cost estimates: a practical guide to eliciting expert judgments. https://www.rand.org/pubs/research_briefs/RB216.html[2023-05-20].

Guo J F, Pan J F, Guo J X, et al. 2019. Measurement framework for assessing disruptive innovations. Technological Forecasting and Social Change, 139: 250-265.

Hajer M A. 1993. Discourse coalitions and the institutionalization of practice//Fischer F, Forester J. The Argumentative Turn in Policy Analysis and Planning. New York: Duke University Press.

Hawking S. 2000-01-23. Unified theory's getting closer, Hawking predicts. San Jose Mercury News, 29A.

Hessels L K, van Lente H. 2008. Re-thinking new knowledge production: a literature review and a research agenda. Research Policy, 37（4）: 740-760.

IBM. 2023a. Watson Assistant: build better virtual agents, powered by AI. https: // www. ibm. com/products/watson-assistant[2023-05-20].

IBM. 2023b. IBM Watson. https: //www. ibm. com/watson[2023-05-20].

IBM. 2023c. IBM Watsonx. https: //www. ibm. com/watsonx[2023-05-20].

Jason. 2023. Research Program on Research Security. https: //nsf-gov-resources. nsf. gov/2023-03/JSR-22-08%20NSF%20Research%20Program%20on%20 Research%20Security_03152023_FINAL_1. pdf?VersionId=1wtxqUjbqGNmbtJ7E6 6IqQBbt9gzCV8A [2023-03-26].

Kaffenberger L, Kopp E. 2019. Cyber risk scenarios, the financial system, and systemic risk assessment. https: //carnegieendowment. org/files/Kaffenberger_ Cyber_Risk_Scenarios_final1. pdf [2023-05-20].

Leopoldina D F G. 2022. Scientific freedom and scientific responsibility recommendations for handling of security-relevant research. https: //www. security-relevant-research. org/publication-scientificfreedom2022/[2022-12-10].

Li J H. 2016. Exploring the logic and landscape of the knowledge system: multilevel structures, each multiscaled with complexity at the mesoscale. Engineering, 2（3）: 276-285.

McKinsey & Company. 2019. How to master the seven-step problem-solving process. https: //www. mckinsey. com/capabilities/strategy-and-corporate-finance/our-insights/how-to-master-the-seven-step-problem-solving-process[2023-05-20].

National Academies. 2021. Policy on composition and balance, conflicts of interest, and independence for committees used in the development of findings, conclusions, and recommendations. https: //www. nationalacademies. org/documents/embed/link/LF2255DA3DD1C41C0A42D3BEF0989ACAECE30

53A6A9B/file/D4D336B1CB9047B19928EA8785ED2E43C913B841539A?noSaveAs=1[2023-05-20].

National Academies of Sciences, Engineering, and Medicine. 2023a. Advancing Chemistry and Quantum Information Science: An Assessment of Research Opportunities at the Interface of Chemistry and Quantum Information Science in the United States. Washington, D. C. : The National Academies Press.

National Academies of Sciences, Engineering, and Medicine. 2023b. Fundamental Research in High Energy Density Science. Washington, D. C. : The National Academies Press.

National Institute of Science and Technology Policy. 2019. S&T foresight 2019 – Summary report. https: //nistep. repo. nii. ac. jp/records/6657[2023-07-11].

Nowotny H, Scott P, Gibbons M. 2003. Introduction "Mode 2" revisited: the new production of knowledge. Minerva, 41: 179-194.

OECD. 2023. OECD science, technology and innovation outlook 2023: enabling transitions in times of disruption. https: //www. oecd-ilibrary. org/science-and-technology/oecd-science-technology-and-innovation-outlook-2023_0b55736e-en[2023-05-23].

OSTP. 2022a. National Cislunar Science & Technology Strategy. https: //www. whitehouse. gov/wp-content/uploads/2022/11/11-2022-NSTC-National-Cislunar-ST-Strategy. pdf[2023-05-20].

OSTP. 2022b. OSTP report on the industries of the future act. https: //www. whitehouse. gov/wp-content/uploads/2022/04/04-2022-OSTP_IOTF_Report. pdf[2023-05-20].

Parker Ed, Gonzales D, Kochhar A K, et al. 2022. An assessment of the U. S. and Chinese industrial bases in quantum technology. https: //www. rand.org/pubs/

research_reports/RRA869-1. html[2023-05-22].

Pew Research Center's Social & Demographic Trends Project. 2018. Gender and Jobs in Online Image Searches. https: //www. pewresearch. org/social-trends/2018/12/17/gender-and-jobs-in-online-image-searches/[2023-07-14].

Quade E S. 1972. Systems analysis: a tool for choice. https: //www. rand. org/pubs/papers/P4860. html[2023-05-21].

RAND Corporation. 2006. RAND study says early childhood intervention programs save money and benefit children, families and society. https: //www. rand. org/news/press/2006/01/12. html[2023-05-21].

RAND Corporation. 2023a. Robust Decision Making. https: //www. rand. org/pubs/tools/TL320/tool/robust-decision-making. html[2023-05-20].

RAND Corporation. 2023b. RAND—Making a difference. https: //www. rand. org/pubs/corporate_pubs/CPA2487-1. html[2023-05-21].

Rhodes R A W. 1996. The new governance: governing without government. Political Studies, 44（4）: 652-667.

Royal Society. 2021a. Royal society letter from sir adrian smith prs to the science minister on the UK's offer to research talent. https: //royalsociety. org/topics-policy/publications/2021/letter-from-sir-adrian-smith-prs-to-science-minister-on-the-uk-s-offer-to-research-talent/[2023-06-22].

Royal Society. 2021b. Letter from Dame Sue Ion FRS to Amanda Solloway MP on the R&D people and culture strategy. https: //royalsociety. org/topics-policy/publications/2021/letter-from-sue-ion-to-amanda-solloway/[2023-06-22].

Royal Society. 2022a. Submission to Sir Paul Nurse's review of the research, development and innovation organisational landscape. https: //royalsociety. org/topics-policy/publications/2022/nurse-rdi-organisational-landscapereview/[2023-02-20].

Royal Society. 2022b. Royal Society Science as a guiding light in challenging times: Royal Society proposals for the 2022-23 parliamentary session. https://royalsociety.org/topics-policy/publications/2022/queens-speech/ [2023-05-12].

Royal Society. 2022c. Royal Society submission to home office consultation on legislation to counter state threats. https://royalsociety.org/topics-policy/publications/2021/royal-society-submission-to-home-office-consultation-on-legislation-to-counter-state-threats/[2023-07-30].

The Commission on Global Governance. 1995. Our Global Neighborhood. Oxford: Oxford University Press.

The National Academies of Sciences, Engineering, and Medicine. 2021. NRC Strategic Plan 2021-2026. https://www.nationalacademies.org/documents/embed/link/LF2255DA3DD1C41C0A42D3BEF0989ACAECE3053A6A9B/file/DB4DC1F0F8C6D4707DAA110A4790523122A000124DB5?noSaveAs=1[2023-03-22].

The National Academies of Sciences, Engineering, and Medicine. 2022. Protecting U. S. Technological Advantage. Washington, D. C.: The National Academies Press.

The World Bank. 1989. From Crisis to Sustainable Growth-Sub Saharan Africa: A Long-term Perspective Study. Washington, D. C.: The World Bank.

Tony H, Tansley S, Tolle K, et al. 2009. The fourth paradigm: data-intensive scientific discovery. https://www.microsoft.com/en-us/research/publication/fourth-paradigm-data-intensive-scientific-discovery/[2023-07-12].

UN. 2023. World Happiness Report 2023. Sustainable solutions network. https://worldhappiness.report/ed/2023/[2023-07-16].

UNDP, OPHI. 2023. 2023 global multidimensional poverty index. https://hdr.undp.

org/content/2023-global-multidimensional-poverty-index-mpi#/indicies/MPI[2023-07-16].

UNDP. 2022. Human Development Report 2021-22 Uncertain Times, Unsettled Lives: Shaping our Future in a Transforming World. https: //hdr. undp. org/content/human-development-report-2021-22[2023-07-16].

World Economic Forum. 2023. Top 10 emerging technologies of 2023. https: //www. weforum. org/reports/top-10-emerging-technologies-of-2023[2023-07-11].

World Health Organization. 2022. Who launches guide to safely unlock benefits of the life sciences. https: //www. who. int/news/item/13-09-2022-who-launches-guide-to-safely-unlock-benefits-of-the-life-sciences[2023-05-20].

索　　引

C

场景画像　206

场景驱动　206

D

DIIS 与 MIPS 的耦合关系　87

对策集　207

F

方法论　67

方法平台域　28

负责任的创新　175

G

公共治理　4

规律问题域　26

J

基本问题域　25

基础数据层　210

基础研究十年行动方案　259

技术预见　173

建构论　63

健康经济　135

交叉融合研究　94

经济发展战略学　132

经济领域智库　130

经济治理　130

决策-学术-社会　37

决策支持系统　127

K

科技发展战略学　169

科技决策咨询/顾问　165

科技领域智库　164

科技社团　220

科技现代化　170

科技治理　163

科技智库体系　165

科学化　16

科学前瞻　172

客观分析与主观判断的结合　88

L

理实融通 59

绿色 GDP 评价 143

绿色经济 141

O

欧盟产业战略制定 265

R

人工智能驱动的智库 125，212

人机交互层 211

人机结合的智库问题研究支持系统 86

认识论 62

S

社会发展 154

社会发展战略学 149

社会风险 157

社会环境与需求 268

社会结构 151

社会领域智库 147

社会平等 151

社会治理 147

实践论 74

实在论 63

数据 180

数据驱动 121，209

数据驱动的政策研究 90

数字经济 138

水利工程评估 262

W

文理交叉 59

X

信息挖掘层 210

学科发展态势 268

学科功能 39

学科化 17

学科交叉 104

学科结构 43

学科属性 49

学术为基 58

Y

研究范式 52，224

舆情治理 157

Z

知识传播域 29

知识基础 97

知识识别层 211

治理问题域 21

智库　7

智库报告　237

智库产品质量管理　95

智库成果　225

智库出版物　236

智库传播　227

智库工程　21

智库共同体　216

智库技术系统　200

智库交流　227

智库科学　20

智库科学与工程　34

智库理论与方法　270

智库联盟　222

智库品牌会议　237

智库期刊　235

智库人才　240

智库人才培养　246

智库人才培养的逻辑框架　246

智库人才培养联盟　226

智库实践　255

智库问题的解析　83

智库问题牵引下的情景分析　84

智库问题研究的不确定性分析　85

智库问题研究的政策模拟分析　90

智库学科文化建设　250

智库学科研究方法　248

智库研究的循环迭代　93

智库研究的专家组织与管理　91

智库研究对象　9

智库研究方法模型　180

智库知识生产　37

中国至2050年科技发展路线图　257

中国智库学派　272

专业化　12

专业化智库　218

咨政为本　57